面向中等职业教育改革规划创新教材
中等职业教育课程改革项目研究成果

基础数学

（第二册）

主　编　陈建英　叶红珍
副主编　张俊飞　刘学正

北京理工大学出版社
BEIJING INSTITUTE OF TECHNOLOGY PRESS

内 容 简 介

教材编写依据最新中等职业学校数学教学大纲,四章内容共计45个课时.针对中职学生特点及五年一贯制升学机制要求,教材内容的选择突出职业特色,充分发挥计算机、互联网等现代多媒体技术的优势,重视现代教育技术与课程的整合,教材具有开放性和弹性,可根据各专业专题内容要求完善基础内容,保证实用为主,传承数学思想和文化,同时具有科学性与可读性.

本书编写人员为陈建英,叶红珍,张俊飞和刘学正四人,由院校编辑委员会审定,供五年一贯制第一学年下学期使用.内容包括三角函数(叶红珍主编),数列(陈建英主编),平面向量(张俊飞主编),排列、组合与概率(刘学正主编),共四章,也可供中等职业学校广大师生使用.

版权专有　侵权必究

图书在版编目(CIP)数据

基础数学.第2册/陈建英,叶红珍主编.—北京:北京理工大学出版社,2015.7重印

ISBN 978-7-5640-5370-3

Ⅰ.①基… Ⅱ.①陈… ②叶… Ⅲ.①数学课—中等专业学校—教材 Ⅳ.① G634.601

中国版本图书馆 CIP 数据核字(2011)第 259598 号

出版发行／北京理工大学出版社有限责任公司
社　　址／北京市海淀区中关村南大街5号
邮　　编／100081
电　　话／(010)68914775(总编室)
　　　　　82562903(教材售后服务热线)
　　　　　68948351(其他图书服务热线)
网　　址／http://www.bitpress.com.cn
经　　销／全国各地新华书店
印　　刷／北京通县华龙印刷厂
开　　本／710毫米×1000毫米　1/16
印　　张／12.5　　　　　　　　　　　　　　　　责任编辑／袁　媛
字　　数／252千字　　　　　　　　　　　　　　　　　　　／张慧峰
版　　次／2015年7月第1版第3次印刷　　　　　　　　责任校对／周瑞红
定　　价／24.00元　　　　　　　　　　　　　　　　责任印制／边心超

图书出现印装质量问题,请拨打售后服务热线,本社负责调换

丛书编委会

编委会主任： 张　宁　柳雪芳

副　主　任： 刘秀峰

编委会委员： 万里生　张　剑　章建人

前　　言

　　本书是依据职业教育基础课程教学的基本要求和专业人才培养目标与规格的要求，根据最新中等职业学校数学教学大纲编写而成．内容包括基础模块中的三角函数、数列、平面向量和概率统计四大部分．建议的课时数最少为 45 个学时，其中三角函数 18 个学时，数列 8 个学时，平面向量 12 个学时，排列、组合与概率 7 个学时．供中专、中职和五年一贯制一年级下学期数学教学使用．

　　数学教学大纲强调数学是研究空间形式和数量关系的科学，是科学和技术的基础，是人类文化的重要组成部分，是中等职业学校学生必修的一门公共基础课．本课程的任务是：使学生掌握必要的数学基础知识，具备必需的相关技能与能力，为学习专业知识、掌握职业技能、继续学习和终身发展奠定基础．针对上述的指导思想，整个编写过程体现了如下特色：

　　一、把培养数学的思维方式作为教学目标之一

　　按照数学思维方式编写每一节内容，尽可能多地设立了"观察""实验""抽象""探索""猜测""分析""论证""应用"等小标题，使学生在学习数学知识的同时，受到数学思维方式的熏陶，潜移默化地培养学生的数学思维，提高学生的素质．

　　二、注重培养学生学习数学的兴趣

　　(1) 精选大量的数学故事、数学趣话、数学实例，穿插在数学教材中，把代数、几何与三角函数等数学知识巧妙地揉合在生动有趣的故事之中，让学生感兴趣，主动地阅读、思考、赏析．

　　(2) 在教材中设立了"观察""认一认""说一说""想一想""辨一辨""试一试""动脑筋"等小标题，让学生在课堂上积极地看、说、做、想数学问题，真正地让学生成为学习的主体，积极地参与到学习探索的整个过程．

三、数学内容的阐述注重时代性与传统性结合

我们处于信息时代，计算器、计算机已普及．能用计算器或计算机计算的地方，一律使用计算器或计算机，不再讲述相关计算原理或查表之类的内容，从过去侧重于计算转变到侧重于实际应用，精简了内容．

本书是在上饶职业技术学院教材编辑委员会直接领导下，由陈建英、叶红珍、张俊飞、刘学正四位老师具体编写而成，其中叶红珍老师主编第五章三角函数，陈建英老师主编第六章数列，张俊飞老师主编第七章平面向量，刘学正老师主编第八章排列、组合与概率．编写目的紧紧围绕教材的创新与实用．

由于编者水平有限，加上时间关系，错误遗漏在所难免，敬请读者和同行批评指正，以供再版时修订．

本书编写组

目 录

第五章 三角函数 ... 1

一 三角函数的概念和计算 ... 2
- 5.1 角的概念 ... 2
- 5.2 弧度制 ... 7
- 5.3 三角函数的概念 ... 13
- 5.4 诱导公式 ... 20

二 三角函数的图像和性质 ... 29
- 5.5 正弦函数的图像和性质 ... 29
- 5.6 函数 $y=A\sin(\omega x+\varphi)$ 的图像和性质 ... 35
- 5.7 余弦函数的图像和性质 ... 41
- 5.8 正切函数的图像和性质 ... 44
- 5.9 已知三角函数值求指定区间内的角 ... 47

三 两角和与差的三角函数 ... 57
- 5.10 两角和与差的正弦、余弦、正切 ... 57
- 5.11 二倍角的正弦、余弦、正切 ... 66

四 三角函数的应用 ... 70
- 5.12 简谐振动与简谐交流电 ... 70
- 5.13 解三角形 ... 75

本章小结 ... 82
复习题五 ... 84
阅读材料一 ... 88
阅读材料二 ... 91

第六章 数列 ... 95

一 数列 ... 96
- 6.1 数列的概念 ... 96

二 等差数列 ... 103
- 6.2 等差数列及其通项公式 ... 103
- 6.3 等差数列的前 n 项和 ... 107
- 6.4 等差数列的应用 ... 110

三 等比数列 ... 112
- 6.5 等比数列及通项公式 ... 112

6.5	等比数列的前 n 项和	115
6.7	等比数列的应用	118

四 数学归纳法 … 123

6.8	数学归纳法	123

阅读材料 … 132

本章小结 … 133

复习题六 … 133

第七章 平面向量 … 135

一 向量的概念及运算 … 135

7.1	向量的概念和向量的表示	135
7.2	向量的加法与减法	138
7.3	数乘向量	143

二 向量的坐标 … 146

7.4	与一个非零向量共线的向量	146
7.5	平面向量分解定理	148
7.6	平面向量的直角坐标	150

三 向量的内积 … 153

7.7	向量内积的定义和基本性质	153
7.8	用直角坐标计算向量的内积	155

本章小结 … 158

复习题七 … 160

第八章 排列、组合及概率 … 161

一 排列、组合 … 161

8.1	分类计数原理与分步计数原理	161
8.2	排列	164
8.3	组合	167
8.4	组合数的两个性质	170

二 随机事件及其概率 … 172

8.5	随机事件及其概率	172
8.6	随机事件的概率、古典概率的定义及古典概型	176
8.7	事件的独立性与伯努利概型	180

本章小结 … 184

复习题八 … 187

现代数学与信息小窗口 … 188

参考书目 … 190

第五章 三角函数

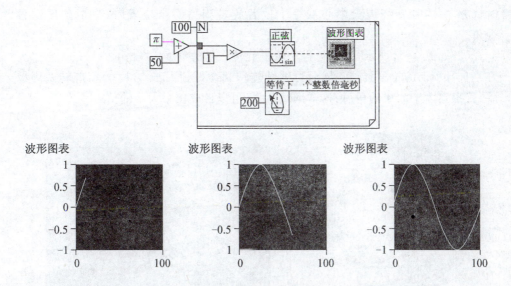

　　三角学来源于测量,它是测量学的理论基础;三角函数又是研究自然界中周期变化现象的重要数学工具,它在力学、工程及无线电学中有着广泛的应用.本章研究三角函数(主要是正弦、余弦、正切函数)的概念和计算、图像和性质,以及它们在角度和长度测量及电学、力学等方面的具体应用.

一 三角函数的概念和计算

5.1 角的概念

观察

（1）手表的秒针（或时针、分针）绕表盘中心旋转（见图 5-1），旋转方向称为顺时针方向.当秒针绕表盘中心从一个位置旋转到另一个位置时，形成的图形称为角.

（2）如图 5-2 所示，观察自行车轮子旋转产生的角度.

自行车上的轮子旋转一周后再继续旋转就会得到大于 360°的角，旋转两周以后，就得到大于 720°的角.像这样继续下去，可以形成任意大小的角.

图 5-1

图 5-2

（3）观察图 5-3 中相互衔接且具有同样半径的两个齿轮旋转的角度.

在转动的时候，其中一个齿轮的半径旋转了某一个角度，另一个就一定旋转同样的角度，但是它们旋转的方向相反.如果我们只是说在同一个时间里两个齿轮的半径旋转的度数是一样的，那么，这就像把温度计的零上 2 度和零下 2 度一律说成 2 度一样，显然是不确切的.为了解决这个问题，我们需要规定角度旋转的方向.

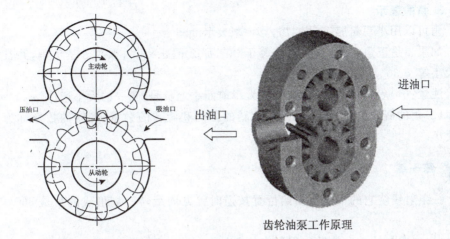

齿轮油泵工作原理

图 5-3

 抽象

1. 角

一般地,平面内一条射线绕它的端点从一个位置旋转到另一个位置形成的图形称为角,如图 5-4 所示.

角的顶点:射线的端点 O 称为角的顶点;

角的始边:射线在旋转初始位置时,称它为角的始边;

角的终边:射线在旋转终止位置时,称它为角的终边.

2. 角的分类

根据角的旋转方向,可分为:

正角:按逆时针方向旋转而成的角称为正角;

负角:按顺时针方向旋转而成的角称为负角;

零角:当一条射线没有旋转时,我们也认为它形成了一个角,把这个角叫做零角,记作 0.

在图 5-4 中,以射线 OA 为始边、射线 OB 为终边的角是一个正角.在图 5-5 中,以射线 OC 为始边、射线 OD 为终边的角是一个负角.

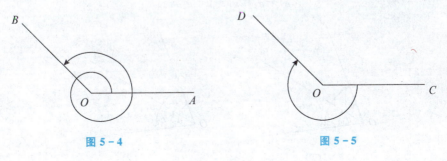

图 5-4   图 5-5

3. 角的表示

角可以用小写希腊字母 $\alpha,\beta,\gamma,\theta\cdots$ 来表示.

如果 α 是正角,并且它的大小等于 30°,那么记 $\alpha=30°$;如果 β 是负角,并且它的大小等于 30°,那么记 $\beta=-30°$.

注意:(1)表示负角时,要在它的大小前面添上负号. 角 α 的大小记作 $|\alpha|$.

(2)角的概念包含两部分:射线旋转的方向和旋转的数量. 旋转的数量称为角的大小.

 练一练

一条射线绕它的端点从初始位置按逆时针方向旋转一周形成的角是 360° 角. 那么

(1)按顺时针方向旋转一周形成的角是 _____ 角;

(2)按逆时针方向旋转两周形成的角是 _____ 角;

(3)按顺时针方向旋转 $\dfrac{1}{4}$ 周形成的角是 _____ 角;

(4)按逆时针方向旋转半周形成的角是 _____ 角.

 想一想

(1)先按逆时针方向旋转 60° 角,接着又按逆时针方向旋转 180° 角,这两次旋转的总效果形成的角是 _____ 角.

(2)先按顺时针方向旋转 1 周,接着又按逆时针方向旋转 90° 角,两次旋转后形成的角是 _____ 角.

4. 角的运算

角的加法运算:一条射线从初始位置 OA 出发,绕它的端点 O 旋转到 OB 位置形成的角记作 α_1. 接着从射线 OB 出发,绕端点 O 旋转到 OC 位置,形成的角记作 α_2. 这两次旋转的总效果形成的角(其初始位置为 OA,终止位置为 OC)称为 α_1 与 α_2 的和,记作 $\alpha_1+\alpha_2$,如图 5-6(1)所示.

角的减法运算可以理解为:

$$\alpha_1-\alpha_2=\alpha_1+(-\alpha_2).$$

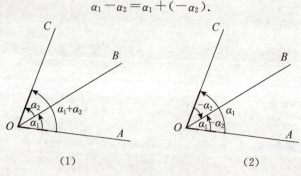

图 5-6

例如,图 5-6(2)中,射线 OA 绕端点 O 旋转到 OC 位置形成角 α_1,接着由射线 OC 出发绕端点 O 旋转到 OB 位置形成角 $-\alpha_2$(注:图 5-6(1)中 $\angle BOC = \alpha_2$,图 5-6(2)中 $\angle COB = -\alpha_2$),则这两次旋转后形成的角(其初始位置为 OA,终止位置为 OB)是角 $\alpha_1 + (-\alpha_2)$,即 $\alpha_1 - \alpha_2$.

5. 在直角坐标系内讨论角

象限角:在直角坐标系中,通常使角的顶点与坐标原点重合,角的始边与 x 轴的正半轴重合,它的终边落在第几象限,就叫做第几象限的角.

如果角的终边落在坐标轴上,就认为这个角不属于任何象限.如图 5-7 所示,$\angle xOA$ 是第一象限的角,$\angle xOB$ 是第三象限的角,$\angle xOC$ 是第四象限的角,$\angle xOy$ 不属于任何象限.

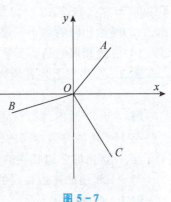

图 5-7

 示范

例 1 下面这些角分别是第几象限的角?

$$170°;\quad 210°;\quad 320°;\quad -180°.$$

解 (1) $170° = 180° - 10°$.

可以看出 $170°$ 比 $180°$ 小 $10°$,即 $170°$ 的终边应是 $180°$ 的终边往 x 轴上方移一点,故 $170°$ 是第二象限的角.

(2) $210° = 180° + 30°$.

可以看出 $210°$ 比 $180°$ 大 $30°$,即 $210°$ 的终边应是 $180°$ 的终边往 x 轴下方移一点,故 $210°$ 是第三象限的角.

(3) $320° = 360° - 40°$.

可以看出 $320°$ 比 $360°$ 小 $40°$,即 $320°$ 的终边应是 $360°$ 的终边往 x 轴下方移一点,故 $320°$ 是第四象限的角.

(4) $-180°$ 的终边为 x 轴的负半轴,故 $-180°$ 不属于任何象限.

 练一练

下面这些角分别是第几象限的角?

$$45°;\quad 150°;\quad 240°;\quad 315°;\quad 0°;\quad 90°;$$
$$180°;\quad 270°;\quad 360°;\quad -45°;\quad -120°;\quad -90°.$$

 观察

(1) 角 α 和角 $\alpha + 360°, \alpha + 2 \cdot 360°, \alpha + 3 \cdot 360°, \cdots$ 的终边有什么特点?

(2) 角 α 和角 $\alpha - 360°, \alpha - 2 \cdot 360°, \alpha - 3 \cdot 360°, \cdots$ 的终边有什么特点?

 抽象

一般地,对于任一整数 k,角 $\alpha + k \cdot 360°$ 的终边与角 α 的终边相同.

与角 α 的终边相同的所有角组成的集合是
$$\{\alpha + k \cdot 360° \mid k \in \mathbf{Z}\}. \tag{1}$$

注：(1) k 是整数；

(2) $k \cdot 360°$ 与 α 之间是"+"号，如 $k \cdot 360° - 30° = k \cdot 360° + (-30°)$，它表示 $k \cdot 360° - 30°(k \in \mathbf{Z})$ 这些角和 $-30°$ 角的终边相同，而不是和 $30°$ 角的终边相同．

(3) 终边相同的角不一定相等，但相等的角的终边一定相同．

(4) 终边相同的角有无数多个，它们相差 $360°$ 的整数倍．

例 2 写出与下列各角终边相同的角的集合．
$$60°; \quad 150°; \quad -45°; \quad -120°.$$

解 与 $60°$ 角的终边相同的所有角组成的集合是 $\{60° + k \cdot 360° \mid k \in \mathbf{Z}\}$；

与 $150°$ 角的终边相同的所有角组成的集合是 $\{150° + k \cdot 360° \mid k \in \mathbf{Z}\}$；

与 $-45°$ 角的终边相同的所有角组成的集合是 $\{-45° + k \cdot 360° \mid k \in \mathbf{Z}\}$；

与 $-120°$ 角的终边相同的所有角组成的集合是 $\{-120° + k \cdot 360° \mid k \in \mathbf{Z}\}$．

例 3 分别写出：

(1) 终边在 y 轴负半轴上的角的集合；

(2) 终边在 x 轴上的角的集合．

解 (1) 终边在 y 轴负半轴上的一个角为 $270°$，因此终边在 y 轴负半轴上的角的集合为 $\{270° + k \cdot 360° \mid k \in \mathbf{Z}\}$．

另一种常见的写法为：$\{-90° + k \cdot 360° \mid k \in \mathbf{Z}\}$．(想一想：为什么？)

(2) 终边在 x 轴正半轴上的一个角为 0，因此终边在 x 轴正半轴上的角为 $m \cdot 360° (m \in \mathbf{Z})$，即 $2m \cdot 180° (m \in \mathbf{Z})$．

终边在 x 轴负半轴上的一个角为 $180°$，因此终边在 x 轴负半轴上的角为 $180° + m \cdot 360° (m \in \mathbf{Z})$，即 $(2m+1) \cdot 180° (m \in \mathbf{Z})$．

故终边在 x 轴上的角的集合为
$$\{\alpha \mid \alpha = 2m \cdot 180° \text{ 或 } (2m+1) \cdot 180°, m \in \mathbf{Z}\} = \{\alpha \mid \alpha = k \cdot 180°, k \in \mathbf{Z}\},$$
即终边在 x 轴上的角的集合为 $\{k \cdot 180° \mid k \in \mathbf{Z}\}$．

例 4 下列各角是第几象限的角？
$$460°; \quad 980°; \quad -395°; \quad -880°.$$

分析 $0° \sim 360°$ 范围内的角我们可以很容易地判断出它们所在的象限，如果要判断这个范围以外的角的象限，那我们就要想办法找到一个和它终边相同但又较小的(在 $0° \sim 360°$ 内)容易判断象限的角，问题就解决了．

解 由于 $460° = 360° + 100°$，得到 $100°$ 角和 $460°$ 角的终边相同，而 $100°$ 角是第二象限的角，所以 $460°$ 也是第二象限的角．

由于 $980° = 2 \cdot 360° + 260°$，得到 $260°$ 角和 $980°$ 角的终边相同，而 $260°$ 是第三象限的角，所以 $980°$ 也是第三象限的角．

由于 $-395° = -360° + (-35°)$，得到 $-35°$ 角和 $-395°$ 角的终边相同，而 $-35°$

角是第四象限的角,所以 $-395°$ 角也是第四象限的角.

由于 $-880°=-2·360°+(-160°)$,得到 $-160°$ 和 $-880°$ 的终边相同,而 $-160°$ 是第三象限的角,所以 $-880°$ 也是第三象限的角.

练一练

(1) 终边在 x 轴负半轴上的角的集合为_____;

终边在 y 轴正半轴上的角的集合为_____.

(2) 下列各角是第几象限的角?

$$490°;\quad 999°;\quad -790°.$$

认一认

如果 $0°<\alpha<90°$,那么 α 是第一象限的角;

如果 $90°<\alpha<180°$,那么 α 是第二象限的角;

如果 $180°<\alpha<270°$,那么 α 是第二象限的角;

如果 $270°<\alpha<360°$,那么 α 是第四象限的角.

思考:设 $180°<\alpha<270°$,则 $\dfrac{\alpha}{2}$ 是第_____象限的角.

练习

1. 与 $30°$ 角的终边相同的所有角组成的集合是_____;

   与 $240°$ 角的终边相同的所有角组成的集合是_____;

   与 $-60°$ 角的终边相同的所有角组成的集合是_____;

   与 $-210°$ 角的终边相同的所有角组成的集合是_____.

2. 下列各角分别是第几象限的角?

   $135°$, $20°$, $180°$, $225°$, $240°$, $330°$, $315°$,

   $420°$, $700°$, $-240°$, $-45°$, $-150°$, $-330°$, $-90°$,

   $270°$, $540°$, $-410°$, $-690°$, $-30°$, $-120°$, $140°$.

3. 设 $0°<\alpha<45°$,则 2α 是第_____象限的角;

   设 $90°<\alpha<135°$,则 2α 是第_____象限的角;

   设 $270°<\alpha<360°$,则 $\dfrac{\alpha}{2}$ 是第_____象限的角.

4. 写出终边在 y 轴上的所有角组成的集合.

5.2 弧度制

度量角的两种方法:角度制和弧度制.前者我们已学过.

(1) 角度制:把一条射线绕它的端点旋转一周形成的角的大小规定为 $360°$,把

旋转 $\frac{1}{360}$ 周形成的角的大小规定为 $1°$，零角的大小规定为 $0°$，这种度量角的大小的方法称为角度制.

为了使高等数学中一些公式变得简单优美，以便在运用它们解决实际问题时计算简便，我们需要学习度量角的大小的第二种方法，即弧度制.

(2) 弧度制：把长度等于半径的圆弧所对圆心角的大小规定为 1 弧度，记作 1 rad 或 1 弧度. 这种度量角的大小的方法称为弧度制. 如图 5-8 所示，$\overset{\frown}{AB}$ 的长等于半径 r，$\overset{\frown}{AB}$ 所对的圆心角 $\angle AOB$ 的大小就是 1 弧度.

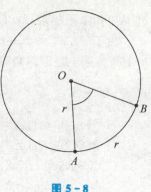

图 5-8

 说一说

(1) 若半径为 r，则弧长等于 $2r$ 的圆弧所对的圆心角为_____；

(2) 若半径为 r，则弧长等于 $3r$ 的圆弧所对的圆心角为_____；

(2) 若半径为 r，则弧长等于 $\frac{4}{3}r$ 的圆弧所对的圆心角为_____.

 抽象

在半径为 r 的圆中，长度为 l 的圆弧所对的圆心角 α 的大小是：

$$\alpha = \frac{l}{r}(\text{弧度}). \tag{1}$$

注：(1) 今后我们用弧度制表示角的时候，"弧度"通常略去不写. 比如 1.5 弧度 = 1.5，$\frac{\pi}{4}$ 弧度 = $\frac{\pi}{4}$，2π 弧度 = 2π. 但是用"度"($°$)为单位表示角时，"度"($°$)就不能省略.

(2) 采用弧度制，使每一个角对应于唯一的实数(这个角的弧度数)，并且使每一个实数对应于唯一的角(它的弧度数等于这个实数). 因此角与实数之间建立了一一对应的关系，从而我们可以把 x 弧度的角等同于实数 x.

(3) 由于圆周长 $l = 2\pi r$，因此

周角 $= \frac{l}{r} = \frac{2\pi r}{r} = 2\pi$ rad；

平角 $= \pi$ rad；

直角 $= \frac{\pi}{2}$ rad．

(4) 角度制与弧度制的换算关系：

$2\pi = 360°$；

$\pi = 180°$；

$$1 = \frac{180°}{\pi} \approx 57°18' = 57.30°;$$

$$1° = \frac{\pi}{180} \approx 0.017\ 45.$$

示范

例1 把下列各角用弧度制写出.

$$30°, 45°, 60°, 120°, -150°, 270°.$$

解 因为 $180° = \pi$,所以

$$30° = \frac{180°}{6} = \frac{\pi}{6}; \qquad 45° = \frac{180°}{4} = \frac{\pi}{4};$$

$$60° = \frac{180°}{3} = \frac{\pi}{3}; \qquad 120° = 60° \times 2 = \frac{2\pi}{3};$$

$$-150° = -30° \times 5 = -\frac{5\pi}{6}; \qquad 270° = 90° \times 3 = \frac{3\pi}{2}.$$

例2 把下列各角用角度制写出.

$$\frac{7\pi}{6}; \frac{4\pi}{3}; -\frac{7\pi}{4}; -\frac{11\pi}{6}.$$

解 因为 $\pi = 180°$,所以

$$\frac{7\pi}{6} = \frac{7}{6} \times 180° = 210°; \qquad \frac{4\pi}{3} = \frac{4}{3} \times 180° = 240°;$$

$$-\frac{7\pi}{4} = -\frac{7}{4} \times 180° = -315°; \qquad -\frac{11\pi}{6} = -\frac{11}{6} \times 180° = -330°.$$

例3 使用函数型计算器,把下列度数化为弧度数(精确到小数点后 4 位)或把弧度数化为度数(精确到小数点后 2 位).

(1) $23°$; (2) $-112°$; (3) $2.7\ \text{rad}$; (4) $-5.8\ \text{rad}$.

解 (1)首先把计算器调整到弧度制状态,然后依次按下列各键:

按【23】【SHIFT】【DRG】【1】　　屏幕显示:23°

按键【=】　　屏幕显示:23°　$\frac{23}{180}\pi$

再按键【S⇔D】　　屏幕显示:23°　0.401 425 728

因此 $23° \approx 0.401\ 4$.

(2)首先把计算器调整到弧度制状态,然后依次按下列各键.

按【-112】【SHIFT】【DRG】【1】　　屏幕显示:-112°

按键【=】　　屏幕显示:-112°　$-\frac{28}{45}\pi$

再按键【S⇔D】　　屏幕显示:-112°　-1.954 768 762

因此 $-112° \approx -1.954\ 8$.

(3)首先把计算器调整到角度制状态,然后依次按下列各键:

按【2.7】【SHIFT】【DRG】【2】　　屏幕显示：2.7ʳ
按键【=】　　屏幕显示：2.7ʳ　　154.698 604 7
因此 2.7 rad≈154.70°.

(4)首先把计算器调整到角度制状态,然后依次按下列各键.

按【−5.8】【SHIFT】【DRG】【2】　　屏幕显示：−5.8ʳ
按键【=】　　屏幕显示：−5.8ʳ　　−332.315 521 2
因此 −5.8 rad≈−332.32°.

 练一练

写出一些特殊角的度数与弧度数的对应关系：

度	0°	30°	45°	60°	90°					
弧度						$\frac{2\pi}{3}$	$\frac{3\pi}{4}$	$\frac{5\pi}{6}$	π	$\frac{3\pi}{2}$	2π

例 4 利用弧度制表示：

(1)终边在 x 轴的正半轴上的所有角组成的集合；

(2)终边在 y 轴的负半轴上的所有角组成的集合；

(3)终边在 x 轴上的所有角组成的集合.

解 (1)终边在 x 轴的正半轴上的所有角组成的集合为：$\{2k\pi | k \in \mathbf{Z}\}$.

(2)终边在 y 轴的负半轴上的所有角组成的集合为：

$$\left\{\frac{3\pi}{2}+2k\pi \Big| k \in \mathbf{Z}\right\}\left(\text{或写成}\left\{-\frac{\pi}{2}+2k\pi \Big| k \in \mathbf{Z}\right\}\right).$$

(3)终边在 x 轴上的所有角组成的集合为：$\{k\pi | k \in \mathbf{Z}\}$.

4. 圆弧长公式

在半径为 r 的圆中,圆心角 α 所对的圆弧长为 l,则

$$l=|\alpha|r. \tag{2}$$

即在弧度制中,圆弧的长度等于所对的圆心角的大小与半径的乘积.

公式的推导：从弧度的定义得出,半径为 r 的圆中,长度为 l 的圆弧所对的圆心角 α 的大小等于 $\frac{l}{r}$ 弧度,即 $|\alpha|=\frac{l}{r}$,所以 $l=|\alpha|r$.

5. 扇形面积公式

(1)如果圆的半径为 r,弧长为 l,则扇形的面积 S 为：

$$S=\frac{1}{2}lr. \tag{3}$$

公式的推导：$S=\frac{l}{2\pi r}\cdot \pi r^2=\frac{1}{2}lr$.

(2)如果圆的半径为 r,扇形的圆心角为 α 弧度,那么由(3)式和(2)式得,扇形的面积 S 为

$$S=\frac{1}{2}|\alpha|r^2.$$

注：(2)式和(3)式中，圆心角 α 的单位一定要为弧度．

例 5 如图 5-9 所示，在车床上加工工件时，工件圆周上任意一个质点均作匀速圆周运动．设圆的半径为 12 cm，质点在 1 s 内由 P 点运动到 P_1 点，所经过的弧长为 120 cm，求质点运动的角速度．

解 设质点所经过的角为 φ rad，则

$$\varphi=\frac{l}{r}=\frac{120}{12}=10 \text{ rad}.$$

因为质点运动的角速度 $\omega=\dfrac{\varphi}{t}$，

所以所求角速度 $\omega=\dfrac{10 \text{ rad}}{1 \text{ s}}=10$ rad/s．

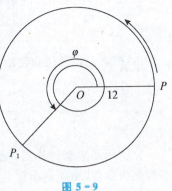

图 5-9

例 6 设电动机的转子直径 $d=10$ cm，其转速 $n=1\,470$ 转/分．求：(1)转子每秒钟转过的圆心角 $|\alpha|$；(2)转子每秒钟转过的圆弧长 l；(3)转子旋转一周需要的时间 t．

解 (1)所求圆心角 $|\alpha|=\dfrac{2\pi\times 1\,470}{60}=49\pi$ rad；

(2)所求圆弧长 $l=|\alpha|\cdot r=49\pi\times\dfrac{10}{2}=245\pi\approx 245\times 3.14=769.3$ cm；

(3)所求时间 $t=\dfrac{60}{1\,470}\approx 0.04$ s．

例 7 如图 5-10 所示，田径运动场的弯道为圆弧．设其中一道宽为 1.15 m，内弧半径为 32 m，这段弧所对的圆心角为 150°，求这段跑道的面积．

解 设所求跑道的面积为 S，则

$S=$ 大扇形面积 $-$ 小扇形面积

$=\dfrac{1}{2}|\alpha|r_1^2-\dfrac{1}{2}|\alpha|r_2^2$

$=\dfrac{1}{2}\times\dfrac{5\pi}{6}(32+1.15)^2-\dfrac{1}{2}\times\dfrac{5\pi}{6}\times 32^2$

$=\dfrac{5\pi}{12}(33.15^2-32^2)\approx\dfrac{5\pi}{12}\times 74.9$

$\approx\dfrac{5}{12}\times 3.14\times 74.9\approx 98$ m².

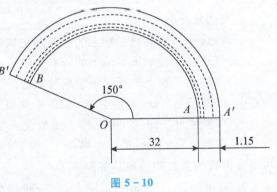

图 5-10

练习

1. 把下列各角用弧度制写出.

15°, 75°, 135°, 225°, 120°, 240°, 300°, 360°,
−45°, −60°, −90°, −150°, −180°, −270°, −30°.

2. 把下列各角用角度制写出.

$\frac{\pi}{6}$, $\frac{\pi}{4}$, $\frac{\pi}{3}$, $\frac{\pi}{2}$, $\frac{3\pi}{2}$, $\frac{4\pi}{3}$, $\frac{5\pi}{4}$, $\frac{5\pi}{6}$, $\frac{5\pi}{2}$,

$\frac{7\pi}{6}$, $-\frac{2\pi}{3}$, $-\frac{5\pi}{6}$, $-\frac{4\pi}{3}$, $-\frac{7\pi}{4}$, $-\frac{11\pi}{12}$, $-\frac{5\pi}{3}$, $-\frac{11\pi}{6}$.

3. 使用函数型计算器,把下列度数化为弧度数(精确到小数点后 4 位)或把弧度数化为度数(精确到小数点后 2 位).

(1) 8°, 39°, −125°, −97°;

(2) 1.7 rad, 2.9 rad, 3.6 rad, 9 rad.

4. 填空.

当 $0<\alpha<\frac{\pi}{2}$ 时,α 是第_____象限的角;

当 $\frac{\pi}{2}<\alpha<\pi$ 时,α 是第_____象限的角;

当 $0<\alpha<\frac{\pi}{2}$ 时,2α 是第_____象限的角;

当 $\frac{3\pi}{2}<\alpha<2\pi$ 时,$\frac{\alpha}{2}$ 是第_____象限的角.

5. 利用弧度制表示.

(1) 终边在 x 轴的负半轴上的所有角组成的集合;

(2) 终边在 y 轴的正半轴上的所有角组成的集合;

(3) 终边在 y 轴上的所有角组成的集合.

6. 在半径为 2 cm 的圆中,30°的圆心角所对的弧的长度是多少?

7. 在半径为 5 cm 的圆中,圆心角的大小为 45°的扇形的面积是多少?

8. 在半径为 20 cm 的圆形薄板上,剪下一块圆心角为 135°的扇形薄板,求这块扇形薄板的弧长和面积是多少?

9. 在半径为 120 cm 的圆周上,有一段长为 145.5 cm 的弧,求这段弧所对的圆心角的弧度数和度数.

10. 在半径为 40 cm 的圆中,有一扇形的弧所对的圆心角为 120°,求此扇形的周长和面积.

11. 已知圆的半径为 0.5 m,分别求 2 rad、3 rad 圆心角所对的弧长.

5.3 三角函数的概念

现实世界中有许多现象是随着时间而发生周期性变化的.为了研究这类现象,我们需要三角函数作为工具.同学们在初中学习过锐角的正弦、余弦、正切.我们要把它们推广到任意角的情形,从而引出三角函数的概念.

探究

下面,我们在直角坐标系中,研究任意角的三角函数.

设 α 是任意一个角,它的终边为 OA,如图 5-11 所示.

在角 α 的终边 OA 上任取一点 $P(x,y)$,它到原点的距离为 $r=\sqrt{x^2+y^2}$ $(r>0)$,我们来考虑三个比值: $\dfrac{y}{r}$, $\dfrac{x}{r}$, $\dfrac{y}{x}$.

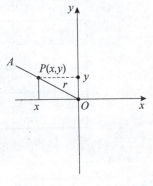

图 5-11

(1) 比值 $\dfrac{y}{r}$ 称为 α 的正弦,记作 $\sin\alpha$,即 $\sin\alpha=\dfrac{y}{r}$;

(2) 比值 $\dfrac{x}{r}$ 称为 α 的余弦,记作 $\cos\alpha$,即 $\cos\alpha=\dfrac{x}{r}$;

(3) 比值 $\dfrac{y}{x}$ 称为 α 的正切,记作 $\tan\alpha$,即 $\tan\alpha=\dfrac{y}{x}$.

其中第三个比值 $\dfrac{y}{x}$,当角 α 的终边在 y 轴上,即 $x\in\left\{\dfrac{\pi}{2}+k\pi\mid k\in\mathbf{Z}\right\}$ 时没有意义(因为此时点 P 的横坐标 $x=0$),其他情况都有意义.

运用相似三角形的知识,容易证明上述三个比值都是由角 α 完全决定,与点 P 在 α 的终边上的位置无关.即对于确定的角 α,上述三个比值 $\dfrac{y}{r}$, $\dfrac{x}{r}$, $\dfrac{y}{x}$ 都是唯一确定的.这就是说,正弦、余弦、正切都是以角为自变量,以比值为函数值的函数,分别称为角 α 的正弦函数、余弦函数、正切函数.

有时我们还用到下面三个函数:

角 α 的余割: $\csc\alpha=\dfrac{1}{\sin\alpha}=\dfrac{r}{y}$;

角 α 的正割: $\sec\alpha=\dfrac{1}{\cos\alpha}=\dfrac{r}{x}$;

角 α 的余切: $\cot\alpha=\dfrac{1}{\tan\alpha}=\dfrac{x}{y}$.

这就是说,$\csc\alpha$, $\sec\alpha$, $\cot\alpha$ 分别是 α 的正弦、余弦、正切的倒数.

其中,当角 α 的终边不在 x 轴上,即 $x \notin \{k\pi | k \in \mathbf{Z}\}$ 时,$\cot\alpha$ 和 $\csc\alpha$ 才有意义;当角 α 的终边不在 y 轴上,即 $x \notin \left\{\dfrac{\pi}{2}+k\pi | k \in \mathbf{Z}\right\}$ 时,$\sec\alpha$ 才有意义.

正弦函数、余弦函数、正切函数、余切函数、正割函数和余割函数统称为三角函数.

本书重点研究正弦函数、余弦函数和正切函数.

在弧度制下,三角函数的定义域如下表所示:

三角函数	定义域
$\sin\alpha$	$\mathbf{R}$
$\cos\alpha$	$\mathbf{R}$
$\tan\alpha$	$x \notin \left\{\dfrac{\pi}{2}+k\pi | k \in \mathbf{Z}\right\}$

注:确定三角函数的定义域时,主要应抓住分母等于零时比值无意义这一关键.

示范

例1 已知角 α 终边上的一点 $p(-4,3)$,分别求 $\sin\alpha, \cos\alpha, \tan\alpha$.

解 由题意得,$x=-4, y=3$,根据勾股定理求出点 p 到原点的距离 r:
$$r=\sqrt{(-4)^2+3^2}=5.$$
因此,$\sin\alpha=\dfrac{y}{r}=\dfrac{3}{5}$,$\cos\alpha=\dfrac{x}{r}=\dfrac{-4}{5}=-\dfrac{4}{5}$,$\tan\alpha=\dfrac{y}{x}=\dfrac{3}{-4}=-\dfrac{3}{4}$.

例2 求特殊角 $0,\dfrac{3\pi}{2}$ 的正弦、余弦、正切、余切.

解 (1)在角 0 的终边上取一点 $p(1,0)$,易看出点 p 到原点的距离 $r=1$,因此,$\sin\alpha=\dfrac{y}{r}=\dfrac{0}{1}=0$,$\cos\alpha=\dfrac{x}{r}=\dfrac{1}{1}=1$,$\tan\alpha=\dfrac{y}{x}=\dfrac{0}{1}=0$.

由于 $y=0$,得出 $\cot\alpha$ 不存在.

(2)在角 $\dfrac{3\pi}{2}$ 的终边上取一点 $p(0,-2)$,易看出点 p 到原点的距离 $r=2$,因此,$\sin\alpha=\dfrac{y}{r}=\dfrac{-2}{2}=-1$,$\cos\alpha=\dfrac{x}{r}=\dfrac{0}{2}=0$,$\cot\alpha=\dfrac{x}{y}=\dfrac{0}{-2}=0$,

由于 $x=0$,得出 $\tan\alpha$ 不存在.

(1)已知角 α 的终边上一点 $p(-1,-2)$,分别求 $\sin\alpha, \cos\alpha, \tan\alpha$.

(2)求特殊角 $\dfrac{\pi}{2}, \pi$ 的正弦、余弦、正切、余切.

记一记

一些特殊角的三角函数值以后经常要用到,所以需要进行记忆.特殊角 $0,\dfrac{\pi}{6}$, $\dfrac{\pi}{4},\dfrac{\pi}{3},\dfrac{\pi}{2},\pi,\dfrac{3\pi}{2}$ 的正弦、余弦、正切和余切函数值见下表:

三角函数 \ 角	0	$\dfrac{\pi}{6}$	$\dfrac{\pi}{4}$	$\dfrac{\pi}{3}$	$\dfrac{\pi}{2}$	π	$\dfrac{3\pi}{2}$
$\sin\alpha$	0	$\dfrac{1}{2}$	$\dfrac{\sqrt{2}}{2}$	$\dfrac{\sqrt{3}}{2}$	1	0	-1
$\cos\alpha$	1	$\dfrac{\sqrt{3}}{2}$	$\dfrac{\sqrt{2}}{2}$	$\dfrac{1}{2}$	0	-1	0
$\tan\alpha$	0	$\dfrac{\sqrt{3}}{3}$	1	$\sqrt{3}$	不存在	0	不存在
$\cot\alpha$	不存在	$\sqrt{3}$	1	$\dfrac{\sqrt{3}}{3}$	0	不存在	0

 动脑筋

(1)我们能不能不用计算器就知道 $\sin 92°$,$\cos(-124°)$,$\tan 544°$ 等三角函数值的符号呢?

(2)由角 α 所在的象限能知道其三角函数值的符号吗?

例如,知道角 α 是第三象限的角,该如何判断 $\sin\alpha$,$\cos\alpha$,$\tan\alpha$ 的符号呢?试着判断 $\sin 240°$,$\cos 240°$,$\tan 240°$ 的符号.

 分析

在角 α 的终边上任取一点 $P(x,y)$(除原点外),由于角 α 是第三象限的角,则其终边上的点 P 也在第三象限,所以 $x<0,y<0$.且注意到 $r>0$,根据

$$\sin\alpha=\dfrac{y}{r},\cos\alpha=\dfrac{x}{r},\tan\alpha=\dfrac{y}{x},$$

易得到 $\sin\alpha<0,\cos\alpha<0,\tan\alpha>0$.

因为 $240°$ 是第三象限的角,所以 $\sin 240°<0,\cos 240°<0,\tan 240°>0$.

 抽象

根据三角函数的定义,以及各象限内点的坐标符号,可以确定三角函数值在各象限的符号.

(1)正弦值 $\dfrac{y}{r}$ 对于第一、第二象限角是正的($y>0,r>0$),对于第三、第四象限角是负的($y<0,r>0$).

(2)余弦值 $\dfrac{x}{r}$ 对于第一、第四象限角是正的($x>0, r>0$),对于第二、第三象限角是负的($x<0, r>0$).

(3)正切值 $\dfrac{y}{x}$ 对于第一、第三象限角是正的(x 和 y 同号),对于第二、第四象限角是负的(x 和 y 异号).

根据(1)(2)(3)的结果,对于各个象限的角,它们的正弦、余弦、正切所带的正负号是有规律的,为了便于记忆,把 $\sin\alpha, \cos\alpha, \tan\alpha$ 的正负号标在各个象限内.见图 5-12.

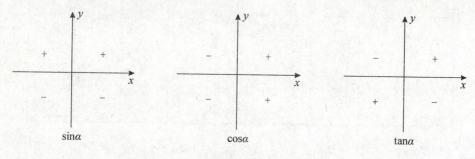

图 5-12

 说一说

(1)正弦值对于第_____象限角是正的.
(2)余弦值对于第_____象限角是正的.
(3)正切值对于第_____象限角是正的.

 示范

例 3 确定下列各三角函数值的符号.

(1)$\sin(-\dfrac{\pi}{6})$;   (2)$\cos 265°$;

(3)$\tan\dfrac{4\pi}{3}$;   (4)$\sin(-210°)$.

解 (1)因为 $-\dfrac{\pi}{6}$ 是第四象限的角,所以 $\sin(-\dfrac{\pi}{6})<0$;

(2)因为 $265°$ 是第三象限的角,所以 $\cos 265°<0$;

(3)因为 $\dfrac{4\pi}{3}$ 是第三象限的角,所以 $\tan\dfrac{4\pi}{3}>0$;

(4)因为 $-210°$ 是第二象限的角,所以 $\sin(-210°)>0$.

练一练

用">"或"<"填空.

$\sin 15°$ _____ 0, $\quad \cos\dfrac{\pi}{3}$ _____ 0, $\quad \tan\dfrac{\pi}{4}$ _____ 0;

$\sin\dfrac{2\pi}{3}$ _____ 0, $\quad \cos 110°$ _____ 0, $\quad \tan 175°$ _____ 0;

$\sin\dfrac{7\pi}{6}$ _____ 0, $\quad \cos\dfrac{4\pi}{3}$ _____ 0, $\quad \tan\dfrac{5\pi}{4}$ _____ 0;

$\sin\dfrac{7\pi}{4}$ _____ 0, $\quad \cos\dfrac{11\pi}{6}$ _____ 0, $\quad \tan(-320°)$ _____ 0;

$\cos\left(-\dfrac{\pi}{3}\right)$ _____ 0, $\quad \cos\left(-\dfrac{2\pi}{3}\right)$ _____ 0, $\quad \tan\left(-\dfrac{3\pi}{4}\right)$ _____ 0.

 探索

一个角 α 有对应的 6 个三角函数,我们能不能由其中的一个三角函数值求出其余的 5 个三角函数值呢?(我们只要求掌握 $\sin\alpha,\cos\alpha,\tan\alpha$)这也就是说,同角的三角函数之间是否存在一定的联系呢?

比如,已知 $\sin\alpha=-\dfrac{3}{5}$,我们能不能求出 $\cos\alpha,\tan\alpha$?

分析

设角 α 终边上的任意一点为 $p(x,y)$,点 p 到原点的距离为 r,则由 $\sin\alpha=\dfrac{y}{r}$,$\cos\alpha=\dfrac{x}{r}$,得

$$\sin^2\alpha+\cos^2\alpha=\left(\dfrac{y}{r}\right)^2+\left(\dfrac{x}{r}\right)^2=\dfrac{x^2+y^2}{r^2}=\dfrac{r^2}{r^2}=1.$$

再根据 α 的正切的定义,当 $\alpha\neq\dfrac{\pi}{2}+k\pi(k\in\mathbf{Z})$ 时,得

$$\dfrac{\sin\alpha}{\cos\alpha}=\dfrac{y}{r}\div\dfrac{x}{r}=\dfrac{y}{x}=\tan\alpha.$$

于是我们得出了同角的三角函数的基本关系式:

(1)平方关系:$\sin^2\alpha+\cos^2\alpha=1$. ($*$)

(2)商数关系:$\tan\alpha=\dfrac{\sin\alpha}{\cos\alpha}$,$\alpha\neq\dfrac{\pi}{2}+k\pi,k\in\mathbf{Z}$. ($**$)

注:①$\sin^2\alpha$ 和 $\sin\alpha^2$ 是不同的,其中 $\sin^2\alpha=(\sin\alpha)^2$,$\sin\alpha^2=\sin(\alpha\cdot\alpha)$.

②应充分理解"同角"两字,如

$\sin^2\dfrac{\pi}{7}+\cos^2\dfrac{\pi}{7}=1$,$\sin^2 3\alpha+\cos^2 3\alpha=1$,$\tan 18°=\dfrac{\sin 18°}{\cos 18°}$,$\tan 2\alpha=\dfrac{\sin 2\alpha}{\cos 2\alpha}$,是

正确的;而 $\sin^2\frac{\pi}{4}+\cos^2\frac{\pi}{3}=1, \tan\frac{\pi}{5}=\frac{\sin\frac{\pi}{5}}{\cos\frac{\pi}{3}}$ 是不正确的.

③ 要熟悉这两个公式的变形:

$1-\sin^2\alpha=$ _____, $1-\cos^2\alpha=$ _____, $\sin\alpha=\tan\alpha\cdot$ _____.

④ 利用(∗)式、(∗∗)式,可以由一个角的某个三角函数值,求出这个角的其他三角函数值,还可以化简一些三角函数式,证明一些有关三角函数的恒等式,等等.

 示范

例 4 已知 $\sin\alpha=-\frac{3}{5}$,且 α 是第三象限的角,求 $\cos\alpha,\tan\alpha$.

解 因为 $\sin^2\alpha+\cos^2\alpha=1$,所以

$$\cos^2\alpha=1-\sin^2\alpha=1-\left(-\frac{3}{5}\right)^2=\frac{16}{25}.$$

由于 α 是第三象限的角,因此 $\cos\alpha<0$,从而

$$\cos\alpha=-\sqrt{\frac{16}{25}}=-\frac{4}{5},$$

$$\tan\alpha=\frac{\sin\alpha}{\cos\alpha}=\left(-\frac{3}{5}\right)\div\left(-\frac{4}{5}\right)=\frac{3}{4}.$$

例 5 已知 $\tan\alpha=-\frac{5}{12}$,且 α 是第二象限的角,求 $\cos\alpha,\sin\alpha$.

解 因为 $\tan\alpha=-\frac{5}{12}$,所以根据(∗∗)式得

$\frac{\sin\alpha}{\cos\alpha}=-\frac{5}{12}$,即 $\sin\alpha=-\frac{5}{12}\cos\alpha$,把它代入(∗)式得

$$\left(-\frac{5}{12}\cos\alpha\right)^2+\cos^2\alpha=1,即\cos^2\alpha=\frac{144}{169}.$$

由于 α 是第二象限的角,因此 $\cos\alpha<0$,从而

$$\cos\alpha=-\frac{12}{13},$$

$$\sin\alpha=\tan\alpha\cdot\cos\alpha=-\frac{5}{12}\cdot\left(-\frac{12}{13}\right)=\frac{5}{13}.$$

例 6 化简:$\dfrac{\cos\varphi-\sin\varphi}{\dfrac{1}{\tan\varphi}-1}$.

解 原式 $=\dfrac{\cos\varphi-\sin\varphi}{\dfrac{\cos\varphi}{\sin\varphi}-1}=\dfrac{\cos\varphi-\sin\varphi}{\dfrac{\cos\varphi-\sin\varphi}{\sin\varphi}}=\sin\varphi.$

例7 求证：$\tan^2\alpha - \sin^2\alpha = \tan^2\alpha \cdot \sin^2\alpha$.

证 左边 $= \dfrac{\sin^2\alpha}{\cos^2\alpha} - \sin^2\alpha = \dfrac{\sin^2\alpha - \sin^2\alpha \cdot \cos^2\alpha}{\cos^2\alpha}$

$= \dfrac{\sin^2\alpha(1-\cos^2\alpha)}{\cos^2\alpha} = \dfrac{\sin^2\alpha \cdot \sin^2\alpha}{\cos^2\alpha}$

$= \tan^2\alpha \cdot \sin^2\alpha =$ 右边.

所以原不等式成立.

练习

1. 在下列各小题中,已知角 α 的终边上一点 P 的坐标,求 $\sin\alpha, \cos\alpha, \tan\alpha$.
   (1) $P(1,-3)$；   (2) $P(-2,3)$.

2. 用">"或"<"填空.

$\sin\dfrac{\pi}{4}$ _____ 0, $\cos(-\dfrac{\pi}{3})$ _____ 0, $\tan\dfrac{\pi}{4}$ _____ 0,

$\sin\dfrac{3\pi}{4}$ _____ 0, $\cos(-\dfrac{3\pi}{4})$ _____ 0, $\tan(-\dfrac{3\pi}{4})$ _____ 0,

$\sin(-\dfrac{5\pi}{4})$ _____ 0, $\cos\dfrac{5\pi}{4}$ _____ 0, $\tan\dfrac{5\pi}{4}$ _____ 0,

$\sin(-\dfrac{\pi}{4})$ _____ 0, $\sin\dfrac{5\pi}{3}$ _____ 0, $\tan(-\dfrac{\pi}{4})$ _____ 0,

$\sin\dfrac{4\pi}{3}$ _____ 0, $\cos\dfrac{5\pi}{3}$ _____ 0, $\tan(-\dfrac{5\pi}{3})$ _____ 0,

$\sin(-\dfrac{5\pi}{6})$ _____ 0, $\cos\dfrac{5\pi}{6}$ _____ 0, $\tan\dfrac{5\pi}{6}$ _____ 0,

$\sin\dfrac{7\pi}{6}$ _____ 0, $\cos\dfrac{11\pi}{6}$ _____ 0, $\tan\dfrac{11\pi}{6}$ _____ 0,

$\sin(-\dfrac{7\pi}{6})$ _____ 0, $\cos(-\dfrac{5\pi}{6})$ _____ 0, $\tan(-\dfrac{4\pi}{3})$ _____ 0,

$\sin\dfrac{7\pi}{4}$ _____ 0, $\cos\dfrac{9\pi}{4}$ _____ 0, $\tan\dfrac{9\pi}{4}$ _____ 0,

$\sin\dfrac{19\pi}{6}$ _____ 0, $\cos\dfrac{17\pi}{6}$ _____ 0, $\tan\dfrac{13\pi}{6}$ _____ 0,

$\sin\dfrac{8\pi}{3}$ _____ 0, $\cos\dfrac{11\pi}{3}$ _____ 0, $\tan\dfrac{7\pi}{3}$ _____ 0,

$\sin 210° \cdot \cos 340°$ _____ 0, $\cos 1 \cdot \tan 2$ _____ 0.

3. 计算下列各式的值.

(1) $\sin\dfrac{\pi}{4} - \cos\dfrac{\pi}{6} + \cos 2\pi - \sin\dfrac{3\pi}{2}$；

(2) $\sin\dfrac{\pi}{2} + \sin 0 - \tan\dfrac{\pi}{4} + \cos\pi + \tan\pi$.

4. 已知 $\sin \alpha = -\dfrac{1}{5}$, 且 α 是第四象限的角, 求 $\cos \alpha, \tan \alpha$.

5. 已知 $\cos \alpha = \dfrac{3}{4}$, 且 α 是第一象限的角, 求 $\sin \alpha, \tan \alpha$.

6. 已知 $\tan \alpha = -\dfrac{5}{8}$, 且 α 是第四象限的角, 求 $\cos \alpha, \sin \alpha$.

7. 已知 $\cos \alpha = \dfrac{5}{13}$, 求 $\sin \alpha, \tan \alpha$.

8. 证明: $\sin^4 \alpha - \cos^4 \alpha = \sin^2 \alpha - \cos^2 \alpha$.

9. 化简: $\sin^4 \alpha + \sin^2 \alpha \cos^2 \alpha + \cos^2 \alpha$.

5.4 诱导公式

这一节我们要学习一些诱导公式. 它们的主要作用之一是把任意角的正弦、余弦、正切转化为锐角的正弦、余弦、正切, 进而去查正弦表、余弦表、正切表, 计算出相应的函数值.

在计算器未普及以前, 三角函数表(包括正弦表、余弦表、正切表)对于求三角函数值具有重大的意义. 我们来了解一下三角函数表: $0° \sim 90°$ 的三角函数值是能够直接从三角函数表中查到的, 但是大于 $90°$ 的角和负角的三角函数值, 就不能够直接从表中查得. 怎样求任意角的三角函数值呢? 这就需要诱导公式了. 不过有了计算器后, 我们可以直接求出任意角的正弦、余弦、正切, 不必使用诱导公式. 但是对于像 $\dfrac{31\pi}{6}, \dfrac{25\pi}{4}, -\dfrac{27\pi}{3}$ 这样的角, 仍用诱导公式计算它们的正弦、余弦、正切.

此外, 诱导公式在研究三角函数的性质及已知三角函数求角中发挥着重要作用.

(1) 对于终边相同的角, 例如 $\dfrac{\pi}{6}$ 和 $\dfrac{13\pi}{6}$, 说说 $\sin \dfrac{\pi}{6}$ 与 $\sin \dfrac{13\pi}{6}$, $\cos \dfrac{\pi}{6}$ 与 $\cos \dfrac{13\pi}{6}$, $\tan \dfrac{\pi}{6}$ 与 $\tan \dfrac{13\pi}{6}$ 有什么关系?

(2) 角 $\alpha + 2k\pi$ 的终边与角 α 的终边有什么关系? (其中 $k \in \mathbf{Z}$)

角 $\alpha + 2k\pi$ 与角 α 的三角函数的关系:

$$\sin(\alpha + 2k\pi) = \sin \alpha, \alpha \in \mathbf{R}, k \in \mathbf{Z}. \tag{1}$$

$$\cos(\alpha + 2k\pi) = \cos \alpha, \alpha \in \mathbf{R}, k \in \mathbf{Z}. \tag{2}$$

$$\tan(\alpha + 2k\pi) = \tan \alpha, \alpha \notin \left\{\dfrac{\pi}{2} + l\pi \mid l \in \mathbf{Z}\right\}, k \in \mathbf{Z}. \tag{3}$$

注：①其中 $2k\pi$ 指的是 2π 的整数倍,可以为正整数,也可以为负整数.比如：$4\pi=2\cdot 2\pi,6\pi=3\cdot 2\pi,-4\pi=-2\cdot 2\pi,-6\pi=-3\cdot 2\pi$ 等,它们都具备 2π 的整数倍的形式,而 $3\pi,5\pi,-3\pi,-7\pi$ 等都不是 2π 的整数倍.

②利用这组公式,我们可把绝对值大于 2π 的任一角的三角函数问题转化为研究绝对值小于 2π 的角的三角函数问题.

下列解题过程如果是错的请加以改正.

(1) $\sin\dfrac{19\pi}{6}=\sin(\dfrac{\pi}{6}+3\pi)=\sin\dfrac{\pi}{6}=\dfrac{1}{2}$；

(2) $\tan(2\pi-\dfrac{\pi}{3})=\tan\dfrac{\pi}{3}=\sqrt{3}$；

(3) $\sin(-2\pi-\dfrac{\pi}{3})=\sin\dfrac{\pi}{3}=\dfrac{\sqrt{3}}{2}$.

示范

例1 求下列各三角函数值.

$$\sin\dfrac{13\pi}{6},\quad \cos(-\dfrac{7\pi}{4}),\quad \tan\dfrac{19\pi}{3},\quad \sin 405°.$$

解 $\sin\dfrac{13\pi}{6}=\sin(\dfrac{\pi}{6}+2\pi)=\sin\dfrac{\pi}{6}=\dfrac{1}{2}$ ……对于 2π,其中 $k=1$.

$\cos(-\dfrac{7\pi}{4})=\cos(-2\pi+\dfrac{\pi}{4})=\cos\dfrac{\pi}{4}=\dfrac{\sqrt{2}}{2}$ ……对于 -2π,其中 $k=-1$.

$\tan\dfrac{19\pi}{3}=\tan(6\pi+\dfrac{\pi}{3})=\tan\dfrac{\pi}{3}=\sqrt{3}$ ……对于 6π,其中 $k=3$.

$\sin 405°=\sin(360°+45°)=\sin 45°=\dfrac{\sqrt{2}}{2}$ ……对于 $360°$,其中 $k=1$.

求 $\sin\dfrac{7\pi}{3},\cos\dfrac{9\pi}{4},\tan(-\dfrac{11\pi}{6})$.

观察

在直角坐标系中：

(1) 以原点为圆心,画一个单位圆(半径等于1的圆,称为单位圆)；

(2) 画出角 $\dfrac{\pi}{3}$ 和角 $-\dfrac{\pi}{3}$.

设角 $\dfrac{\pi}{3}$ 和角 $-\dfrac{\pi}{3}$ 的终边分别与单位圆交于点 P、点 Q,如图 5-13 所示,说一

说：角 $\frac{\pi}{3}$ 和角 $-\frac{\pi}{3}$ 的终边关于_____轴对称，点 P 与点 Q 关于_____轴对称，它们的横坐标和纵坐标分别有什么关系？

　抽象

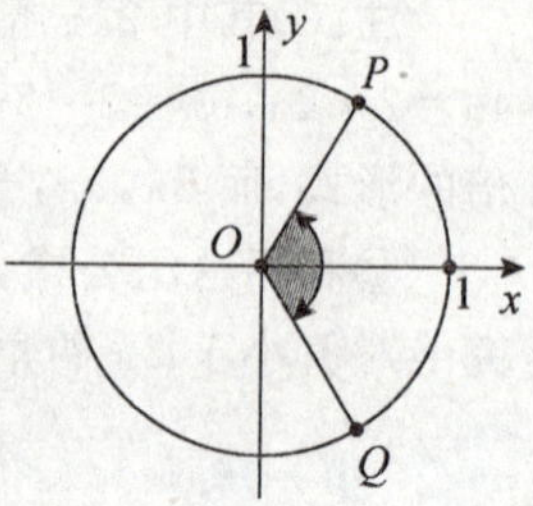

一般地，设 α 是任意一个角，它的终边与单位圆交于点 $P(x,y)$，角 $-\alpha$ 的终边与单位圆交于点 Q. 如图 5-14 所示.

由于角 α 与角 $-\alpha$ 的旋转方向相反，而旋转的数量相同，因此角 α 的终边与角 $-\alpha$ 的终边关于 x 轴对称. 从而点 $P(x,y)$ 与点 Q 关于 x 轴对称. 由此得出点 Q 的坐标为 $(x, -y)$，且点 P 和点 Q 到原点的距离都为 1. 因此

$$\sin(-\alpha) = -y = -\sin\alpha,\ \cos(-\alpha) = x = \cos\alpha.$$

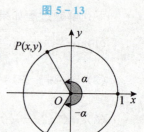

图 5-13

图 5-14

当 $\alpha \neq \frac{\pi}{2} + k\pi(k \in \mathbf{Z})$ 时，有

$$\tan(-\alpha) = \frac{-y}{x} = -\tan\alpha.$$

　记一记

角 $-\alpha$ 和 α 的三角函数的关系：

$\sin(-\alpha) = -\sin\alpha,\ \alpha \in \mathbf{R}.$ 　　　　　　　　　　　　　　(4)

$\cos(-\alpha) = \cos\alpha,\ \alpha \in \mathbf{R}.$ 　　　　　　　　　　　　　　(5)

$\tan(-\alpha) = -\tan\alpha,\ \alpha \notin \left\{\frac{\pi}{2} + k\pi \mid k \in \mathbf{Z}\right\}.$ 　　　　　　(6)

注：①这组公式可以把负角的三角函数值用正角的三角函数值表示出来.
②这组公式还说明了正弦函数和正切函数是奇函数，它们的图像分别关于原点对称；余弦函数是偶函数，它的图像关于 y 轴对称.

　示范

例 2　(1) 求角 $-\frac{\pi}{6}$ 的正弦、余弦、正切.

(2) 分别求出 $\sin(-\frac{13\pi}{3}),\ \cos(-\frac{17\pi}{4}),\ \tan(-\frac{25\pi}{6})$ 的值.

解　(1) $\sin(-\frac{\pi}{6}) = -\sin\frac{\pi}{6} = -\frac{1}{2},\ \cos(-\frac{\pi}{6}) = \cos\frac{\pi}{6} = \frac{\sqrt{3}}{2},$

$\tan(-\frac{\pi}{6}) = -\tan\frac{\pi}{6} = -\frac{\sqrt{3}}{3}.$

(2) $\sin(-\frac{13\pi}{3}) = -\sin\frac{13\pi}{3} = -\sin(4\pi+\frac{\pi}{3}) = -\sin\frac{\pi}{3} = -\frac{\sqrt{3}}{2}$,

$\cos(-\frac{17\pi}{4}) = \cos\frac{17\pi}{4} = \cos(4\pi+\frac{\pi}{4}) = \cos\frac{\pi}{4} = \frac{\sqrt{2}}{2}$,

$\tan(-\frac{25\pi}{6}) = -\tan\frac{25\pi}{6} = -\tan(4\pi+\frac{\pi}{6}) = -\tan\frac{\pi}{6} = -\frac{\sqrt{3}}{3}$.

求 $\sin(-\frac{\pi}{2})$，$\cos(-\frac{\pi}{3})$，$\sin(-\frac{\pi}{4})$，$\tan(-\frac{13\pi}{6})$.

观察

角 $\frac{\pi}{6}$ 的终边与单位圆交于点 P，角 $\pi+\frac{\pi}{6}$ 的终边与单位圆交于点 M，如图 5-15(1)所示，说一说：角 $\frac{\pi}{6}$ 和角 $\pi+\frac{\pi}{6}$ 的终边有什么关系？点 P 与点 M 关于什么点对称，它们的横坐标和纵坐标分别有什么关系？

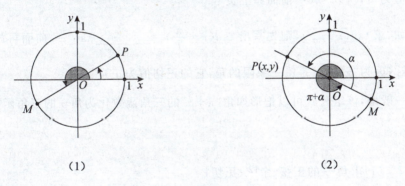

(1)　　　　　　　　(2)

图 5-15

一般地，设 α 是任意一个角，它的终边与单位圆交于点 $P(x,y)$，角 $\pi+\alpha$ 的终边与单位圆交于点 M，如图 5-15(2)所示.

显然，角 $\pi+\alpha$ 的终边是角 α 的终边的反向延长线，因此点 $P(x,y)$ 与点 M 关于原点 O 对称，从而点 M 的坐标为 $(-x,-y)$，且点 P 和点 Q 到原点的距离都为 1. 由此得出

$$\sin(\pi+\alpha) = -y = -\sin\alpha, \cos(\pi+\alpha) = -x = -\cos\alpha.$$

当 $\alpha \neq \frac{\pi}{2}+k\pi(k\in \mathbf{Z})$ 时，有

$$\tan(\pi+\alpha)=\frac{-y}{-x}=\frac{y}{x}=\tan\alpha.$$

记一记

角 $\pi+\alpha$ 和角 α 的三角函数关系为：

$\sin(\pi+\alpha)=-\sin\alpha, \alpha\in\mathbf{R}$ （7）

$\cos(\pi+\alpha)=-\cos\alpha, \alpha\in\mathbf{R}$ （8）

$\tan(\pi+\alpha)=\tan\alpha, \alpha\notin\left\{\dfrac{\pi}{2}+k\pi|k\in\mathbf{Z}\right\}$ （9）

注：①记忆诀窍为"函数名不变，正负看象限". 即对于 $\pi+\alpha$ 的三角函数，等于 α 的同名函数的值，再放上原来的函数在第三象限内的符号（把其中的 α 看做锐角，则 $\pi+\alpha$ 为第三象限角）.

例如，求 $\sin\left(\pi+\dfrac{\pi}{6}\right)$，则先写出 $\sin\left(\pi+\dfrac{\pi}{6}\right)=$ _____ $\sin\dfrac{\pi}{6}$，前面再放上符号：负号. 因为把原 $\sin\left(\pi+\dfrac{\pi}{6}\right)$ 中的 $\dfrac{\pi}{6}$ 看作锐角时，"$\pi+$锐角"是第三象限的角，它的正弦值为负，所以 $\sin\dfrac{\pi}{6}$ 前面添上负号.

又如，求 $\tan\left(\pi+\dfrac{\pi}{7}\right)$，则先写出 $\tan\left(\pi+\dfrac{\pi}{7}\right)=$ _____ $\tan\dfrac{\pi}{7}$，前面再放上符号：正号.（因为"$\pi+\dfrac{\pi}{7}$"是第三象限的角，它的正切值为正）

②一般地，该组公式可以把形如角 "$\pi+\alpha$" 的三角函数化为角 α 的三角函数.

示范

例 3 （1）求角 $\dfrac{5\pi}{4}$ 的正弦、余弦、正切；

（2）分别求出 $\sin\dfrac{4\pi}{3}, \cos\dfrac{7\pi}{6}, \tan\dfrac{7\pi}{6}$ 的值.

解 （1）$\sin\dfrac{5\pi}{4}=\sin\left(\pi+\dfrac{\pi}{4}\right)=-\sin\dfrac{\pi}{4}=-\dfrac{\sqrt{2}}{2}$，

$\cos\dfrac{5\pi}{4}=\cos\left(\pi+\dfrac{\pi}{4}\right)=-\cos\dfrac{\pi}{4}=-\dfrac{\sqrt{2}}{2}, \tan\dfrac{5\pi}{4}=\tan\left(\pi+\dfrac{\pi}{4}\right)=\tan\dfrac{\pi}{4}=1$；

（2）$\sin\dfrac{4\pi}{3}=\sin\left(\pi+\dfrac{\pi}{3}\right)=-\sin\dfrac{\pi}{3}=-\dfrac{\sqrt{3}}{2}$，

$\cos\dfrac{7\pi}{6}=\cos\left(\pi+\dfrac{\pi}{6}\right)=-\cos\dfrac{\pi}{6}=-\dfrac{\sqrt{3}}{2}, \tan\dfrac{7\pi}{6}=\tan\left(\pi+\dfrac{\pi}{6}\right)=\tan\dfrac{\pi}{6}=\dfrac{\sqrt{3}}{3}$.

分别求出 $\cos\dfrac{4\pi}{3}$，$\sin\dfrac{7\pi}{6}$，$\tan\dfrac{4\pi}{3}$ 的值．

填空：

$\sin(\pi-\alpha)=\sin[\pi+(-\alpha)]=$ _____ $\sin(-\alpha)=$ _____；

$\cos(\pi-\alpha)=\cos[\pi+$ _____ $]=$ _____ $\cos(-\alpha)=$ _____；

当 $\alpha\neq\dfrac{\pi}{2}+k\pi(k\in\mathbf{Z})$ 时，有

$\tan(\pi-\alpha)=\tan[\pi+$ _____ $]=$ _____ $\tan(-\alpha)=$ _____．

由上述题的解答，我们得出了 $\pi-\alpha$ 和 α 的三角函数的关系：

$\sin(\pi-\alpha)=\sin\alpha,\alpha\in\mathbf{R}.$ \hfill (10)

$\cos(\pi-\alpha)=-\cos\alpha,\alpha\in\mathbf{R}.$ \hfill (11)

$\tan(\pi-\alpha)=-\tan\alpha,\ \alpha\notin\left\{\dfrac{\pi}{2}+k\pi\mid k\in\mathbf{Z}\right\}.$ \hfill (12)

注：①记忆诀窍同上组公式的"函数名不变，正负看象限"．即对于 $\pi-\alpha$ 的三角函数，等于 α 的同名函数的值，再放上原来的函数在第二象限内的符号（把其中的 α 看做锐角，则 $\pi-\alpha$ 为第二象限角）．

例如，求 $\sin\left(\pi-\dfrac{\pi}{6}\right)$，则先写出 $\sin\left(\pi-\dfrac{\pi}{6}\right)=$ _____ $\sin\dfrac{\pi}{6}$，前面再放上符号：正号．（因为把 α 看做锐角时，"$\pi-\alpha$"是第二象限的角，它的正弦值为正，所以 $\sin\dfrac{\pi}{6}$ 前面添上正号）

②一般地，该组公式可以把形如"$\pi-\alpha$"的三角函数化为 α 的三角函数．

例 4 (1) 求角 $\dfrac{5\pi}{6}$ 的正弦、余弦、正切；

(2) 分别求出 $\sin\dfrac{3\pi}{4}$，$\cos\dfrac{3\pi}{4}$，$\tan\dfrac{2\pi}{3}$ 的值．

解 (1) $\sin\dfrac{5\pi}{6}=\sin\left(\pi-\dfrac{\pi}{6}\right)=\sin\dfrac{\pi}{6}=\dfrac{1}{2}$，

$\cos\dfrac{5\pi}{6}=\cos\left(\pi-\dfrac{\pi}{6}\right)=-\cos\dfrac{\pi}{6}=-\dfrac{\sqrt{3}}{2}$，

$\tan\dfrac{5\pi}{6}=\tan\left(\pi-\dfrac{\pi}{6}\right)=-\tan\dfrac{\pi}{6}=-\dfrac{\sqrt{3}}{3}$；

(2) $\sin\dfrac{3\pi}{4}=\sin(\pi-\dfrac{\pi}{4})=\sin\dfrac{\pi}{4}=\dfrac{\sqrt{2}}{2}$,

$\cos\dfrac{3\pi}{4}=\cos(\pi-\dfrac{\pi}{4})=-\cos\dfrac{\pi}{4}=-\dfrac{\sqrt{2}}{2}$,

$\tan\dfrac{2\pi}{3}=\tan(\pi-\dfrac{\pi}{3})=-\tan\dfrac{\pi}{3}=-\sqrt{3}$.

想一想

填空：
$\sin(2\pi-\alpha)=\sin[2\pi+(-\alpha)]=$ _____ ；
$\cos(2\pi-\alpha)=\cos[2\pi+$ _____ $]=$ _____ ；

当 $\alpha\neq\dfrac{\pi}{2}+k\pi(k\in\mathbf{Z})$ 时，有

$\tan(2\pi-\alpha)=\tan[2\pi+$ _____ $]=$ _____ .

由上述题的解答，我们得出了 $2\pi-\alpha$ 与 α 的三角函数的关系：

$\sin(2\pi-\alpha)=-\sin\alpha$, $\alpha\in\mathbf{R}$. (13)

$\cos(2\pi-\alpha)=\cos\alpha$, $\alpha\in\mathbf{R}$. (14)

$\tan(2\pi-\alpha)=-\tan\alpha$, $\alpha\notin\left\{\dfrac{\pi}{2}+k\pi\mid k\in\mathbf{Z}\right\}$. (15)

注：①记忆诀窍为"函数名不变，正负看象限"。即对于角 $2\pi-\alpha$ 的三角函数，等于角 α 的同名函数的值，再放上原来的函数在第四象限内的符号（把其中的 α 看做锐角，则 $2\pi-\alpha$ 为第四象限角）。

例如，求 $\sin(2\pi-\dfrac{\pi}{6})$，则先写出 $\sin(2\pi-\dfrac{\pi}{6})=$ _____ $\sin\dfrac{\pi}{6}$，前面再放上符号：负号。（因为把 α 看作锐角时，"$2\pi-\alpha$"是第四象限的角，它的正弦值为负，所以 $\sin\dfrac{\pi}{6}$ 前面添上负号）

②一般地，该组公式可以把形如"$2\pi-\alpha$"的三角函数化为 α 的三角函数。

③诱导公式的记忆诀窍都为："函数名不变，正负看象限"，即对于 $2k\pi+\alpha$，$\pi\pm\alpha$，$2\pi-\alpha$，$-\alpha$ 的三角函数值，等于角 α 的同名函数的值，放上 α 是锐角时原来的函数在相应象限内的符号。

示范

例 5 求 $\sin\dfrac{19\pi}{4}$, $\cos\dfrac{23\pi}{6}$, $\tan\dfrac{22\pi}{3}$ 的值。

解 $\sin\dfrac{19\pi}{4}=\sin(4\pi+\dfrac{3\pi}{4})=\sin\dfrac{3\pi}{4}=\sin(\pi-\dfrac{\pi}{4})=\sin\dfrac{\pi}{4}=\dfrac{\sqrt{2}}{2}$.

$\cos\dfrac{23\pi}{6}=\cos(4\pi-\dfrac{\pi}{6})=\cos(-\dfrac{\pi}{6})=\cos\dfrac{\pi}{6}=\dfrac{\sqrt{3}}{2}$.

$$\tan\frac{22\pi}{3}=\tan(6\pi+\frac{4\pi}{3})=\tan\frac{4\pi}{3}=\tan(\pi+\frac{\pi}{3})=\tan\frac{\pi}{3}=\sqrt{3}.$$

例 6 求下列各三角函数的值.

(1) $\sin 295°$；　　　　　　　　(2) $\cos 124°36'$；

(3) $\tan 528°$；　　　　　　　　(4) $\sin(-791°)$.

解 (1) 首先把计算器调整到角度制状态,然后依次按下列各键：

【sin】【295】【)】【=】

屏幕显示：sin(295)　　　　－0.906 307 787

因此 $\sin 295°\approx -0.906\ 3$.

注：该计算器中的函数符号键,如【sin】,输出后自带了左边"(",因此只要输入右边")"即可.

(2) $124°36'=124.6°$.

首先把计算器调整到角度制状态,然后依次按下列各键：

【cos】【124.6】【)】【=】

屏幕显示：cos(124.6)　　　　－0.567 843 745 1

因此 $\cos 124°36'\approx -0.567\ 8$.

(3) 首先把计算器调整到角度制状态,然后依次按下列各键：

【tan】【528】【)】【=】

屏幕显示：tan(528)　　　　－0.212 556 561 7

因此 $\tan 528°\approx -0.212\ 6$.

(4) 首先把计算器调整到角度制状态,然后依次按下列各键：

【sin】【-】【791】【)】【=】

屏幕显示：sin(-791)　　　　－0.945 518 575 6

因此 $\sin(-791°)\approx -0.945\ 5$.

例 7 求下列各三角函数的值.

(1) $\sin\frac{13\pi}{7}$；　　　　　　　(2) $\cos(-\frac{24\pi}{5})$；

(3) $\tan\frac{23\pi}{6}$；　　　　　　　(4) $\sin(-\frac{19\pi}{3})$.

解 (1) 首先把计算器调整到弧度状态,然后依次按下列各键：

【sin】【13】【SHIFT】【π】【÷】【7】【)】【=】

屏幕显示：sin(13π÷7)　　　　－0.433 883 739 1

因此 $\sin\frac{13\pi}{7}\approx -0.433\ 9$.

(2) 在计算器为弧度状态时,依次按下列各键：

【cos】【-】【24】【SHIFT】【π】【÷】【5】【)】【=】

屏幕显示：cos(-24π÷5)　　　　－0.809 016 994 4

因此 $\cos(-\frac{24\pi}{5}) \approx -0.8090$.

(3) 在计算器为弧度状态时,依次按下列各键:

【tan】【23】【SHIFT】【π】【÷】【6】【)】【=】

屏幕显示:tan(23π÷6)　　　$-\frac{\sqrt{3}}{3}$

因此 $\tan\frac{23\pi}{6} = -\frac{\sqrt{3}}{3}$.

(4) 在计算器为弧度状态时,依次按下列各键:

【sin】【-】【19】【SHIFT】【π】【÷】【3】【)】【=】

屏幕显示:sin(-19π÷3)　　　$-\frac{\sqrt{3}}{2}$

因此 $\sin(-\frac{19\pi}{3}) = -\frac{\sqrt{3}}{2}$.

1. 求下列各个角的正弦、余弦、正切.

$\frac{13\pi}{3}, -\frac{11\pi}{6}, -\frac{15\pi}{4}, \frac{25\pi}{6}$.

2. 求下列各个角的正弦、余弦、正切.

$-\frac{7\pi}{3}, -\frac{13\pi}{6}, -\frac{25\pi}{4}$.

3. 求下列各个角的正弦、余弦、正切.

$-\frac{4\pi}{3}, \frac{5\pi}{4}, \frac{19\pi}{6}$.

4. 求下列各个角的正弦、余弦、正切.

$-\frac{3\pi}{4}, \frac{2\pi}{3}, -\frac{19\pi}{6}$.

5. 求下列各个角的正弦、余弦、正切.

$\frac{29\pi}{6}, -\frac{11\pi}{3}, -\frac{5\pi}{4}, -\frac{16\pi}{3}, \frac{23\pi}{6}, \frac{17\pi}{6}, \frac{21\pi}{4}, -\frac{33\pi}{4}, \frac{28\pi}{3}$.

6. 求下列各三角函数的值.

(1) $\sin 172°$;　　(2) $\cos 346°26'$;　　(3) $\tan 610°$;

(4) $\sin\frac{18\pi}{7}$;　　(5) $\cos\frac{\pi}{5}$;　　(6) $\tan(-\frac{21\pi}{5})$;

(7) $\sin 254°$;　　(8) $\cos(-\frac{13\pi}{8})$;　　(9) $\tan\frac{9\pi}{14}$.

二　三角函数的图像和性质

5.5　正弦函数的图像和性质

(一) 三角函数线

1. 有向线段

在线段 AB 的两个端点中,规定 A 为始点,B 为终点,我们就说线段具有射线 AB 的方向,像这样具有方向的线段叫有向线段.记作:有向线段 $\overrightarrow{AB}$. 如图 5-16 (1)所示.

2. 有向线段 $\overrightarrow{AB}$ 的长度

线段 AB 的长度叫做有向线段 $\overrightarrow{AB}$ 的长度,记作 $|\overrightarrow{AB}|$.

3. 有向线段在坐标轴上的数量

一条平行于坐标轴或在坐标轴上的有向线段 $\overrightarrow{AB}$ 的长度带上正负号(它的方向与轴的方向一致加上正号,与轴的方向相反时加上负号),这样得到的数叫做有向线段的数量.记作:有向线段 $\overrightarrow{AB}$ 的数量 AB.

例如,图 5-16(2)中,有向线段 $\overrightarrow{OA}$ 的数量 $OA=3$,有向线段 $\overrightarrow{OB}$ 的数量 $OB=5$,有向线段 $\overrightarrow{OC}$ 的数量 $OC=-3$,有向线段 $\overrightarrow{DE}$ 的数量 $DE=4$.

注:图 5-16(2)中,点 A 的横坐标 3 就是有向线段 $\overrightarrow{OA}$ 在 x 轴上的数量 OA,点 B 的纵坐标 5 就是有向线段 $\overrightarrow{OB}$ 在 y 轴上的数量 OB.

4. 正弦线和余弦线

如图 5-16(3)所示,在单位圆 O 中,作任意角 α,角 α 的终边和单位圆的交点为 $P(x,y)$. 过点 P 作 PM 垂直于 x 轴于点 M,根据三角函数的定义,有

$$\cos\alpha = \frac{x}{r} = \frac{x}{1} = x,\ \sin\alpha = \frac{y}{r} = \frac{y}{1} = y.$$

可得到点 P 的横坐标为 $\cos\alpha$,即有向线段 $\overrightarrow{OM}$ 的数量,于是称有向线段 $\overrightarrow{OM}$ 为角 α 的余弦线;点 P 的纵坐标为 $\sin\alpha$,即有向线段 $\overrightarrow{MP}$ 的数量,于是称有向线段 $\overrightarrow{MP}$ 为角 α 的正弦线.

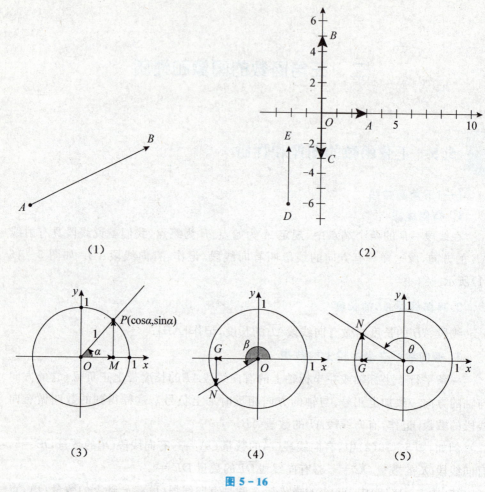

图 5-16

说一说

如图 5-16(4)所示,角 β 的正弦线是_____,角 β 的余弦线是_____.
如图 5-16(5)所示,角 θ 的正弦线是_____,角 θ 的余弦线是_____.

(二)正弦函数的图像和性质

探究

(1)根据诱导公式 $\sin(x+k\cdot 2\pi)=\sin x$,$x\in \mathbf{R}$,得出正弦函数 $y=\sin x$ 在 $x\in [-2\pi,0]$,$x\in [2\pi,4\pi]$,$x\in [4\pi,6\pi]$…时的图像与在 $x\in [0,2\pi]$ 时的图像的形状完全一样,只是位置不同,因此我们只要先画出 $y=\sin x$,$x\in [0,2\pi]$ 的一段图像,然后把这段图像沿 x 轴平移 $\pm 2\pi$,$\pm 4\pi$,$\pm 6\pi$,…就可以得出 $y=\sin x$,$x\in \mathbf{R}$ 的整个图像.

(2)利用单位圆中的正弦线来作正弦函数 $y=\sin x$,$x\in [0,2\pi]$ 的图像.

在直角坐标系的 x 轴上任取一点 O_1，以 O_1 为圆心作单位圆（见图 5-17），从这个圆与 x 轴的交点 A 起，把圆分为 12 等份（等份越多，作出的图像越精确）. 过圆上各分点分别作 x 轴的垂线，可以得到弧度为 $0, \frac{\pi}{6}, \frac{\pi}{3}, \frac{\pi}{2}, \cdots, 2\pi$ 的角的正弦线（例如 O_1B 对应于角 $\frac{\pi}{2}$ 的正弦线）. 相应地，再把 x 轴上从 $0\sim 2\pi$ 这一段（$2\pi \approx 6.28$）分成 12 等份，每个分点分别对应于 $x=0, \frac{\pi}{6}, \frac{\pi}{3}, \frac{\pi}{2}, \frac{2\pi}{3}, \cdots, 2\pi$，分别过这些点作这些弧度数对应的正弦线，再用光滑的曲线把这些正弦线的终点连结起来，就得到正弦函数 $y=\sin x, x \in [0, 2\pi]$ 上的图像.

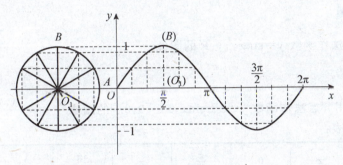

图 5-17

(3) 作出 $y=\sin x, x \in \mathbf{R}$ 的图像.

根据正弦函数的周期性，把 $y=\sin x, x \in [0, 2\pi]$ 的图像分别向左右逐次平移 2π 个单位，就得到 $y=\sin x$ 在整个定义域 $\mathbf{R}$ 上的图像，见图 5-18.

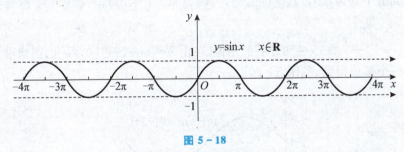

图 5-18

正弦曲线：$y=\sin x, x \in \mathbf{R}$ 的图像叫做正弦曲线.

思考

对于 $y=\sin x, x \in [0, 2\pi]$ 的图像，有 5 个点在确定图像形状时起着关键的作用，这 5 个点 (0,0)、_____、(π,0)、_____、_____ 描出后，图像的形状就基本上确定了.

如果只要求大致画出 $f(x)=\sin x$ 在 $[0, 2\pi]$ 上的一段图像，那么我们可以只描出 5 个特殊点：

$(0,0)$, $(\frac{\pi}{2},1)$, $(\pi,0)$, $(\frac{3\pi}{2},-1)$, $(2\pi,0)$,

然后把它们用一条光滑曲线联结起来.习惯上称这种方法为"五点法",见图5-19.

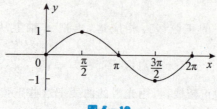

图 5-19

用五点法作函数 $y=\sin x, x\in \mathbf{R}$ 的图像.

例1 用五点法作函数 $y=1+\sin x, x\in [0,2\pi]$ 的图像.

解 列表：

x	0	$\frac{\pi}{2}$	π	$\frac{3\pi}{2}$	2π
$\sin x$	0	1	0	-1	0
$1+\sin x$	1	2	1	0	1

得到五个点为：$(0,1)$, $(\frac{\pi}{2},2)$, $(\pi,1)$, $(\frac{3\pi}{2},0)$, $(2\pi,1)$，然后描点作图（见图5-20）.

注：$y=1+\sin x, x\in [0,2\pi]$ 的图像，可由 $y=\sin x, x\in [0,2\pi]$ 的图像沿 y 轴向上平移一个单位得到，见图5-20.

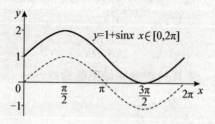

图 5-20

(1) $y=2+\sin x, x\in [0,2\pi]$ 的图像，可由 $y=\sin x, x\in [0,2\pi]$ 的图像沿 y 轴向上平移_____个单位得到.

(2) $y = \sin x - 2, x \in [0, 2\pi]$ 的图像,可由 $y = \sin x, x \in [0, 2\pi]$ 的图像沿 y 轴向下平移_____个单位得到.

 观察

(1) $y = \sin x$ 的定义域是_____,值域是_____.

(2) 由诱导公式 $\sin(-\alpha) = -\sin \alpha, \alpha \in \mathbf{R}$,得出正弦函数 $y = \sin x$ 是奇函数,它的图像关于_____对称.观察图像看这个结果是否正确?

(3) 从图 5-18 看出:$y = \sin x, x \in \left[-\dfrac{\pi}{2}, \dfrac{3\pi}{2}\right]$.(注意这是一个周期上的图像)

当 α 从 $-\dfrac{\pi}{2}$ 逐渐增大到 $\dfrac{\pi}{2}$ 时,$\sin \alpha$ 从 -1 逐渐增大到 1;

当 α 从 $\dfrac{\pi}{2}$ 逐渐增大到 $\dfrac{3\pi}{2}$ 时,$\sin \alpha$ 从_____逐渐减少到_____.

$y = \sin x, x \in \left[-\dfrac{\pi}{2}, \dfrac{3\pi}{2}\right]$ 的单调性为:它在 $\left[-\dfrac{\pi}{2}, \dfrac{\pi}{2}\right]$ 上是增函数,在 $\left[\dfrac{\pi}{2}, \dfrac{3\pi}{2}\right]$ 上是_____函数.

 抽象

正弦函数 $y = \sin x$ 的主要性质如下:

(1) 定义域为 $\mathbf{R}$;值域 $[-1, 1]$.

(2) 周期性:是周期函数,且周期为 $k \cdot 2\pi, k \in \mathbf{Z}$,最小正周期为 2π.

一般地,对于定义域为 D 的函数 $y = f(x)$,如果存在一个常数 $T \neq 0$,使得对于任意 $x \in D$,都有 $x + T \in D$,且
$$f(x + T) = f(x),$$
那么把 T 叫做函数 $f(x)$ 的一个周期,称 $y = f(x)$ 是周期函数.容易看出,$2T, -2T, 3T, -3T \cdots$ 也是 $f(x)$ 的周期.如果在所有的正周期中,存在一个最小的数,那么把它称为 $f(x)$ 的最小正周期.

注:一般情况下,以后书本中提到的周期指的就是最小正周期.

例如,由诱导公式 $\sin(x + k \cdot 2\pi) = \sin x, x \in \mathbf{R}$,得出 $y = \sin x$ 是周期函数,$k \cdot 2\pi (k \in \mathbf{Z})$(即 $\pm 2\pi, \pm 4\pi, \pm 6\pi \cdots$)是它的周期,且 2π 是它的最小正周期.

(3) 奇偶性:是奇函数,它的图像关于原点对称.

(4) 单调性:函数 $y = \sin x$ 在每一个闭区间 $\left[-\dfrac{\pi}{2} + 2k\pi, \dfrac{\pi}{2} + 2k\pi\right]$ 上是增函数;在每一个区间 $\left[\dfrac{\pi}{2} + 2k\pi, \dfrac{3\pi}{2} + 2k\pi\right]$ 上是减函数.(其中 $k \in \mathbf{Z}$)

(5) 最大值或最小值:函数 $y = \sin x$ 在 $x = \dfrac{\pi}{2} + 2k\pi$ 处达到最大值 $1, k \in \mathbf{Z}$;在

$x=-\dfrac{\pi}{2}+2k\pi$ 处达到最小值 -1, $k\in \mathbf{Z}$.

例2 不求值,比较下列各组正弦值的大小.

(1) $\sin(-\dfrac{\pi}{7})$ 与 $\sin(-\dfrac{\pi}{11})$; (2) $\sin\dfrac{3\pi}{5}$ 与 $\sin\dfrac{2\pi}{3}$.

解 (1)因为
$$-\dfrac{\pi}{2}<-\dfrac{\pi}{7}<-\dfrac{\pi}{11}<0,$$
并且 $f(x)=\sin x$ 在 $[-\dfrac{\pi}{2},\dfrac{\pi}{2}]$ 上是增函数,所以 $\sin(-\dfrac{\pi}{7})<\sin(-\dfrac{\pi}{11})$.

(2)因为
$$\dfrac{\pi}{2}<\dfrac{3\pi}{5}<\dfrac{2\pi}{3}<\pi,$$
并且 $f(x)=\sin x$ 在 $[\dfrac{\pi}{2},\pi]$ 上是减函数,所以 $\sin\dfrac{3\pi}{5}>\sin\dfrac{2\pi}{3}$.

例3 求函数 $f(x)=\sin(3x+\dfrac{\pi}{4})$ 在 x 取何值时达到最大值?在 x 取何值时达到最小值?

解 (1) $f(x)=\sin(3x+\dfrac{\pi}{4})$ 在 $3x+\dfrac{\pi}{4}=\dfrac{\pi}{2}+2k\pi$ 处达到最大值 1. 即当 $x=\dfrac{\pi}{12}+\dfrac{2}{3}k\pi$ ($k\in \mathbf{Z}$)时,$f(x)=\sin(3x+\dfrac{\pi}{4})$ 达到最大值 1.

(2) $f(x)=\sin(3x+\dfrac{\pi}{4})$ 在 $3x+\dfrac{\pi}{4}=-\dfrac{\pi}{2}+2k\pi$ 处达到最小值 -1. 即当 $x=-\dfrac{\pi}{4}+\dfrac{2}{3}k\pi$ ($k\in \mathbf{Z}$)时,$f(x)=\sin(3x+\dfrac{\pi}{4})$ 达到最大值 -1.

例4 求下列函数的最小正周期.

(1) $y=4\sin x$; (2) $y=1+\sin x$.

解 (1)对于任意取定的 $x\in \mathbf{R}$, $y=4\sin x$ 的函数值是 $y=\sin x$ 的函数值的 4 倍,因此 $y=4\sin x$ 的图像可以通过把 $y=\sin x$ 的图像上每一点的纵坐标伸长到原来的 4 倍,横坐标不变得到. 显然这种做法不改变函数的周期性,所以 $y=4\sin x$ 的最小正周期也是 2π.

(2) $y=\sin x$ 的图像沿 y 轴向上平移 1 个单位便可得到 $y=1+\sin x$ 的图像. 平移不改变函数的周期性,因此 $y=1+\sin x$ 的最小正周期也是 2π.

练习

1. 比较下列各组正弦值的大小.

   (1) $\sin \frac{4\pi}{5}$ 与 $\sin \frac{3\pi}{5}$；　　(2) $\sin \frac{\pi}{5}$ 与 $\sin \frac{\pi}{7}$.

2. 求下列函数在 x 取何值时达到最大值？在 x 取何值时达到最小值？

   (1) $f(x) = 2\sin(x - \frac{\pi}{6})$；　　(2) $g(x) = -3\sin(2x + \frac{\pi}{4})$.

3. 在区间 $[0, 2\pi]$ 里，分别求使下列各式成立的 x 的值.

   (1) $\frac{\sqrt{2}}{2} - \sin x = 0$；　　(2) $\frac{\sqrt{3}}{2} + \sin x = 0$；

   (3) $1 - \sin x = 0$；　　(4) $\sin x = 0$.

4. 用五点法作函数 $y = 2 - \sin x, x \in [0, 2\pi]$ 的图像.

5. 用五点法作函数 $y = \frac{1}{2}\sin x, x \in [0, 2\pi]$ 的图像.

6. 求下列函数的最小正周期.

   (1) $y = 7\sin x$；　　(2) $y = \frac{1}{3}\sin x$；

   (3) $y = 4 - \sin x$；　　(4) $y = 2 + 3\sin x$.

5.6　函数 $y = A\sin(\omega x + \varphi)$ 的图像和性质

在物理和工程的许多问题中，经常会遇到形如 $y = A\sin(\omega x + \varphi)$ 的函数（其中 A, ω, φ 是常数）. 这种函数通常叫做正弦型函数. 下面我们来研究这类函数的图像和性质.

动脑筋

求函数 $f(x) = 3\sin(2x + \frac{\pi}{6})$ 的周期.

分析　根据诱导公式(1)得

$$3\sin(2x + \frac{\pi}{6} + 2\pi) = 3\sin(2x + \frac{\pi}{6}), \quad x \in \mathbf{R},$$

即

$$3\sin[2(x + \pi) + \frac{\pi}{6}] = 3\sin(2x + \frac{\pi}{6}), \quad x \in \mathbf{R},$$

也就是

$$f(x + \pi) = f(x), \quad x \in \mathbf{R}.$$

因此，π 是 $y = 3\sin(2x + \frac{\pi}{6})$ 的一个周期，且是最小正周期（这个证明不要求掌握）.

抽象

(1) 函数 $f(x)=A\sin(\omega x+\varphi)$（其中 A,ω,φ 是常数）的周期公式为：
$$T=\frac{2\pi}{|\omega|}.$$

(2) 公式推导.

分析 根据诱导公式(1)得
$$A\sin(\omega x+\varphi+2\pi)=A\sin(\omega x+\varphi),\ x\in\mathbf{R},$$

即
$$A\sin[\omega(x+\frac{2\pi}{\omega})+\varphi]=A\sin(\omega x+\varphi),\ x\in\mathbf{R},$$

也就是
$$f(x+\frac{2\pi}{\omega})=f(x),\ x\in\mathbf{R}.$$

因此，$\frac{2\pi}{\omega}$ 是 $f(x)=A\sin(\omega x+\varphi)$ 的一个周期，且 $\frac{2\pi}{|\omega|}$ 是最小正周期.（这个证明不要求掌握）

 示范

例 1 求下列函数的周期.

(1) $y=2\sin 3x$；　　　　　　(2) $y=\sin\frac{1}{5}x$；

(3) $y=3\sin(x-\frac{\pi}{7})$；　　　(4) $y=5\sin(4x-\frac{\pi}{3})$.

解 (1) $T=\frac{2\pi}{|\omega|}=\frac{2\pi}{3}$；

(2) $T=\frac{2\pi}{|\omega|}=\frac{2\pi}{\frac{1}{5}}=10\pi$；

(3) $T=\frac{2\pi}{|\omega|}=\frac{2\pi}{1}=2\pi$；

(4) $T=\frac{2\pi}{|\omega|}=\frac{2\pi}{4}=\frac{\pi}{2}$.

 探讨

用五点法作函数 $y=3\sin(2x+\frac{\pi}{6})$ 在一个周期内的图像.

 分析

(1) $T=\frac{2\pi}{|\omega|}=\frac{2\pi}{2}=\pi$.

(2)如果令 $2x+\frac{\pi}{6}=t$,则原函数可化为 $y=3\sin t$,于是我们可以用五点法作 $y=3\sin t$,$t\in[0,2\pi]$ 的图像.再把 t 的值利用 $2x+\frac{\pi}{6}=t$ 回代,便可得出相应的 x 的值,从而可得 $y=3\sin(2x+\frac{\pi}{6})$ 的图像上的五个点的坐标.

列表:

t	0	$\frac{\pi}{2}$	π	$\frac{3\pi}{2}$	2π
$2x+\frac{\pi}{6}$	0	$\frac{\pi}{2}$	π	$\frac{3\pi}{2}$	2π
x	$-\frac{\pi}{12}$	$\frac{\pi}{6}$	$\frac{5\pi}{12}$	$\frac{2\pi}{3}$	$\frac{11\pi}{12}$
$3\sin(2x+\frac{\pi}{6})$	0	3	0	-3	0

得到图像 $y=3\sin(2x+\frac{\pi}{6})$ 上的五个点为:$(-\frac{\pi}{12},0)$,$(\frac{\pi}{6},3)$,$(\frac{5\pi}{12},0)$,$(\frac{2\pi}{3},-3)$,$(\frac{11\pi}{12},0)$.

描点作图(见图 5-21):

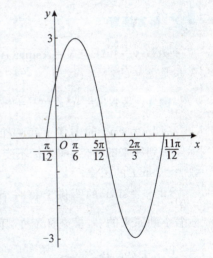

图 5-21

(3)$y=3\sin(2x+\frac{\pi}{6})$ 的定义域为 **R**.它的最大值为 3,最小值为 -3,故值域为 $[-3,3]$.

注:①由图 5-21 可以看出该图像的周期为 $T=\frac{11\pi}{12}-(-\frac{\pi}{12})=\pi$.与(1)算出的结果相吻合.

②利用周期性,可以进一步画出 $y=3\sin(2x+\frac{\pi}{6})$ 的整个图像,称它为正弦型曲线.

 抽象

(1)一般地,正弦型函数 $y=A\sin(\omega x+\varphi)$,其中 $|A|$ 称为幅值,$\omega(>0)$ 称为圆频率(或角频率),φ 称为初相位(或初相),它的图像称为正弦型曲线.

(2)函数 $y=A\sin(\omega x+\varphi)$(其中 A,ω,φ 是常数,$\omega>0$)的主要性质如下:

①定义域是 **R**;

②值域是 $[-|A|,|A|]$,有最大值 $|A|$,最小值 $-|A|$;

③最小正周期是 $\frac{2\pi}{\omega}$.

示范

例2 说出下列函数的最小正周期、最大值、最小值.

(1) $y=\frac{1}{2}\sin 4x$； (2) $y=-3\sin(\frac{1}{4}x-\frac{\pi}{6})$.

解 (1) $y=\frac{1}{2}\sin 4x$ 的最小正周期是 $\frac{2\pi}{4}=\frac{\pi}{2}$，最大值是 $\frac{1}{2}$，最小值是 $-\frac{1}{2}$；

(2) $y=-3\sin(\frac{1}{4}x-\frac{\pi}{6})$ 的最小正周期是 $\frac{2\pi}{\frac{1}{4}}=8\pi$，最大值是 3，最小值是 -3.

例3 说出下列函数的圆频率、幅值、初相.

(1) $y=3\sin(\frac{1}{2}x+\frac{\pi}{6})$； (2) $y=5\sin(2\pi x-\frac{\pi}{4})$.

解 (1) $y=3\sin(\frac{1}{2}x+\frac{\pi}{6})$ 的圆频率是 $\frac{1}{2}$，幅值是 3，初相是 $\frac{\pi}{6}$；

(2) $y=5\sin(2\pi x-\frac{\pi}{4})$ 的圆频率是 2π，幅值是 5，初相是 $-\frac{\pi}{4}$.

拓宽视野

函数 $y=\sin x$ 与 $y=A\sin x(A>0)$，$y=\sin\omega x$ $(\omega>0)$，$y=\sin(x+\varphi)$ 的图像的关系是怎样的？

例4 函数 $y=\sin x$ 和 $y=2\sin x$，$y=\frac{1}{2}\sin x$ 的图像的关系如下：

(1) $y=\sin x$ 的图像上每一个点的纵坐标伸长到原来的 2 倍，横坐标不变，则得到函数 $y=2\sin x$ 的图像；

(2) $y=\sin x$ 的图像上每一个点的纵坐标缩小到原来的 $\frac{1}{2}$，横坐标不变，则得到函数 $y=\frac{1}{2}\sin x$ 的图像.

它们的图像的关系如图 5 - 22 所示.

注：由 $y=\sin x$ 得到 $y=A\sin x(A>0)$ 的图像，叫做振幅变换.

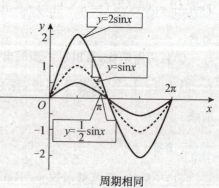

周期相同

图 5 - 22

例5 函数 $y=\sin x$ 和 $y=\sin 2x$,$y=\sin\frac{1}{2}x$ 的图像的关系.

(1) $y=\sin x$ 的图像上每一个点的横坐标缩小到原来的 $\frac{1}{2}$,纵坐标不变,则得到函数 $y=\sin 2x$ 的图像;

(2) $y=\sin x$ 的图像上每一个点的横坐标扩大到原来的 2 倍,纵坐标不变,则得到函数 $y=\sin\frac{1}{2}x$ 的图像.

它们的图像的关系见图 5-23.

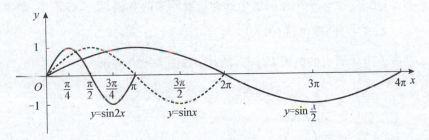

图 5-23

注:由 $y=\sin x$ 得到 $y=\sin\omega x(\omega>0)$ 的图像,叫做周期变换.

例6 函数 $y=\sin x$ 和 $y=\sin(x+\frac{\pi}{3})$,$y=\sin(x-\frac{\pi}{4})$ 的图像的关系如下:

(1) $y=\sin x$ 的图像向左平移 $\frac{\pi}{3}$ 个单位,则得到函数 $y=\sin(x+\frac{\pi}{3})$ 的图像;

(2) $y=\sin x$ 的图像向右平移 $\frac{\pi}{4}$ 个单位,则得到函数 $y=\sin(x-\frac{\pi}{4})$ 的图像.

它们的图像的关系如图 5-24 所示.

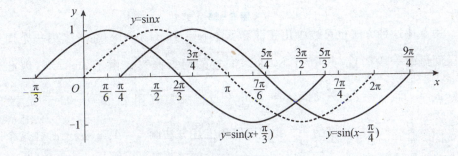

图 5-24

注:由 $y=\sin x$ 得到 $y=\sin(x+\varphi)$ 的图像,叫做相位变换.

想一想,函数 $y=3\sin(2x+\frac{\pi}{6})$,$x\in\left[-\frac{\pi}{12},\frac{11\pi}{12}\right]$ 上的图像可以由 $y=\sin x$,$x\in[0,2\pi]$ 的图像经过怎样的变换得到?

分析

第一步：画 $y=\sin x$ 在 $[0,2\pi]$ 上的图像，记作 C_1；

第二步：C_1 向左平移 $\dfrac{\pi}{6}$ 个单位，则得到 $y=\sin\left(x+\dfrac{\pi}{6}\right)$ 在 $\left[-\dfrac{\pi}{6},\dfrac{11\pi}{6}\right]$ 上的一段图像，记作 C_2；

第三步：把 C_2 上每一个点的横坐标缩短到原来的 $\dfrac{1}{2}$，纵坐标不变，则得到函数 $y=\sin\left(2x+\dfrac{\pi}{6}\right)$ 在 $\left[-\dfrac{\pi}{12},\dfrac{11\pi}{12}\right]$ 上的一段图像，记作 C_3；

第四步：把 C_3 上每一个点的纵坐标伸长到原来的 3 倍，横坐标不变，则得到函数 $y=3\sin\left(2x+\dfrac{\pi}{6}\right)$ 的图像，记作 C_4.

通过以上步骤画出的曲线 C_1,C_2,C_3,C_4 如图 5-25 所示.

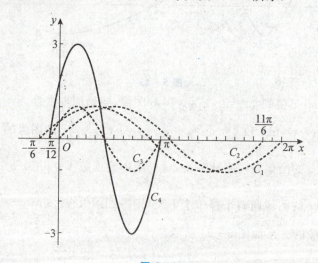

图 5-25

用上述这种方法也可以画出正弦型函数 $y=A\sin(\omega x+\varphi)$ 在长度为一个周期的区间里的一段图像，其中 $A>0,\omega>0$. 它的周期是 $\dfrac{2\pi}{\omega}$. 由于 $\sin 0=0$，因此当 $\omega x+\varphi=0$，即 $x=-\dfrac{\varphi}{\omega}$ 时，$y=A\sin(\omega x+\varphi)$ 的函数值为 0. 于是区间 $\left[-\dfrac{\varphi}{\omega},-\dfrac{\varphi}{\omega}+\dfrac{2\pi}{\omega}\right]$ 的长度为 $\dfrac{2\pi}{\omega}$. 我们可以用上述方法画 $y=A\sin(\omega x+\varphi)$ 在这个区间上的一段图像.

 练习

1. 说出下列函数的最小正周期、最大值和最小值.

(1) $y=\sin 6x$；　　　　　　　(2) $y=3\sin\dfrac{1}{7}x$；

(3) $y=3\sin(x-\frac{\pi}{6})$;   (4) $y=-5\sin(2x+\frac{\pi}{5})$.

2. 说出下列函数的圆频率、幅值、初相.

(1) $y=7\sin(\frac{1}{3}x+\frac{\pi}{4})$;   (2) $y=2\sin(5\pi x-\frac{\pi}{3})$;

(3) $y=4\sin(\frac{1}{2}x-\frac{\pi}{6})$;   (4) $y=\frac{1}{3}\sin(4\pi x+\frac{\pi}{2})$.

3. 画出下列函数在长度为一个周期的闭区间上的图像.

(1) $y=\sin 4x$;   (2) $y=\sin\frac{1}{4}x$;

(3) $y=5\sin x$;   (4) $y=\frac{1}{5}\sin x$;

(5) $y=\sin(x+\frac{\pi}{6})$;   (6) $y=\sin(x-\frac{\pi}{6})$;

(7) $y=\frac{1}{2}\sin(3x+\frac{\pi}{4})$;   (8) $y=2\sin(\frac{1}{3}x-\frac{\pi}{2})$.

5.7 余弦函数的图像和性质

我们也可以用单位圆中的余弦线来作余弦函数 $y=\cos x$ 的图像,但是这有些复杂,有兴趣的同学可以去钻研一下这种方法. 我们用下面的方法来作余弦函数 $y=\cos x$ 的图像.

 分析

(1) $y=\cos x$ 的定义域是 **R**.

(2) 从诱导公式(2)得 $\cos(x+2\pi)=\cos x$, $x\in\mathbf{R}$, 因此, 2π 是 $y=\cos x$ 的一个周期,且是最小正周期.

(3) 先作出 $y=\cos x$ 在一个周期 $[0,2\pi]$ 上的图像.

我们把区间 $[0,2\pi]$ 进行 12 等分, 每份为 $\frac{\pi}{6}$ 个单位.

列表: 列出 x 和 y 的对应数值.

x	0	$\frac{\pi}{6}$	$\frac{\pi}{3}$	$\frac{\pi}{2}$	$\frac{2\pi}{3}$	$\frac{5\pi}{6}$	π
y	1	0.87	0.50	0	−0.50	−0.87	−1

x	$\frac{7\pi}{6}$	$\frac{4\pi}{3}$	$\frac{3\pi}{2}$	$\frac{5\pi}{3}$	$\frac{11\pi}{6}$	2π
y	−0.87	−0.50	0	0.50	0.87	1

描点: 然后用一条光滑曲线把各点联结起来,便得出 $y=\cos x$ 在 $[0,2\pi]$ 上的一

段图像,如图 5-26 所示.

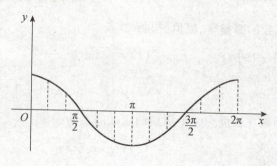

图 5-26

利用 $y=\cos x$ 的周期性,把 $y=\cos x, x\in[0,2\pi]$ 的图像分别向左右逐次平移 2π 个单位,就可以画出 $y=\cos x$ 在整个定义域 **R** 上的图像,称它为余弦曲线,见图 5-27.

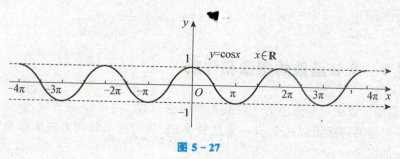

图 5-27

观察

对于 $y=\cos x, x\in[0,2\pi]$ 的图像,有 5 个点在确定图像形状时起着关键的作用,这 5 个点为 (0,1)、_____、$(\pi,-1)$、_____、_____. 描出后,图像的形状就基本上确定了.

如果只要求大致画出 $y=\cos x$ 在 $[0,2\pi]$ 上的一段图像,那么我们可以只描出 5 个特殊点:

$$(0,1),\quad \left(\frac{\pi}{2},0\right),\quad (\pi,-1),\quad \left(\frac{3\pi}{2},0\right),\quad (2\pi,1),$$

然后把它们用一条光滑曲线联结起来,习惯上称这种方法为"五点法".

画一画

用"五点法"作出余弦函数 $y=\cos x, x\in[0,2\pi]$ 的图像.

抽象

余弦函数 $y=\cos x$ 的主要性质如下:
(1) 定义域为 **R**,值域 $[-1,1]$.

(2)周期性:是周期函数,且周期为 $k \cdot 2\pi, k \in \mathbf{Z}$,最小正周期为 2π.

(3)奇偶性:是偶函数,它的图像关于 y 轴对称.

(4)单调性:函数 $y=\cos x$ 在 $[2k\pi,(2k+1)\pi]$ 上是减函数,在 $[(2k-1)\pi,2k\pi]$ 上是增函数(其中 $k \in \mathbf{Z}$).

(5)最大值或最小值:函数 $y=\cos x$ 在 $x=2k\pi$ ($k \in \mathbf{Z}$)处达到最大值 1,在 $x=(2k+1)\pi$ ($k \in \mathbf{Z}$)处达到最小值 -1.

示范

例1 比较下列各组余弦值的大小.

(1) $\cos\left(-\dfrac{\pi}{7}\right)$ 与 $\cos\left(-\dfrac{\pi}{9}\right)$; (2) $\cos\dfrac{3\pi}{7}$ 与 $\cos\dfrac{4\pi}{7}$.

解 (1)因为 $-\dfrac{\pi}{2} < -\dfrac{\pi}{7} < -\dfrac{\pi}{9} < 0$,且 $f(x)=\cos x$ 在 $[-\pi,0]$ 上是增函数,所以 $\cos\left(-\dfrac{\pi}{7}\right) < \cos\left(-\dfrac{\pi}{9}\right)$.

(2)因为 $0 < \dfrac{3\pi}{7} < \dfrac{4\pi}{7} < \pi$,且 $f(x)=\cos x$ 在 $[0,\pi]$ 上是减函数,所以 $\cos\dfrac{3\pi}{7} > \cos\dfrac{4\pi}{7}$.

例2 求函数 $y=\cos\left(3x-\dfrac{\pi}{4}\right)$ 在 x 取何值时达到最大值? 在 x 取何值时达到最小值?

解 (1) $y=\cos\left(3x-\dfrac{\pi}{4}\right)$ 在 $3x-\dfrac{\pi}{4}=2k\pi$ 处达到最大值 1.

即当 $x=\dfrac{\pi}{12}+\dfrac{2}{3}k\pi$ ($k \in \mathbf{Z}$)时,$y=\cos\left(3x-\dfrac{\pi}{4}\right)$ 达到最大值 1.

(2) $y=\cos\left(3x-\dfrac{\pi}{4}\right)$ 在 $3x-\dfrac{\pi}{4}=(2k+1)\pi$ 处达到最小值 -1.

即当 $x=\dfrac{5\pi}{12}+\dfrac{2}{3}k\pi$ ($k \in \mathbf{Z}$)时,$y=\cos\left(3x-\dfrac{\pi}{4}\right)$ 达到最大值 -1.

例3 说出下列函数的最小正周期.

(1) $f(x)=2\cos x$; (2) $g(x)=1+\dfrac{1}{3}\cos x$.

解 (1) $f(x)=2\cos x$ 的最小正周期是 2π.

(2) $g(x)=1+\dfrac{1}{3}\cos x$ 的最小正周期是 2π.

1. 比较下列各组余弦值的大小.

(1) $\cos\frac{\pi}{5}$ 与 $\cos\frac{\pi}{8}$; (2) $\cos\frac{7\pi}{8}$ 与 $\cos\frac{5\pi}{8}$;

(3) $\cos(-\frac{2\pi}{7})$ 与 $\cos(-\frac{3\pi}{7})$; (4) $\cos(-\frac{3\pi}{8})$ 与 $\cos(-\frac{3\pi}{5})$.

2. 求下列函数在 x 取何值时达到最大值? 在 x 取何值时达到最小值?

(1) $f(x)=\cos(\frac{1}{4}x-\frac{\pi}{6})$; (2) $g(x)=4\cos(5x+\frac{\pi}{3})$.

3. 说出下列函数的最小正周期.

(1) $f(x)=6\cos x$; (2) $g(x)=\frac{1}{2}+4\cos x$.

4. 在下列各小题中,在区间 $[-\pi,\pi]$ 里,求使该式成立的 x 的值.

(1) $\cos x=\frac{\sqrt{3}}{2}$; (2) $\frac{1}{2}+\cos x=0$;

(3) $\cos x-1=0$; (4) $\cos x=0$.

5.8 正切函数的图像和性质

分析

(1) $y=\tan x$ 的定义域是 $\{x\in \mathbf{R}|x\neq \frac{\pi}{2}+k\pi, k\in \mathbf{Z}\}$.

即 $\cdots\cup(-\frac{5\pi}{2},-\frac{3\pi}{2})\cup(-\frac{3\pi}{2},-\frac{\pi}{2})\cup(-\frac{\pi}{2},\frac{\pi}{2})\cup(\frac{\pi}{2},\frac{3\pi}{2})\cup(\frac{3\pi}{2},\frac{5\pi}{2})\cup\cdots$,

每个区间均为 π 个单位.

(2) 从诱导公式得 $\tan(x+\pi)=\tan x, x\notin\{\frac{\pi}{2}+k\pi|k\in\mathbf{Z}\}$,

因此, π 是 $f(x)=\tan x$ 的一个周期,且可以证明 π 是最小正周期.

(3) 先作出 $y=\tan x$ 在一个周期 $(-\frac{\pi}{2},\frac{\pi}{2})$ 上的图像.

我们对区间 $(-\frac{\pi}{2},\frac{\pi}{2})$ 进行 12 等分,列出 x 和 y 的对应数值表.

列表:

x	$\cdots$	$-\frac{5\pi}{12}$	$-\frac{\pi}{3}$	$-\frac{\pi}{4}$	$-\frac{\pi}{6}$	$-\frac{\pi}{12}$	0
y	$\cdots$	-3.7	-1.7	-1	-0.6	-0.3	0

x	$\frac{\pi}{12}$	$\frac{\pi}{6}$	$\frac{\pi}{4}$	$\frac{\pi}{3}$	$\frac{5\pi}{12}$	$\cdots$
y	0.3	0.6	1	1.7	3.7	$\cdots$

描点:用一条光滑曲线把各点联结起来,便得出 $y=\tan x$ 在 $(-\frac{\pi}{2},\frac{\pi}{2})$ 内的一段图像,如图 5-28 所示.

利用 $y=\tan x$ 的周期为 π,分别向左右逐次平移 π 个单位,就可以画出 $y=\tan x, x\notin\{\frac{\pi}{2}+k\pi|k\in\mathbf{Z}\}$ 的整个图像,称它为正切曲线,图 5-29 中画出了 $y=\tan x$ 在区间 $(-\frac{3\pi}{2},-\frac{\pi}{2})$,$(-\frac{\pi}{2},\frac{\pi}{2})$,$(\frac{\pi}{2},\frac{3\pi}{2})$ 上的三段图像.

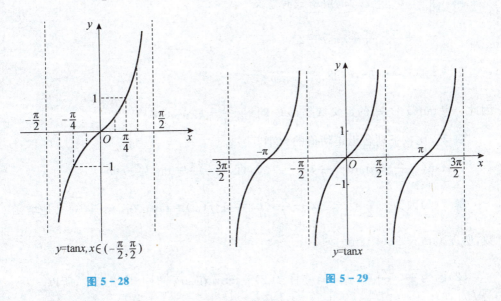

图 5-28

图 5-29

注:①从图 5-29 可以看出,π 是 $f(x)=\tan x$ 的最小正周期.

②可以看出,正切曲线是由一系列与 y 轴平行的直线隔开的无穷多支曲线所组成.例如,$y=\tan x$ 在区间 $(-\frac{\pi}{2},\frac{\pi}{2})$ 内,它的图像夹在两平行直线之间(即过点 $x=-\frac{\pi}{2}$ 且平行于 y 轴的直线 l_1 和过点 $x=\frac{\pi}{2}$ 且平行于 y 轴的直线 l_2),曲线的左端向下无限延伸和直线 l_1 无限接近但永远不相交,曲线的右端向上无限延伸和直线 l_2 无限接近但永远不相交.对于其他的区间可以类似地进行讨论.

👆 抽象

正切函数 $y=\tan x$ 的主要性质如下:

(1)定义域:$\{x\in\mathbf{R}|x\neq\frac{\pi}{2}+k\pi,k\in\mathbf{Z}\}$;值域:$\mathbf{R}$.

(2)周期性:是周期函数,周期是 $k\pi,k\in\mathbf{Z}$,且最小正周期是 π.

(3)奇偶性:在其定义域上是奇函数,它的图像关于原点对称.

(4) 单调性：在 $\left(-\dfrac{\pi}{2}+k\pi,\dfrac{\pi}{2}+k\pi\right)$ 上是增函数，$k\in\mathbf{Z}$.

(5) 最大值或最小值：既没有最大值，也没有最小值.

示范

例1 求函数 $y=\tan\left(x+\dfrac{\pi}{4}\right)$ 的定义域.

解 $y=\tan\left(x+\dfrac{\pi}{4}\right)$ 的解析式有意义

$\Leftrightarrow x+\dfrac{\pi}{4}\neq\dfrac{\pi}{2}+k\pi,k\in\mathbf{Z}$

$\Leftrightarrow x\neq\dfrac{\pi}{4}+k\pi,k\in\mathbf{Z}.$

因此，$y=\tan\left(x+\dfrac{\pi}{4}\right)$ 的定义域是 $\left\{x\in\mathbf{R}\mid x\neq\dfrac{\pi}{4}+k\pi,k\in\mathbf{Z}\right\}.$

例2 比较下列各组正切值的大小.

(1) $\tan\left(-\dfrac{\pi}{5}\right)$ 与 $\tan\left(-\dfrac{\pi}{7}\right)$； (2) $\tan\dfrac{6\pi}{5}$ 与 $\tan\dfrac{7\pi}{5}$.

解 (1) 因为 $-\dfrac{\pi}{2}<-\dfrac{\pi}{5}<-\dfrac{\pi}{7}<0$，并且 $f(x)=\tan x$ 在 $\left(-\dfrac{\pi}{2},0\right]$ 上是增函数，所以 $\tan\left(-\dfrac{\pi}{5}\right)<\tan\left(-\dfrac{\pi}{7}\right).$

(2) 因为 $\pi<\dfrac{6\pi}{5}<\dfrac{7\pi}{5}<\dfrac{3\pi}{2}$，并且 $f(x)=\tan x$ 在 $\left[\pi,\dfrac{3\pi}{2}\right)$ 上是增函数，所以 $\tan\dfrac{6\pi}{5}<\tan\dfrac{7\pi}{5}.$

练习

1. 正切函数是奇函数还是偶函数？

2. 求下列函数的定义域.

(1) $y=\tan 4x$； (2) $y=2\tan\dfrac{x}{4}$；

(3) $y=\tan\left(x-\dfrac{\pi}{6}\right)$； (4) $y=4\tan\left(5x+\dfrac{\pi}{3}\right).$

3. 比较下列各组正切值的大小.

(1) $\tan\dfrac{\pi}{10}$ 与 $\tan\dfrac{\pi}{12}$； (2) $\tan\left(-\dfrac{\pi}{5}\right)$ 与 $\tan\left(-\dfrac{\pi}{9}\right)$；

(3) $\tan\dfrac{5\pi}{7}$ 与 $\tan\dfrac{6\pi}{7}$； (4) $\tan\left(-\dfrac{3\pi}{5}\right)$ 与 $\tan\left(-\dfrac{4\pi}{5}\right).$

4. 说出下列函数的最小正周期.

(1) $f(x)=2\tan x$; (2) $g(x)=4+\tan x$;

(3) $h(x)=-\dfrac{1}{2}\tan x$; (4) $p(x)=2-\tan x$.

5.9 已知三角函数值求指定区间内的角

 探究

(1) $\sin\dfrac{\pi}{6}=\dfrac{1}{2}$,即一个角所对应的正弦函数值是唯一的.想一想,正弦函数值为 $\dfrac{1}{2}$ 的角有多少个? 即在 $(-\infty,+\infty)$ 上,满足 $\sin x=\dfrac{1}{2}$ 的角 x 有多少个?

(2) 在 $\left[-\dfrac{\pi}{2},\dfrac{\pi}{2}\right]$ 上,满足 $\sin x=\dfrac{1}{2}$ 的角 x 有多少个?

(3) 写出在区间 $[0,2\pi]$ 上,满足 $\sin x=\dfrac{1}{2}$ 的角 x.

 分析

(1) 从图 5-30 可以看出,正弦函数值为 $\dfrac{1}{2}$ 的角有无数多个;

(2) 从图 5-31 可以看出,$y=\sin x$ 在 $[0,2\pi]$ 上,满足 $\sin x=\dfrac{1}{2}$ 的角有两个,即 $x_1=\dfrac{\pi}{6}, x_2=\dfrac{5\pi}{6}$;

(3) 从图 5-31 可以看出,在 $\left[-\dfrac{\pi}{2},\dfrac{\pi}{2}\right]$ 上,满足 $\sin x=\dfrac{1}{2}$ 的角 x 只有一个,即 $x_1=\dfrac{\pi}{6}$.

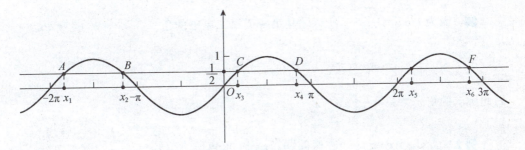

图 5-30

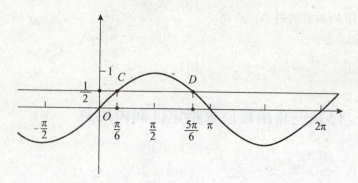

图 5-31

那么,我们该如何求出在区间 $[0,2\pi]$ 上,满足 $\sin x = \dfrac{1}{2}$ 的 x 的两个具体值呢? 思路是这样的:

由于 $\sin x = \dfrac{1}{2} > 0$,根据三角函数在各象限的符号规律,可得出这两个角应是第一和第二象限的角.

我们知道 $\sin \dfrac{\pi}{6} = \dfrac{1}{2}$,得出符合条件的第一象限的角是 $\dfrac{\pi}{6}$.

根据诱导公式有 $\sin\left(\pi - \dfrac{\pi}{6}\right) = \sin \dfrac{\pi}{6} = \dfrac{1}{2}$,得出符合条件的第二象限的角是 $\pi - \dfrac{\pi}{6} = \dfrac{5\pi}{6}$.

因此,所求 x 的值为 $\dfrac{\pi}{6}$ 和 $\dfrac{5\pi}{6}$.

示范

例1 已知 $\sin \alpha = \dfrac{\sqrt{2}}{2}$,在区间 $[0,2\pi]$ 上求角 α.

解 因为 $\sin \alpha = \dfrac{\sqrt{2}}{2} > 0$,所以 α 是第一或第二象限的角.

由于 $\sin \dfrac{\pi}{4} = \dfrac{\sqrt{2}}{2}$,$\sin\left(\pi - \dfrac{\pi}{4}\right) = \sin \dfrac{\pi}{4} = \dfrac{\sqrt{2}}{2}$,

因此所求的角 α 为:$\alpha = \dfrac{\pi}{4}$ 或 $\alpha = \pi - \dfrac{\pi}{4} = \dfrac{3\pi}{4}$.

例2 已知 $\sin x = -\dfrac{\sqrt{3}}{2}$,在区间 $[0,2\pi]$ 上,求角 x.

分析 因为 $\sin x = -\dfrac{\sqrt{3}}{2} < 0$,所以 x 是第三或第四象限的角.

我们先考虑满足 $\sin x_1 = \left|-\dfrac{\sqrt{3}}{2}\right| = \dfrac{\sqrt{3}}{2}$ 时所对应的锐角:锐角 $x_1 = \dfrac{\pi}{3}$.

则可得出 满足 $\sin x = -\dfrac{\sqrt{3}}{2}$ 的第三象限的角为:$\pi + x_1 = \pi + \dfrac{\pi}{3} = \dfrac{4\pi}{3}$,

满足 $\sin x = -\dfrac{\sqrt{3}}{2}$ 的第四象限的角为:$2\pi - x_1 = 2\pi - \dfrac{\pi}{3} = \dfrac{5\pi}{3}$.

事实上:$\sin\left(\pi + \dfrac{\pi}{3}\right) = -\sin\dfrac{\pi}{3} = -\dfrac{\sqrt{3}}{2}$,

$\sin\left(2\pi - \dfrac{\pi}{3}\right) = \sin\left(-\dfrac{\pi}{3}\right) = -\sin\dfrac{\pi}{3} = -\dfrac{\sqrt{3}}{2}$.

因此所求的角 x 为:$x = \pi + \dfrac{\pi}{3} = \dfrac{4\pi}{3}$ 或 $x = 2\pi - \dfrac{\pi}{3} = \dfrac{5\pi}{3}$.

解 略.

注:已知三角函数值,在区间 $[0, 2\pi]$ 上求角 α 的关键是:
①由三角函数值的符号判断角所在的象限;
②求出三角函数值的绝对值所对应的锐角 x_1;
③根据 $\pi - x_1, \pi + x_1, 2\pi - x_1$ 分别是第二,第三,第四象限的角的特点,再由这个锐角 x_1,可以顺利求出满足题设条件的角.

例 3 已知 $\cos\alpha = -\dfrac{1}{2}$,在区间 $[0, 2\pi]$ 上求角 α.

解 因为 $\cos\alpha = -\dfrac{1}{2} < 0$,所以 α 是第二或第三象限的角.

先考虑满足 $\cos x_1 = \left|-\dfrac{1}{2}\right| = \dfrac{1}{2}$ 时所对应的锐角:锐角 $x_1 = \dfrac{\pi}{3}$.

则可得出 满足 $\cos\alpha = -\dfrac{1}{2}$ 的第二象限的角为:$\pi - x_1 = \pi - \dfrac{\pi}{3} = \dfrac{2\pi}{3}$,

满足 $\cos\alpha = -\dfrac{1}{2}$ 的第三象限的角为:$\pi + x_1 = \pi + \dfrac{\pi}{3} = \dfrac{4\pi}{3}$.

因此所求的 α 为:$\dfrac{2\pi}{3}$ 或 $\dfrac{4\pi}{3}$.

例 4 已知 $\cos\alpha = -\dfrac{\sqrt{2}}{2}$,在区间 $[-\pi, \pi]$ 上求角 α.

解 因为 $\cos\alpha = -\dfrac{\sqrt{2}}{2} < 0$,所以 α 是第二或第三象限的角.

先考虑满足 $\cos x_1 = \left|-\dfrac{\sqrt{2}}{2}\right| = \dfrac{\sqrt{2}}{2}$ 时所对应的锐角:锐角 $x_1 = \dfrac{\pi}{4}$.

则可得出满足 $\cos\alpha = -\dfrac{\sqrt{2}}{2}$ 的第二象限的角为:$\pi - x_1 = \pi - \dfrac{\pi}{4} = \dfrac{3\pi}{4}$,

满足 $\cos\alpha=-\frac{\sqrt{2}}{2}$ 的第三象限的角为：$-\pi+x_1=-\pi+\frac{\pi}{4}=-\frac{3\pi}{4}$.

因此所求的 α 为：$\frac{3\pi}{4}$ 或 $-\frac{3\pi}{4}$.

注：一般地，在区间 $[-\pi,\pi]$ 上，第二象限的角理解为"$\pi-$锐角"，第三象限的角理解为"$-\pi+$锐角"，第四象限的角理解为"$0-$锐角"（即"$-$锐角"），如例 4 中的角.

例 5 已知 $\tan\alpha=\frac{\sqrt{3}}{3}$，在区间 $[-\pi,\pi]$ 上求角 α.

解 因为 $\tan\alpha=\frac{\sqrt{3}}{3}>0$，所以 α 是第一或第三象限的角.

由于 $\tan\frac{\pi}{6}=\frac{\sqrt{3}}{3}$，则满足条件的第一象限的锐角为：$\frac{\pi}{6}$，满足条件的第三象限的角为：$-\pi+\frac{\pi}{6}=-\frac{5\pi}{6}$.

因此所求 α 的值为：$\frac{\pi}{6}$ 或 $-\frac{5\pi}{6}$.

练一练

1. 已知 $\cos\alpha=\frac{\sqrt{2}}{2}$，在区间 $[0,2\pi]$ 上求角 α.

2. 已知 $\sin\alpha=-\frac{\sqrt{3}}{2}$，在区间 $[-\pi,\pi]$ 上求角 α.

3. 已知 $\sin\alpha=-\frac{1}{2}$，在区间 $[-\frac{\pi}{2},\frac{\pi}{2}]$ 上求角 α.

探究

已知 $\sin x=\frac{1}{3}$，在区间 $[0,2\pi]$ 上求角 x.

分析

由于 $\sin x=\frac{1}{3}>0$，我们知道符合条件的角 x 应该是第一或第二象限的角，而满足条件的第一象限的锐角显然不是特殊角，那么如何把这个锐角表示出来呢？我们需要引进新的符号.

满足条件的第一象限的锐角 x 表示成：$\arcsin\frac{1}{3}$，则满足条件的第二象限的角表示成：$\pi-\arcsin\frac{1}{3}$.

所以所求的角为:$\arcsin\frac{1}{3}$ 或 $\pi-\arcsin\frac{1}{3}$.

于是,出于解决这种问题的需要,我们引入了反正弦函数的概念.

由第 47 页的探究(1),我们知道:对于 $y=\sin x$ 的值域 $[-1,1]$ 中每一个值 y,在定义域 $(-\infty,+\infty)$ 上有无数个 x 和它对应,则 $y=\sin x$ 在 $(-\infty,+\infty)$ 上没有反函数.

由第 47 页的探究(2),我们知道:对于 $y=\sin x$ 的值域 $[-1,1]$ 中每一个值 y,在区间 $[0,2\pi]$ 上有两个 x 和它对应,则 $y=\sin x$ 在 $[0,2\pi]$ 上也没有反函数.

由第 47 页的探究(3),我们知道:对于 $y=\sin x$ 的值域 $[-1,1]$ 中每一个值 y,在区间 $\left[-\frac{\pi}{2},\frac{\pi}{2}\right]$ 上,只有唯一的一个 x 和它对应,则 $y=\sin x$ 在 $\left[-\frac{\pi}{2},\frac{\pi}{2}\right]$ 上有反函数.

1. 反正弦函数的定义

如果把函数 $y=\sin x$ 的定义域限制到区间 $\left[-\frac{\pi}{2},\frac{\pi}{2}\right]$ 上,这个函数就有反函数,记作 $y=\arcsin x$,称为反正弦函数. 根据一个函数与它的反函数的关系,得出反正弦函数 $y=\arcsin x$ 的定义域为 $[-1,1]$,值域为 $\left[-\frac{\pi}{2},\frac{\pi}{2}\right]$,并且

$$\sin\alpha=b, \alpha\in\left[-\frac{\pi}{2},\frac{\pi}{2}\right]\Leftrightarrow\arcsin b=\alpha, b\in[-1,1].$$

从上述关系得 $\sin(\arcsin b)=b, b\in[-1,1]$;

$$\arcsin(\sin\alpha)=\alpha, \alpha\in\left[-\frac{\pi}{2},\frac{\pi}{2}\right].$$

注:$\arcsin b$ 指的是一个角,它在 $\left[-\frac{\pi}{2},\frac{\pi}{2}\right]$ 上,且它的正弦函数值为 b.

一般情况下,我们可以利用计算器求反正弦函数的值.

例 6 求下列反正弦函数的值.

(1) $\arcsin\frac{\sqrt{3}}{2}$;　　(2) $\arcsin 1$;　　(3) $\arcsin\left(-\frac{\sqrt{2}}{2}\right)$.

解 (1) 因为在 $\left[-\frac{\pi}{2},\frac{\pi}{2}\right]$ 上,$\sin\frac{\pi}{3}=\frac{\sqrt{3}}{2}$,所以 $\arcsin\frac{\sqrt{3}}{2}=\frac{\pi}{3}$;

(2) 因为在 $\left[-\frac{\pi}{2},\frac{\pi}{2}\right]$ 上,$\sin\frac{\pi}{2}=1$,所以 $\arcsin 1=\frac{\pi}{2}$;

(3) 因为在 $\left[-\frac{\pi}{2},\frac{\pi}{2}\right]$ 上,$\sin\left(-\frac{\pi}{4}\right)=-\frac{\sqrt{2}}{2}$,所以 $\arcsin\left(-\frac{\sqrt{2}}{2}\right)=-\frac{\pi}{4}$.

例 7 已知 $\sin\alpha = \dfrac{4}{7}$，在区间 $\left[-\dfrac{\pi}{2}, \dfrac{\pi}{2}\right]$ 上求角 α.

解 $\alpha = \arcsin\dfrac{4}{7}$.

首先把计算器调整到弧度状态，然后依次按下列各键：
$$\text{【SHIFT】\quad 【sin}^{-1}\text{】\quad 【4÷7】\quad 【)】\quad 【=】}$$
屏幕显示：$\sin^{-1}(4÷7)$ 0.6082455789

因此 $\alpha = \arcsin\dfrac{4}{7} \approx 0.608$.

注：该计算器中的函数符号键，如【$\sin^{-1}$】，输出后自带了左边"("，因此自己只要输入右边")"即可.

例 8 已知 $\sin\alpha = -0.324$，在区间 $\left[-\dfrac{\pi}{2}, \dfrac{\pi}{2}\right]$ 上求角 α.

解 $\alpha = \arcsin(-0.324)$.

首先把计算器调整到弧度状态，然后依次按下列各键：
$$\text{【SHIFT】\quad 【sin}^{-1}\text{】\quad 【-】\quad 【0.324】\quad 【)】\quad 【=】}$$
屏幕显示：$\sin^{-1}(-0.324)$ -0.3299545178

因此 $\alpha = \arcsin(-0.324) \approx -0.330$.

 观察

(1) 在 $(-\infty, +\infty)$ 上，满足 $\cos x = \dfrac{1}{2}$ 的 x 有多少个？

(2) 在 $[0, 2\pi]$ 上，满足 $\cos x = \dfrac{1}{2}$ 的 x 有多少个？

(3) 在区间 $[0, \pi]$ 上，满足 $\cos x = \dfrac{1}{2}$ 的 x 有多少个？

 分析

(1) 从图 5-32 可以看出，在 $(-\infty, +\infty)$ 上，满足 $\cos x = \dfrac{1}{2}$ 的角 x 有无数个；

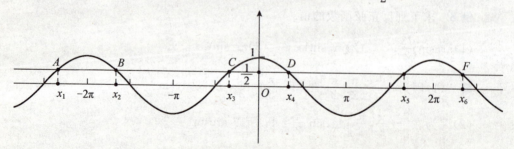

图 5-32

(2)从图 5-33 可以看出,在 $[0,2\pi]$ 上,满足 $\cos x=\dfrac{1}{2}$ 的角 x 有两个,且 $x=\dfrac{\pi}{3}$ 或 $\dfrac{5\pi}{3}$;

(3)从图 5-33 可以看出,在区间 $[0,\pi]$ 上,满足 $\cos x=\dfrac{1}{2}$ 的角 x 只有一个,即 $x=\dfrac{\pi}{3}$.

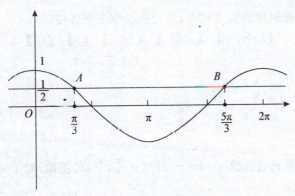

图 5-33

 抽象

一般地,对于 $y=\cos x$ 的值域 $[-1,1]$ 中每一个元素 y,从图 5-33 可以看出,在区间 $[0,\pi]$ 上,只有唯一的一个角 α 和它对应,所以 $y=\cos x$ 在 $[0,\pi]$ 上有反函数.

2. 反余弦函数的定义

把函数 $y=\cos x$ 的定义域限制在区间 $[0,\pi]$ 上,这个函数就有反函数,记作 $y=\arccos x$,称为反余弦函数.

根据一个函数与它的反函数的关系,得出

反余弦函数 $y=\arccos x$ 的定义域是 $[-1,1]$,值域是 $[0,\pi]$,并且

$$\cos \alpha = b, \alpha \in [0,\pi] \Leftrightarrow \arccos b = \alpha, b \in [-1,1].$$

从上述关系得 $\cos(\arccos b)=b$, $b\in[-1,1]$;

$\arccos(\cos \alpha)=\alpha$, $\alpha\in[0,\pi]$.

一般情况下,我们可以利用计算器求反余弦函数的值.

 示范

例 9 求下列反余弦函数的值.

(1) $\arccos \dfrac{1}{2}$;   (2) $\arccos 0$.

解 (1)因为在$[0,\pi]$上,$\cos\frac{\pi}{3}=\frac{1}{2}$,所以$\arccos\frac{1}{2}=\frac{\pi}{3}$;

(2)因为在$[0,\pi]$上,$\cos\frac{\pi}{2}=0$,所以$\arccos 0=\frac{\pi}{2}$.

例 10 已知$\cos\alpha=\frac{1}{6}$,在区间$[0,\pi]$上,求角α.

解 $\alpha=\arccos\frac{1}{6}$.

首先把计算器调整到弧度状态,然后依次按下列各键:

【SHIFT】【$\cos^{-1}$】【$1\div 6$】【)】【＝】

屏幕显示:$\cos^{-1}(1\div 6)$ 1.403348248

因此 $\alpha=\arccos\frac{1}{6}\approx 1.403$.

 观察

图5-34中的正切函数$y=\tan x,x\in(-\frac{\pi}{2},\frac{\pi}{2})$的图像,对于每一个实数$y$,在区间$(-\frac{\pi}{2},\frac{\pi}{2})$内只有唯一的一个角$\alpha$和它对应,所以$y=\tan x$在区间$(-\frac{\pi}{2},\frac{\pi}{2})$内有反函数.

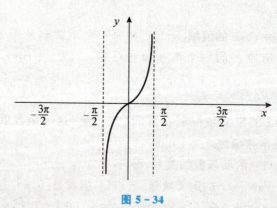

图 5-34

3. 反正切函数的定义

把$y=\tan x$的定义域限制在$(-\frac{\pi}{2},\frac{\pi}{2})$内,这个函数有反函数,记作$y=\arctan x$,称为反正切函数.

反正切函数$y=\arctan x$的定义域是**R**,值域是$(-\frac{\pi}{2},\frac{\pi}{2})$,并且

$$\tan\alpha=b,\alpha\in(-\frac{\pi}{2},\frac{\pi}{2})\Leftrightarrow\arctan b=\alpha,b\in\mathbf{R}.$$

从上述关系得

$$\tan(\arctan b) = b, b \in \mathbf{R};$$
$$\arctan(\tan \alpha) = \alpha, \alpha \in (-\frac{\pi}{2}, \frac{\pi}{2}).$$

一般地,我们可以利用计算器求反正切函数的值.

例 11 求下列反正切函数的值.

(1) $\arctan 1$; (2) $\arctan \frac{\sqrt{3}}{3}$.

解 (1) 因为在 $(-\frac{\pi}{2}, \frac{\pi}{2})$ 内,$\tan \frac{\pi}{4} = 1$,所以 $\arctan 1 = \frac{\pi}{4}$.

(2) 因为在 $\left(-\frac{\pi}{2}, \frac{\pi}{2}\right)$ 内,$\tan \frac{\pi}{6} = \frac{\sqrt{3}}{3}$,所以 $\arctan \frac{\sqrt{3}}{3} = \frac{\pi}{6}$.

例 12 已知 $\tan \alpha = -3$,在区间 $(-\frac{\pi}{2}, \frac{\pi}{2})$ 内,求角 α.

解 $\alpha = \arctan(-3)$.
首先把计算器调整到弧度状态,然后依次按下列各键:
【SHIFT】【$\tan^{-1}$】【-】【3】【)】【=】
屏幕显示:$\tan^{-1}(-3)$ -1.249045772.
因此 $\alpha = \arctan(-3) \approx -1.249$.

1. 已知 $\sin \alpha$ 的值,在区间 $\left[-\frac{\pi}{2}, \frac{\pi}{2}\right]$ 上求角 α.

(1) $\sin \alpha = \frac{1}{2}$; (2) $\sin \alpha = -\frac{\sqrt{3}}{2}$;

(3) $\sin \alpha = -\frac{\sqrt{2}}{2}$; (4) $\sin \alpha = 1$;

(5) $\sin \alpha = \frac{2}{7}$; (6) $\sin \alpha = -\frac{5}{6}$;

(7) $\sin \alpha = 0.248$; (8) $\sin \alpha = -0.315$.

2. 已知 $\sin \alpha$ 的值,在区间 $[0, 2\pi]$ 上求角 α.

(1) $\sin \alpha = \frac{\sqrt{3}}{2}$; (2) $\sin \alpha = -\frac{\sqrt{2}}{2}$.

3. 已知 $\sin \alpha$ 的值,在区间 $[-\pi, \pi]$ 上求角 α.

(1) $\sin \alpha = \frac{\sqrt{2}}{2}$; (2) $\sin \alpha = -\frac{1}{2}$.

4. 已知 $\cos\alpha$ 的值，在区间 $[-\pi,\pi]$ 上求角 α.

(1) $\cos\alpha=\dfrac{1}{2}$；

(2) $\cos\alpha=-\dfrac{\sqrt{3}}{2}$.

5. 已知 $\cos\alpha$ 的值，在区间 $[0,2\pi]$ 上求角 α.

(1) $\cos\alpha=\dfrac{\sqrt{3}}{2}$；

(2) $\cos\alpha=-\dfrac{\sqrt{2}}{2}$.

6. 已知 $\cos\alpha$ 的值，在区间 $[0,\pi]$ 上求角 α.

(1) $\cos\alpha=\dfrac{2}{9}$；

(2) $\cos\alpha=-\dfrac{3}{8}$.

7. 已知 $\tan\alpha$ 的值，在区间 $\left(-\dfrac{\pi}{2},\dfrac{\pi}{2}\right)$ 内求角 α.

(1) $\tan\alpha=\sqrt{2}$；

(2) $\tan\alpha=-\dfrac{1}{9}$.

8. 求值.

(1) $\arcsin 0$；

(2) $\arcsin\left(-\dfrac{\sqrt{2}}{2}\right)$；

(3) $\arcsin\left(-\dfrac{1}{6}\right)$；

(4) $\arccos\dfrac{\sqrt{3}}{2}$；

(5) $\arccos\dfrac{1}{2}$；

(6) $\arccos\left(-\dfrac{3}{4}\right)$；

(7) $\arctan 1$；

(8) $\arccos 0$；

(9) $\arctan 0.983$.

三 两角和与差的三角函数

5.10 两角和与差的正弦、余弦、正切

前面我们学过了含有一个自变量 α 的三角函数. 在实际应用中,我们常常会遇到含有两个自变量 α,β 的三角函数,如 $\sin(\alpha+\beta)$,$\cos(\alpha+\beta)$ 等.

函数 $\sin(\alpha+\beta)$ 和 $\cos(\alpha+\beta)$ 分别叫做 α,β 的和的正弦和余弦.

$\cos(\alpha+\beta)$ 和 $\cos\alpha+\cos\beta$ 相等吗?

我们看个实例:设 $\alpha=\dfrac{\pi}{3}$,$\beta=\dfrac{\pi}{6}$,则

$$\cos\left(\dfrac{\pi}{3}+\dfrac{\pi}{6}\right)=\cos\dfrac{\pi}{2}=0.$$

而

$$\cos\dfrac{\pi}{3}+\cos\dfrac{\pi}{6}=\dfrac{1}{2}+\dfrac{\sqrt{3}}{2}\approx 1.366.$$

因此

$$\cos\left(\dfrac{\pi}{3}+\dfrac{\pi}{6}\right)\neq\cos\dfrac{\pi}{3}+\cos\dfrac{\pi}{6}.$$

由此看出,一般来说,

$$\cos(\alpha+\beta)\neq\cos\alpha+\cos\beta.$$

那么,怎样用 α,β 的三角函数来表示它们的和 $\alpha+\beta$ 的余弦呢?也就是说,如何把 $\cos(\alpha+\beta)$ 用单角 α,β 的三角函数表示出来呢?

论证

两角和的余弦公式:设 α,β 是任意的两个角,则

$$\cos(\alpha+\beta)=\cos\alpha\cos\beta-\sin\alpha\sin\beta. \tag{1}$$

(1)注意(1)式可写成

$$\cos(\alpha+\beta)=\cos\alpha\cos(-\beta)+\sin\alpha\sin(-\beta),$$

因此这个公式涉及角 α,$\alpha+\beta$,$-\beta$ 的余弦和正弦.

(2)由于在单位圆中,设角 α 的终边与单位圆交于一点 $P(x,y)$,则 $\cos\alpha=x$,

$\sin \alpha = y$. 这启发我们在单位圆中来讨论上述问题有可能比较简便.

(3) 根据题意, 在直角坐标系上作出单位圆及角 $\alpha, \alpha+\beta, -\beta$.

(4) 通过分析我们需要平面上两点间的距离公式, 即

平面上两点 P, Q 在直角坐标系 xOy 中的坐标分别为 $(x_1, y_1), (x_2, y_2)$, 则它们之间的距离 $|PQ|$ 为: $|PQ| = \sqrt{(x_2-x_1)^2 + (y_2-y_1)^2}$.

(大家可以了解一下这个公式的证明过程. 如图 5-35 所示, 根据勾股定理得

$$|PQ| = \sqrt{|PF|^2 + |FQ|^2} = \sqrt{|x_2-x_1|^2 + |y_2-y_1|^2}$$
$$= \sqrt{(x_2-x_1)^2 + (y_2-y_1)^2}.$$

证明 由于正弦函数和余弦函数的最小正周期都是 2π, 所以我们只要讨论 $0 \leqslant \alpha, \beta \leqslant 2\pi$ 的情形.

在直角坐标系 xOy 中作单位圆, 它与 x 轴的正半轴交于点 A, 以射线 OA 为始边作角 α, 它的终边与单位圆交于点 B. 接着以射线 OB 为始边作角 β, 它的终边与单位圆交于点 C, 则角 $\alpha+\beta$ 的始边为射线 OA, 终边为射线 OC. 再以射线 OA 为始边作角 $-\beta$, 它的终边与单位圆交于点 D, 如图 5-36 所示.

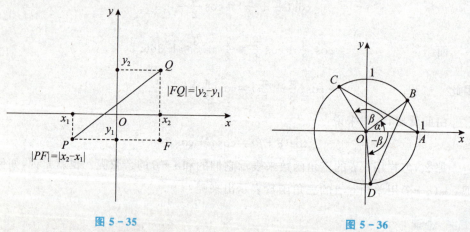

图 5-35   图 5-36

A, B, C, D 各点的坐标分别是:

$A(1, 0)$, $B(\cos \alpha, \sin \alpha)$,

$C(\cos(\alpha+\beta), \sin(\alpha+\beta))$, $D(\cos(-\beta), \sin(-\beta))$.

由于角 $\alpha+\beta$ 与角 $-\alpha-\beta$ 旋转的数量相同, 因此 $\overset{\frown}{AC}$ 的长度与 $\overset{\frown}{BD}$ 的长度相等. 从而弦 AC 与弦 BD 的长度相等.

运用平面上两点间距离公式, 由 $|AC| = |BD|$ 得出

$$[\cos(\alpha+\beta)-1]^2 + [\sin(\alpha+\beta)-0]^2 = [\cos(-\beta)-\cos \alpha]^2 + [\sin(-\beta)-\sin \alpha]^2.$$

将上式左右两边都展开, 得

$$\cos^2(\alpha+\beta) - 2\cos(\alpha+\beta) + 1 + \sin^2(\alpha+\beta) = \cos^2(-\beta) - 2\cos(-\beta)\cos \alpha +$$

$\cos^2\alpha + \sin^2(-\beta) - 2\sin(-\beta)\sin\alpha + \sin^2\alpha.$

利用同角的三角函数的关系式以及诱导公式,整理得

$$2 - 2\cos(\alpha+\beta) = 2 - 2\cos\beta\cos\alpha + 2\sin\beta\sin\alpha.$$

从而得出
$$\cos(\alpha+\beta) = \cos\alpha\cos\beta - \sin\alpha\sin\beta.$$

利用周期性可得出,这个公式对于任意角 α,β 都成立.

注:由于公式(1)对于任意角 α,β 都成立,因此在公式(1)中用 $-\beta$ 代替 β,就得到 $\cos(\alpha-\beta) = \cos\alpha\cos(-\beta) - \sin\alpha\sin(-\beta)$.

由此得出,对任意角 α,β 有下式成立:
$$\cos(\alpha-\beta) = \cos\alpha\cos\beta + \sin\alpha\sin\beta. \tag{2}$$

公式(2)称为两角差的余弦公式.

(1) 两角和的余弦公式: $\cos(\alpha+\beta) = \cos\alpha\cos\beta - \sin\alpha\sin\beta.$
(2) 两角差的余弦公式: $\cos(\alpha-\beta) = \cos\alpha\cos\beta + \sin\alpha\sin\beta.$

注:由公式可以看出,已知 α,β 的 4 个正弦和余弦值,就可以求出 $\alpha+\beta$ 和 $\alpha-\beta$ 的余弦值.

例1 不用计算器,求 $\cos75°,\cos15°$ 的值.

解 $\cos75° = \cos(30°+45°) = \cos30°\cos45° - \sin30°\sin45°$
$= \dfrac{\sqrt{3}}{2} \cdot \dfrac{\sqrt{2}}{2} - \dfrac{1}{2} \cdot \dfrac{\sqrt{2}}{2} = \dfrac{\sqrt{6}-\sqrt{2}}{4}.$

$\cos15° = \cos(45°-30°) = \cos45°\cos30° + \sin45°\sin30°$
$= \dfrac{\sqrt{2}}{2} \cdot \dfrac{\sqrt{3}}{2} + \dfrac{\sqrt{2}}{2} \cdot \dfrac{1}{2} = \dfrac{\sqrt{6}+\sqrt{2}}{4}.$

例2 已知 $\sin\alpha = \dfrac{2}{3}, \alpha \in \left(\dfrac{\pi}{2}, \pi\right), \cos\beta = -\dfrac{3}{4}, \beta \in \left(\pi, \dfrac{3\pi}{2}\right)$,求 $\cos(\alpha-\beta)$ 的值.

解 因为 $\sin\alpha = \dfrac{2}{3}, \alpha \in \left(\dfrac{\pi}{2}, \pi\right)$,所以
$$\cos\alpha = -\sqrt{1-\sin^2\alpha} = -\sqrt{1-\left(\dfrac{2}{3}\right)^2} = -\dfrac{\sqrt{5}}{3}.$$

又由 $\cos\beta = -\dfrac{3}{4}, \beta \in \left(\pi, \dfrac{3\pi}{2}\right)$,所以
$$\sin\beta = -\sqrt{1-\cos^2\beta} = -\sqrt{1-\left(-\dfrac{3}{4}\right)^2} = -\dfrac{\sqrt{7}}{4}.$$

所以

$$\cos(\alpha-\beta)=\cos\alpha\cos\beta+\sin\alpha\sin\beta$$
$$=(-\frac{\sqrt{5}}{3})\cdot(-\frac{3}{4})+\frac{2}{3}\cdot(-\frac{\sqrt{7}}{4})$$
$$=\frac{3\sqrt{5}-2\sqrt{7}}{12}.$$

例3 证明:公式

$$\cos(\frac{\pi}{2}-\alpha)=\sin\alpha. \tag{3}$$

$$\sin(\frac{\pi}{2}-\alpha)=\cos\alpha. \tag{4}$$

其中,α 为任意角.

证明 $\cos(\frac{\pi}{2}-\alpha)=\cos\frac{\pi}{2}\cos\alpha+\sin\frac{\pi}{2}\sin\alpha$
$$=0\cdot\cos\alpha+1\cdot\sin\alpha=\sin\alpha.$$

在公式(3)中,用 $\left(\frac{\pi}{2}-\alpha\right)$ 代替 α,得

$$\sin(\frac{\pi}{2}-\alpha)=\cos[\frac{\pi}{2}-(\frac{\pi}{2}-\alpha)]=\cos\alpha.$$

注:α 和 $\left(\frac{\pi}{2}-\alpha\right)$ 是互余的两个角,它们分别取正、余弦值后相等.

例如,$\sin 75°=\cos 15°$,$\cos 85°=\sin 5°$,$\sin\frac{\pi}{3}=\cos\frac{\pi}{6}$.

想一想:$\sin\frac{\pi}{2}=\cos$ _____ $=1$,$\cos\frac{\pi}{2}=\sin$ _____ $=0$.

注:在公式(3),(4)中,用 $-\alpha$ 代替 α,可以得出以下公式.
对于任意角 α,有

$$\cos(\frac{\pi}{2}+\alpha)=-\sin\alpha. \tag{5}$$

$$\sin(\frac{\pi}{2}+\alpha)=\cos\alpha. \tag{6}$$

记一记

(1) $\cos(\frac{\pi}{2}-\alpha)=\sin\alpha,$ $\qquad\sin(\frac{\pi}{2}-\alpha)=\cos\alpha.$

(2) $\cos(\frac{\pi}{2}+\alpha)=-\sin\alpha,$ $\qquad\sin(\frac{\pi}{2}+\alpha)=\cos\alpha.$

灵活运用

由公式(6)可以得出,$y=\sin x$ 的图像经过什么样的变换可以得到 $y=\cos x$ 的图像?(见图5-37)

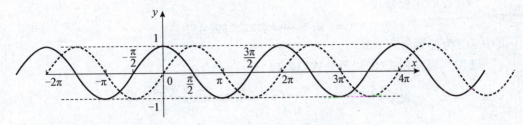

图 5-37

结论：由公式 $\sin\left(\dfrac{\pi}{2}+x\right)=\cos x$ 得到：$y=\sin x$ 的图像向左移动 $\dfrac{\pi}{2}$ 个单位，便可以得出 $y=\cos x$ 的图像.

例 4 求下列函数的最小正周期.

(1) $y=\cos 3x$；　　　　　(2) $y=4\cos\left(\dfrac{1}{2}x-\dfrac{\pi}{3}\right)$.

解 (1) 因为 $\cos 3x=\sin\left(\dfrac{\pi}{2}+3x\right)$.

由于 $y=\sin\left(3x+\dfrac{\pi}{2}\right)$ 的最小正周期是 $\dfrac{2\pi}{3}$，因此 $y=\cos 3x$ 的最小正周期是 $\dfrac{2\pi}{3}$.

(2) 因为 $4\cos\left(\dfrac{1}{2}x-\dfrac{\pi}{3}\right)=4\sin\left(\dfrac{1}{2}x-\dfrac{\pi}{3}+\dfrac{\pi}{2}\right)=4\sin\left(\dfrac{1}{2}x+\dfrac{\pi}{6}\right)$.

由于 $y=4\sin\left(\dfrac{1}{2}x+\dfrac{\pi}{6}\right)$ 的最小正周期是 $\dfrac{2\pi}{\frac{1}{2}}=4\pi$，

因此 $y=4\sin\left(\dfrac{1}{2}x+\dfrac{\pi}{6}\right)$ 的最小正周期是 4π.

注：一般地，函数 $y=A\sin(\omega x+\varphi)$，$y=A\cos(\omega x+\varphi)$ 的最小正周期是 $\dfrac{2\pi}{\omega}$，其中 $\omega>0$.

 练一练

1. 不用计算器，求 $\cos 105°$ 的值；
2. 计算 $\cos 80°\cos 20°+\sin 80°\sin 20°$；
3. 计算 $\cos^2 15°-\sin^2 15°$.
4. 求下列函数的最小正周期.

(1) $y=\dfrac{1}{4}\cos 2x$；　　　　　(2) $y=2\cos\left(\dfrac{1}{6}x+\dfrac{\pi}{4}\right)$.

 论证

两角和的正弦公式：
$$\sin(\alpha+\beta)=\sin\alpha\cos\beta+\cos\alpha\sin\beta.$$
　　　　　　　　　　　　　　　　　　　　　　　　　　　(7)

两角差的正弦公式：
$$\sin(\alpha-\beta)=\sin\alpha\cos\beta-\cos\alpha\sin\beta. \tag{8}$$
其中 α,β 为任意角．

证明 根据公式(3)以及公式(1),(4)得

$$\sin(\alpha+\beta)=\cos\left[\frac{\pi}{2}-(\alpha+\beta)\right]=\cos\left[\left(\frac{\pi}{2}-\alpha\right)-\beta\right]$$

$$=\cos\left(\frac{\pi}{2}-\alpha\right)\cos\beta+\sin\left(\frac{\pi}{2}-\alpha\right)\sin\beta$$

$$=\sin\alpha\cos\beta+\cos\alpha\sin\beta.$$

把公式(7)中的 β 用 $-\beta$ 代替，得

$$\sin(\alpha-\beta)=\sin\alpha\cos(-\beta)+\cos\alpha\sin(-\beta)$$

$$=\sin\alpha\cos\beta-\cos\alpha\sin\beta.$$

(1) 两角和的正弦公式：$\sin(\alpha+\beta)=\sin\alpha\cos\beta+\cos\alpha\sin\beta.$

(2) 两角差的正弦公式：$\sin(\alpha-\beta)=\sin\alpha\cos\beta-\cos\alpha\sin\beta.$

注：由公式可以看出，已知 α,β 的 4 个正弦和余弦值，就可以求出 $\alpha+\beta$ 和 $\alpha-\beta$ 的正弦值．

例 5 不用计算器，求 $\sin 105°,\sin 15°$ 的值．

解 $\sin 105°=\sin(60°+45°)=\sin 60°\cos 45°+\cos 60°\sin 45°$

$$=\frac{\sqrt{3}}{2}\cdot\frac{\sqrt{2}}{2}+\frac{1}{2}\cdot\frac{\sqrt{2}}{2}=\frac{\sqrt{6}+\sqrt{2}}{4}.$$

$\sin 15°=\sin(60°-45°)=\sin 60°\cos 45°-\cos 60°\sin 45°$

$$=\frac{\sqrt{3}}{2}\cdot\frac{\sqrt{2}}{2}-\frac{1}{2}\cdot\frac{\sqrt{2}}{2}=\frac{\sqrt{6}-\sqrt{2}}{4}.$$

例 6 已知 $\cos\alpha=\frac{3}{5},\alpha\in\left(\frac{3\pi}{2},2\pi\right)$，求 $\sin\left(\alpha+\frac{\pi}{6}\right)$．

解 因为 $\cos\alpha=\frac{3}{5},\alpha\in\left(\frac{3\pi}{2},2\pi\right)$，得到

$$\sin\alpha=-\sqrt{1-\cos^2\alpha}=-\sqrt{1-\left(\frac{3}{5}\right)^2}=-\frac{4}{5}.$$

所以 $\sin\left(\alpha+\frac{\pi}{6}\right)=\sin\alpha\cos\frac{\pi}{6}+\cos\alpha\sin\frac{\pi}{6}$

$$=\left(-\frac{4}{5}\right)\cdot\frac{\sqrt{3}}{2}+\frac{3}{5}\cdot\frac{1}{2}=\frac{3-4\sqrt{3}}{10}.$$

例7 把 $a\sin x + b\cos x$ 化成 $A\sin(x+\varphi)$ 的形式.

解 $a\sin x + b\cos x = \sqrt{a^2+b^2}\left(\dfrac{a}{\sqrt{a^2+b^2}}\sin x + \dfrac{b}{\sqrt{a^2+b^2}}\cos x\right).$

如图 5-38 所示, 若令 $\cos\varphi = \dfrac{a}{\sqrt{a^2+b^2}}$, 则必有

$$\sin\varphi = \dfrac{b}{\sqrt{a^2+b^2}}.$$

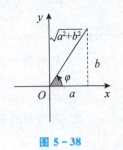

图 5-38

于是 $a\sin x + b\cos x = \sqrt{a^2+b^2}(\cos\varphi\sin x + \sin\varphi\cos x)$
$= \sqrt{a^2+b^2}\sin(x+\varphi).$

注: 上述解法给我们提供了求形如 $a\sin x + b\cos x$ 的函数的最小正周期和最大值的方法.

例8 求下列函数的最小正周期和最大值.

(1) $y = \dfrac{\sqrt{2}}{2}\sin x - \dfrac{\sqrt{2}}{2}\cos x;$

(2) $y = \sqrt{3}\sin 2x + \cos 2x.$

解 (1) $y = \dfrac{\sqrt{2}}{2}\sin x - \dfrac{\sqrt{2}}{2}\cos x$

$= \cos\dfrac{\pi}{4}\sin x - \sin\dfrac{\pi}{4}\cos x = \sin\left(x - \dfrac{\pi}{4}\right).$

由于 $y = \sin\left(x - \dfrac{\pi}{4}\right)$ 的最小正周期是 2π, 因此函数 $y = \dfrac{\sqrt{2}}{2}\sin x - \dfrac{\sqrt{2}}{2}\cos x$ 的最小正周期是 2π, 且它的最大值是 1.

(2) $a = \sqrt{3}, b = 1$, 得到 $\sqrt{a^2+b^2} = \sqrt{(\sqrt{3})^2 + 1^2} = 2$,

所以 $y = \sqrt{3}\sin 2x + \cos 2x = 2\left(\dfrac{\sqrt{3}}{2}\sin 2x + \dfrac{1}{2}\cos 2x\right)$

$= 2\left(\cos\dfrac{\pi}{6}\sin 2x + \sin\dfrac{\pi}{6}\cos 2x\right) = 2\sin\left(2x + \dfrac{\pi}{6}\right).$

由于 $y = 2\sin\left(2x + \dfrac{\pi}{6}\right)$ 的最小正周期是 $\dfrac{2\pi}{2} = \pi$, 因此函数 $y = \sqrt{3}\sin 2x + \cos 2x$ 的最小正周期是 π, 且最大值是 2.

练一练

1. 不用计算器, 求 $\sin 75°$ 的值.
2. 计算 $\sin 25°\cos 35° + \cos 25°\sin 35°$.
3. 计算 $\sin 65°\cos 20° - \cos 65°\sin 20°$.
4. 求函数 $y = \sin x - \cos x$ 的最小正周期和最大值.

论证

1. 两角和的正切公式

$$\tan(\alpha+\beta)=\frac{\tan\alpha+\tan\beta}{1-\tan\alpha\cdot\tan\beta}. \qquad (9)$$

2. 两角差的正切公式

$$\tan(\alpha-\beta)=\frac{\tan\alpha-\tan\beta}{1+\tan\alpha\cdot\tan\beta}. \qquad (10)$$

 分析

设 $\alpha,\beta,\alpha+\beta,\alpha-\beta$ 都在正切函数的定义域中,则

$$\tan(\alpha+\beta)=\frac{\sin(\alpha+\beta)}{\cos(\alpha+\beta)}=\frac{\sin\alpha\cos\beta+\cos\alpha\sin\beta}{\cos\alpha\cos\beta-\sin\alpha\sin\beta}$$

$$=\frac{\dfrac{\sin\alpha}{\cos\alpha}+\dfrac{\sin\beta}{\cos\beta}}{1-\dfrac{\sin\alpha}{\cos\alpha}\cdot\dfrac{\sin\beta}{\cos\beta}}$$

$$=\frac{\tan\alpha+\tan\beta}{1-\tan\alpha\cdot\tan\beta}.$$

在公式(9)中,用 $-\beta$ 代替 β,得

$$\tan(\alpha-\beta)=\frac{\tan\alpha-\tan\beta}{1+\tan\alpha\cdot\tan\beta}.$$

 记一记

(1)两角和的正切公式:$\tan(\alpha+\beta)=\dfrac{\tan\alpha+\tan\beta}{1-\tan\alpha\cdot\tan\beta}.$

(2)两角差的正切公式:$\tan(\alpha-\beta)=\dfrac{\tan\alpha-\tan\beta}{1+\tan\alpha\cdot\tan\beta}.$

注:由公式可以看出,已知 α,β 的正切值,就可以求出的 $\alpha+\beta$ 和 $\alpha-\beta$ 正切值.

 示范

例9 不用计算器,求 $\tan 75°$ 的值.

解 $\tan 75°=\tan(30°+45°)=\dfrac{\tan 30°+\tan 45°}{1-\tan 30°\cdot\tan 45°}=\dfrac{\dfrac{\sqrt{3}}{3}+1}{1-\dfrac{\sqrt{3}}{3}\cdot 1}=\dfrac{\sqrt{3}+3}{3-\sqrt{3}}$

$=\dfrac{(3+\sqrt{3})^2}{3^2-(\sqrt{3})^2}=\dfrac{9+6\sqrt{3}+3}{6}=2+\sqrt{3}.$

例 10 计算 $\dfrac{1+\tan 75°}{1-\tan 75°}$ 的值.

解 因为 $\tan 45°=1$,所以

$$\dfrac{1+\tan 75°}{1-\tan 75°}=\dfrac{\tan 45°+\tan 75°}{1-\tan 45°\tan 75°}=\tan(45°+75°)=\tan 120°$$
$$=-\sqrt{3}.$$

练习

1. 不用计算器,求下列各式的值.

(1) $\cos 165°$;

(2) $\cos(-\dfrac{5\pi}{12})$;

(3) $\cos 65°\cos 35°+\sin 65°\sin 35°$;

(4) $\cos 80°\cos 40°-\sin 80°\sin 40°$.

2. 已知 $\cos\alpha=\dfrac{3}{5}$, $\alpha\in(\dfrac{3\pi}{2},2\pi)$, $\cos\beta=\dfrac{4}{5}$, $\beta\in(\dfrac{3\pi}{2},2\pi)$,求 $\cos(\alpha+\beta)$, $\cos(\alpha-\beta)$ 的值.

3. 已知 $\cos\alpha=-\dfrac{1}{2}$, $\alpha\in(\pi,\dfrac{3\pi}{2})$,求 $\cos(\dfrac{\pi}{3}+\alpha)$, $\cos(\dfrac{\pi}{3}-\alpha)$ 的值.

4. 不用计算器,求下列各式的值.

(1) $\sin(-\dfrac{\pi}{12})$;

(2) $\sin 165°$;

(3) $\sin 20°\cos 25°+\sin 25°\cos 20°$;

(4) $\sin 130°\cos 70°-\sin 70°\cos 130°$.

5. 已知 $\cos\alpha=\dfrac{5}{13}$, $\alpha\in(\dfrac{3\pi}{2},2\pi)$, $\sin\beta=\dfrac{3}{5}$, $\beta\in(\dfrac{\pi}{2},\pi)$,求 $\sin(\alpha+\beta)$, $\sin(\alpha-\beta)$ 的值.

6. 已知 $\sin\alpha=-\dfrac{2}{3}$,且 α 是第四象限的角,求 $\sin(\alpha+\dfrac{\pi}{6})$ 的值.

7. 求下列函数的最小正周期.

(1) $y=\dfrac{2}{3}\cos 5x$;

(2) $y=-3\cos(\dfrac{1}{4}x-\dfrac{\pi}{2})$;

(3) $y=\dfrac{\sqrt{3}}{2}\sin x-\dfrac{1}{2}\cos x$;

(4) $y=\sin x+\cos x$;

(5) $y=2\sin x+\cos x$.

8. 不用计算器,求下列各式的值.

(1) $\tan 105°$;

(2) $\tan(-15°)$;

(3) $\tan(-\dfrac{7\pi}{12})$; (4) $\dfrac{\tan 20° + \tan 25°}{1 - \tan 20° \cdot \tan 25°}$;

(5) $\dfrac{1 + \tan 15°}{1 - \tan 15°}$.

5.11 二倍角的正弦、余弦、正切

 说一说

在两角和的正弦、余弦、正切公式中,当 $\beta = \alpha$ 时,公式会变成什么样?

 结论

在两角和的正弦、余弦、正切公式中,当 $\beta = \alpha$ 时,我们得出了一组新的公式:

$$\sin 2\alpha = 2\sin\alpha\cos\alpha. \tag{1}$$

$$\cos 2\alpha = \cos^2\alpha - \sin^2\alpha. \tag{2}$$

$$\tan 2\alpha = \dfrac{2\tan\alpha}{1 - \tan^2\alpha}. \tag{3}$$

其中公式(1)和公式(2)对任意角 α 都成立,公式(3)要求 α,2α 都属于正切函数的定义域.

因为 $\sin^2\alpha + \cos^2\alpha = 1$,所以从公式(2)还可以得出

$$\cos 2\alpha = 2\cos^2\alpha - 1. \tag{4}$$

$$\cos 2\alpha = 1 - 2\sin^2\alpha. \tag{5}$$

公式(1)~公式(5)称为倍角公式.

由公式(4)和公式(5)还可以变形得到:

$$\sin^2\alpha = \dfrac{1 - \cos 2\alpha}{2}. \tag{6}$$

$$\cos^2\alpha = \dfrac{1 + \cos 2\alpha}{2}. \tag{7}$$

 评注

① 一般情况下,$\sin 2\alpha \neq 2\sin\alpha$,$\cos 2\alpha \neq 2\cos\alpha$,$\tan 2\alpha \neq 2\tan\alpha$.
例如,$\sin 60° = \sin 2 \cdot 30° \neq 2\sin 30°$.

② 倍角公式具有相对性,即公式左端的角总是右端角的二倍.根据这个特点,可以灵活运用公式.

例如,$\sin 4\alpha = 2\sin 2\alpha \cos 2\alpha$; $\sin\theta = 2\sin\dfrac{\theta}{2}\cos\dfrac{\theta}{2}$;

$\cos 4\alpha = \cos^2 2\alpha - \sin^2 2\alpha = 2\cos^2 2\alpha - 1 = 1 - 2\sin^2 2\alpha$;

$$\cos x = \cos^2 \frac{x}{2} - \sin^2 \frac{x}{2} = 2\cos^2 \frac{x}{2} - 1 = 1 - 2\sin^2 \frac{x}{2};$$

$$\tan \alpha = \frac{2\tan \frac{\alpha}{2}}{1 - \tan^2 \frac{\alpha}{2}}; \quad \tan 4x = \frac{2\tan 2x}{1 - \tan^2 2x}.$$

③公式(6)和公式(7)称为降幂公式.

例如,$\sin^2 \frac{\alpha}{2} = \frac{1 - \cos \alpha}{2}; \quad \sin^2 2x = \frac{1 - \cos 4x}{2};$

$\cos^2 \frac{\alpha}{2} = \frac{1 + \cos \alpha}{2}; \quad \cos^2 \frac{3\theta}{2} = \frac{1 + \cos 3\theta}{2}.$

记一记

(1)倍角公式: $\sin 2\alpha = 2\sin \alpha \cos \alpha.$
$\cos 2\alpha = \cos^2 \alpha - \sin^2 \alpha = 2\cos^2 \alpha - 1 = 1 - 2\sin^2 \alpha.$
$\tan 2\alpha = \frac{2\tan \alpha}{1 - \tan^2 \alpha}.$

(2)降幂公式: $\sin^2 \alpha = \frac{1 - \cos 2\alpha}{2}.$
$\cos^2 \alpha = \frac{1 + \cos 2\alpha}{2}.$

注:降幂公式有两大用处:一是用它可将正弦和余弦的平方式变换为关于余弦函数的一次式,即降二次方为一次方;二是已知角 α 的余弦,可以求出它的半角 $\frac{\alpha}{2}$ 的正弦和余弦值.

练一练

1. $\sin 6x = \sin(2 \cdot 3x) = $ _____; $\quad \sin 4\theta = \sin(2 \cdot 2\theta) = $ _____;

2. $2\sin \frac{3x}{2} \cdot \cos \frac{3x}{2} = $ _____; $\quad 2\sin 15° \cdot \cos 15° = $ _____;

3. $\cos 6x = \cos(2 \cdot 3x) = $ _____; $\quad \cos \beta = \cos(2 \cdot \frac{\beta}{2}) = $ _____;

4. $\cos^2 \frac{x}{4} - \sin^2 \frac{x}{4} = $ _____; $\quad 2\cos^2 \frac{3x}{2} - 1 = $ _____;

5. $1 - 2\sin^2 \frac{3x}{2} = $ _____; $\quad \tan 6x = \tan(2 \cdot 3x) = $ _____;

6. $\cos^2 \frac{\beta}{2} = $ _____; $\quad \sin^2 \frac{3x}{2} = $ _____.

示范

例 1 已知 $\sin \alpha = -\frac{3}{5}, \alpha \in (\pi, \frac{3\pi}{2})$,求 $\sin 2\alpha, \cos 2\alpha, \tan 2\alpha$ 的值.

解 因为 $\sin\alpha = -\dfrac{3}{5}, \alpha \in (\pi, \dfrac{3\pi}{2})$,所以

$$\cos\alpha = -\sqrt{1-\sin^2\alpha} = -\sqrt{1-\left(-\dfrac{3}{5}\right)^2} = -\dfrac{4}{5}.$$

所以

$$\sin 2\alpha = 2\sin\alpha\cos\alpha = 2\cdot\left(-\dfrac{3}{5}\right)\cdot\left(-\dfrac{4}{5}\right) = \dfrac{24}{25},$$

$$\cos 2\alpha = \cos^2\alpha - \sin^2\alpha = \left(-\dfrac{4}{5}\right)^2 - \left(-\dfrac{3}{5}\right)^2 = \dfrac{7}{25},$$

$$\tan 2\alpha = \dfrac{\sin 2\alpha}{\cos 2\alpha} = \dfrac{24}{25} \div \dfrac{7}{25} = \dfrac{24}{7}.$$

例 2 不用计算器,求下列各式的值.

(1) $2\sin\dfrac{3\pi}{8}\cos\dfrac{3\pi}{8}$; (2) $1 - 2\sin^2\dfrac{\pi}{12}$; (3) $\dfrac{2\tan\dfrac{7\pi}{8}}{1-\tan^2\dfrac{7\pi}{8}}$.

解

(1) $2\sin\dfrac{3\pi}{8}\cos\dfrac{3\pi}{8} = \sin\left(2\cdot\dfrac{3\pi}{8}\right) = \sin\dfrac{3\pi}{4} = \sin\left(\pi - \dfrac{\pi}{4}\right) = \sin\dfrac{\pi}{4} = \dfrac{\sqrt{2}}{2}$;

(2) $1 - 2\sin^2\dfrac{\pi}{12} = \cos\left(2\cdot\dfrac{\pi}{12}\right) = \cos\dfrac{\pi}{6} = \dfrac{\sqrt{3}}{2}$;

(3) $\dfrac{2\tan\dfrac{7\pi}{8}}{1-\tan^2\dfrac{7\pi}{8}} = \tan\left(2\cdot\dfrac{7\pi}{8}\right) = \tan\dfrac{7\pi}{4} = \tan\left(2\pi - \dfrac{\pi}{4}\right) = -\tan\dfrac{\pi}{4} = -1.$

例 3 已知 $\cos\alpha = \dfrac{1}{2}, \alpha \in \left(\dfrac{3\pi}{2}, 2\pi\right)$,求 $\sin\dfrac{\alpha}{2}, \cos\dfrac{\alpha}{2}, \tan\dfrac{\alpha}{2}$ 的值.

分析 由于已知角 α 的余弦值,求它的半角 $\dfrac{\alpha}{2}$ 的正弦、余弦值,所以可以直接用降幂公式.

解 因为 $\alpha \in \left(\dfrac{3\pi}{2}, 2\pi\right)$,因此 $\dfrac{\alpha}{2} \in \left(\dfrac{3\pi}{4}, \pi\right)$.

由于 $\sin^2\dfrac{\alpha}{2} = \dfrac{1-\cos\alpha}{2}$,所以 $\sin\dfrac{\alpha}{2} = \sqrt{\dfrac{1-\cos\alpha}{2}} = \sqrt{\dfrac{1-\dfrac{1}{2}}{2}} = \dfrac{1}{2}.$

由于 $\cos^2\dfrac{\alpha}{2} = \dfrac{1+\cos\alpha}{2}$,所以 $\cos\dfrac{\alpha}{2} = -\sqrt{\dfrac{1+\cos\alpha}{2}} = -\sqrt{\dfrac{1+\dfrac{1}{2}}{2}} = -\dfrac{\sqrt{3}}{2}.$

$\tan\dfrac{\alpha}{2} = \dfrac{\sin\dfrac{\alpha}{2}}{\cos\dfrac{\alpha}{2}} = \dfrac{1}{2} \div \left(-\dfrac{\sqrt{3}}{2}\right) = -\dfrac{1}{\sqrt{3}} = -\dfrac{\sqrt{3}}{3}.$

例 4 不用计算器,求 $\sin\dfrac{\pi}{8}$,$\cos\dfrac{\pi}{8}$ 的值.

解 由于 $\cos\dfrac{\pi}{4}$ 易求,而题中要求 $\dfrac{\pi}{4}$ 的半角 $\dfrac{\pi}{8}$ 的正弦和余弦值,所以可以直接利用降幂公式.

$$\sin\dfrac{\pi}{8}=\sqrt{\dfrac{1-\cos\dfrac{\pi}{4}}{2}}=\sqrt{\dfrac{1-\dfrac{\sqrt{2}}{2}}{2}}=\dfrac{1}{2}\sqrt{2-\sqrt{2}}.$$

$$\cos\dfrac{\pi}{8}=\sqrt{\dfrac{1+\cos\dfrac{\pi}{4}}{2}}=\sqrt{\dfrac{1+\dfrac{\sqrt{2}}{2}}{2}}=\dfrac{1}{2}\sqrt{2+\sqrt{2}}.$$

例 5 化简:(1) $\cos^4\alpha-\sin^4\alpha$;(2) $\dfrac{1}{1-\tan\alpha}-\dfrac{1}{1+\tan\alpha}$.

解 (1) $\cos^4\alpha-\sin^4\alpha=(\cos^2\alpha+\sin^2\alpha)(\cos^2\alpha-\sin^2\alpha)$
$\qquad\qquad\qquad=1\cdot\cos2\alpha=\cos2\alpha.$

(2) $\dfrac{1}{1-\tan\alpha}-\dfrac{1}{1+\tan\alpha}=\dfrac{(1+\tan\alpha)-(1-\tan\alpha)}{(1-\tan\alpha)(1+\tan\alpha)}=\dfrac{2\tan\alpha}{1-\tan^2\alpha}=\tan2\alpha.$

练习

1. 已知 $\cos\alpha=\dfrac{12}{13}$,$\alpha\in\left(\dfrac{3\pi}{2},2\pi\right)$,求 $\sin2\alpha$,$\cos2\alpha$,$\tan2\alpha$ 的值.

2. 已知 $\tan\alpha=2$,求 $\tan2\alpha$ 的值.

3. 不用计算器,求下列各式的值.

(1) $2\sin\dfrac{\pi}{8}\cos\dfrac{\pi}{8}$;   (2) $2\cos^2\dfrac{\pi}{12}-1$;   (3) $\cos^2 15°-\sin^2 15°$;

(4) $1-2\sin^2\dfrac{3\pi}{8}$;   (5) $2\sin\dfrac{\pi}{12}\cos\dfrac{\pi}{12}$;   (6) $\dfrac{2\tan75°}{1-\tan^2 75°}$;

(7) $1-2\sin^2 67°30'$;   (8) $\dfrac{2\tan\dfrac{5\pi}{12}}{1-\tan^2\dfrac{5\pi}{12}}$.

4. 化简.

(1) $(\sin\alpha-\cos\alpha)^2$;   (2) $\cos^4\dfrac{x}{2}-\sin^4\dfrac{x}{2}$;

(3) $\left(\sin\dfrac{\theta}{2}+\cos\dfrac{\theta}{2}\right)^2$;   (4) $\dfrac{\sin\theta\cos\theta}{\cos^2\theta-\sin^2\theta}$.

5. 已知 $\sin\alpha=\dfrac{3}{5}$,$\alpha\in\left(\dfrac{\pi}{2},\pi\right)$,求 $\sin\dfrac{\alpha}{2}$,$\cos\dfrac{\alpha}{2}$,$\tan\dfrac{\alpha}{2}$ 的值.

6. 证明恒等式.

(1) $2-2\sin^2\alpha-\cos2\alpha=1$;   (2) $\dfrac{1+\sin2\alpha}{\sin\alpha+\cos\alpha}=\sin\alpha+\cos\alpha$.

四　三角函数的应用

5.12　简谐振动与简谐交流电

实验

　　如图 5-39 所示,把一根弹簧的左端固定,右端挂一个小球,放在光滑水平面上. 弹簧处于自然状态时小球位于点 D,称它是小球的平衡位置. 开始时把小球往右拉至点 A,一松手,小球便在弹簧拉力的作用下往左移动,通过平衡位置一直移动到点 B,其中点 B 与点 A 关于点 D 对称,然后小球从点 B 向右移动,通过平衡位置移动到点 A,形成一次往复运动. 接着又形成第二次往复运动……这样小球在平衡位置附近做来回往复的运动. 我们把小球离开平衡位置 D 的位移记作 x,当小球在平衡位置右边时,x 为正数;在平衡位置左边时,x 为负数.

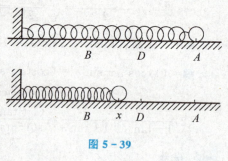

图 5-39

　　为了直观地描述小球的位移 x 随时间 t 的变化情况,建立平面直角坐标系 xOt,其中横轴表示时间 t,纵轴表示小球的位移 x. 你能画出小球从 $t=0$ 开始做一次往复运动,位移 x 随时间 t 变化的图像吗?你能根据图像猜测出 x 与 t 的函数关系是什么吗?

分析

　　设 $t=0$ 时小球的位置 A 与平衡位置 D 的距离为 a,一次往复运动所需的时间为 T. 则在一次往复运动里,小球的位移 x 随时间 t 变化的图像如图 5-40 所示.

　　从图 5-40 可以看出,它与余弦函数在一个周期里的图像很相像,因此我们猜测 x 与 t 的函数关系为

$$x=a\cos\left(\frac{2\pi}{T}t\right). \qquad (1)$$

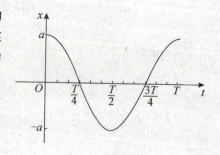

图 5-40

其中 t 的系数为 $\frac{2\pi}{T}$，保证了 $t=T$ 时，$x=a\cos\left(\frac{2\pi}{T}T\right)=a$. 如果令 $\omega=\frac{2\pi}{T}$，则(1)式可以写成

$$x=a\cos\omega t. \tag{2}$$

运用物理知识和数学知识，我们可以证明上述猜测是对的，即小球的位移 x 与时间 t 的函数关系的确如(1)式或(2)式所示，其中 T 是小球做一次往复运动所需的时间，称为周期. 令

$$f=\frac{1}{T}. \tag{3}$$

f 表示单位时间内小球做往复运动的次数，称 f 是频率. 由于 $\omega=\frac{2\pi}{T}=2\pi f$，因此称 ω 是圆频率（或者角频率）.(1)式或(2)式中的 a 是小球离开平衡位置的最大距离，称它为振幅.

一般地，我们可以从小球运动过程中的某一时刻开始观察小球的运动，并且把观察的起始时间记为 $t=0$. 于是 $t=0$ 时小球的位移不一定等于 a，因此小球的位移 x 随时间 t 变化的规律为

$$x=a\cos(\omega t+\varphi_0). \tag{4}$$

其中 φ_0 称为初相位（或初相），它决定了小球的初始位置（即 $t=0$ 时小球的位置），也决定了小球的初速度（即 $t=0$ 时小球运动的速度）. 通常约定 $-\pi\leqslant\varphi_0\leqslant\pi$.

如果一个物体在平衡位置附近做往返运动，并且其位移（或角位移）随时间 t 变化的规律如(4)式所示，则称这样的运动是简谐振动.

简谐振动是典型的周期性运动，一般的周期性运动可以表示成一系列简谐振动之和.

示范

例1 一个物体的位移 x 随时间 t 变化的规律为

$$x=-3\sin\left(\pi t+\frac{\pi}{4}\right). \tag{5}$$

求物体运动的周期、振幅和初相位.

解 先将(5)式化成(4)式的形式. 因为 $\cos\left(\frac{\pi}{2}+\alpha\right)=-\sin\alpha$，所以(5)式可以写成

$$x=3\cos\left(\pi t+\frac{\pi}{4}+\frac{\pi}{2}\right),$$

即

$$x=3\cos\left(\pi t+\frac{3\pi}{4}\right). \tag{6}$$

从(6)式可以看出，物体运动的振幅是 3，周期是 $\frac{2\pi}{\pi}=2$，初相位是 $\frac{3\pi}{4}$.

背景

学校、家庭、工厂用的电流都是交流电,它的大小和方向都随时间而变化.最简单的一种交流电,它的电流强度 I 随时间 t 变化的规律为

$$I = I_m \sin(\omega t + \varphi_0),\qquad(7)$$

其中,I_m 是电流强度的最大值,称为幅值(或峰值);ω 称为圆频率(或角频率),它表示电流变化的快慢,其单位是"弧度/秒";φ_0 称为初相位(或初位相或初相),$\omega t + \varphi_0$ 称为 t 时刻的相位(或位相).这样的交流电称为简谐交流电.

 观察

图 5-41 中画出了两种简谐交流电的电流强度 I 在一个周期里随时间 t 变化的图像,其中横轴表示 ωt.

根据图 5-41,回答下列问题:

(1) I_1 与 I_2 的幅值各为多少?

(2) I_1 与 I_2 的周期相等吗?是多少?

(3) I_1 与 I_2 中,哪个先达到最大值?

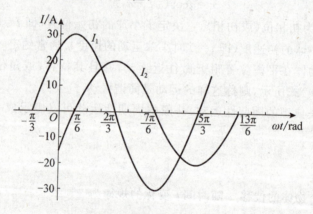

图 5-41

分析

(1) 从图 5-41 中可以看出,I_1 的幅值为 30 A,I_2 的幅值为 20 A.

(2) 横轴代表 ωt.从图中看出,ωt 每增加(或减少)2π,I_1 与 I_2 的函数值都不变,因此 I_1 与 I_2 的周期相同,都等于 $\dfrac{2\pi}{\omega}$.

(3) 当 $\omega t = \dfrac{\pi}{6}$ 时,I_1 达到最大值;当 $\omega t = \dfrac{2\pi}{3}$ 时,I_2 达到最大值,因此 I_1 先达到最大值.

从图 5-42 中还可以看出，I_1 的初相位是 $\dfrac{\pi}{3}$，I_2 的初相位是 $-\dfrac{\pi}{6}$，因此 I_1 与 I_2 的初相位差是

$$\dfrac{\pi}{3}-\left(-\dfrac{\pi}{6}\right)=\dfrac{\pi}{2}.$$

从而 I_1 与 I_2 在 t 时刻的相位差也是 $\dfrac{\pi}{2}$. 我们称 I_1 比 I_2 的相位超前 $\dfrac{\pi}{2}$.

根据以上的分析，可以看出 I_1 与 I_2 的解析表达式如下：

$$I_1=30\sin\left(\omega t+\dfrac{\pi}{3}\right). \tag{8}$$

$$I_2=20\sin\left(\omega t-\dfrac{\pi}{6}\right). \tag{9}$$

交流电完成一次周期性变化所需的时间称为周期，用 T 表示，其单位是秒. 从 (7) 式看出，$T=\dfrac{2\pi}{\omega}$. 单位时间内交流电完成周期性变化的次数称为频率，用 f 表示，其单位是赫兹，记作 Hz. 显然，$f=\dfrac{1}{T}$，从而 $\omega=2\pi f$.

例 2 试求 $f=50$ Hz 的简谐交流电的周期和圆频率.

解 周期 T 为

$$T=\dfrac{1}{f}=\dfrac{1}{50}=0.02(\text{s}).$$

圆频率 ω 为

$$\omega=2\pi f=100\pi(\text{rad/s}).$$

① 简谐交流电的电压 U 随时间 t 变化的规律为

$$U=U_m\sin(\omega t+\varphi_0),$$

其中，U_m 是电压的最大值，称为幅值（或峰值）.

② 从简谐交流电的位移随时间变化的规律，简谐交流电的电流强度随时间变化的规律，以及电压随时间变化的规律看出，它们都遵循余弦型函数或正弦型函数的规律. 从中可体会到抽象的三角函数能应用到许多实际问题中.

在电学、光学、声学中，应用同频率的正弦量（即形如 $y=A\sin(\omega x+\varphi)$ 的量）进行的求和运算，称为同频率正弦量的合成.

例 3 设 $i_1=I_{m_1}\sin(\omega t+\varphi_1)$，$i_2=I_{m_2}\sin(\omega t+\varphi_2)$，求 $i=i_1+i_2$.

解 $i=i_1+i_2=I_{m_1}\sin(\omega t+\varphi_1)+I_{m_2}\sin(\omega t+\varphi_2)$

$=I_{m_1}(\sin\omega t\cos\varphi_1+\cos\omega t\sin\varphi_1)+I_{m_2}(\sin\omega t\cos\varphi_2+\cos\omega t\sin\varphi_2)$

$=(I_{m_1}\cos\varphi_1+I_{m_2}\cos\varphi_2)\sin\omega t+(I_{m_1}\sin\varphi_1+I_{m_2}\sin\varphi_2)\cos\omega t,$

若令 $I_m=\sqrt{a^2+b^2}=\sqrt{(I_{m_1}\cos\varphi_1+I_{m_2}\cos\varphi_2)^2+(I_{m_1}\sin\varphi_1+I_{m_2}\sin\varphi_2)^2}$

$=\sqrt{I_{m_1}^2+I_{m_2}^2+2I_{m_1}I_{m_2}\cos(\varphi_1-\varphi_2)}$

得到 $i=I_m\left(\dfrac{I_{m_1}\cos\varphi_1+I_{m_2}\cos\varphi_2}{I_m}\cdot\sin\omega t+\dfrac{I_{m_1}\sin\varphi_1+I_{m_2}\sin\varphi_2}{I_m}\cos\omega t\right).$

并令 $\cos\varphi=\dfrac{I_{m_1}\cos\varphi_1+I_{m_2}\cos\varphi_2}{I_m},\sin\varphi=\dfrac{I_{m_1}\sin\varphi_1+I_{m_2}\sin\varphi_2}{I_m}$

则 $i=i_1+i_2=I_{m_1}\sin(\omega t+\varphi_1)+I_{m_2}\sin(\omega t+\varphi_2)$

$=I_m(\sin\omega t\cos\varphi+\cos\omega t\sin\varphi)=I_m\sin(\omega t+\varphi).$

评注

这就证明了电学中的一个重要结论:两个同频率的正弦波的合成仍是正弦波,其频率不变,只是最大值和初相与原来不同.

例 4 已知三相对称交流电的电压分别为:

$u_1=U_m\sin\omega t, u_2=U_m\sin(\omega t-\dfrac{2\pi}{3}), u_3=U_m\sin(\omega t+\dfrac{2\pi}{3}),$

求证: $u_1+u_2+u_3=0.$

证明 $u_1+u_2+u_3=U_m[\sin\omega t+\sin(\omega t-\dfrac{2\pi}{3})+\sin(\omega t+\dfrac{2\pi}{3})]$

$=U_m(\sin\omega t+\sin\omega t\cos\dfrac{2\pi}{3}-\cos\omega t\sin\dfrac{2\pi}{3}+\sin\omega t\cos\dfrac{2\pi}{3}+\cos\omega t\sin\dfrac{2\pi}{3})$

$=U_m(\sin\omega t+2\sin\omega t\cos\dfrac{2\pi}{3})$

$=U_m(\sin\omega t-\sin\omega t)=0,$

所以 $u_1+u_2+u_3=0.$

评注

这个例子所证明的结果,是电学中的一个重要结论.

练习

1. 设某质点的位移 x 随时间 t 变化的规律为

$$x=-3\sin(2t+\dfrac{\pi}{3}),$$

求振幅、周期和初相位.

2. 试求 $f=40$ Hz 简谐交流电的周期和圆频率.

3. 已知两种简谐交流电的电流强度 I 随时间 t 变化的规律分别为:
$$I_1 = 30\sin\omega t,$$
$$I_2 = 20\sin(\omega t + \frac{\pi}{6}),$$

分别求它们的幅值、周期、初相位以及它们的相位差.

4. 弹簧挂着的小球做上下振动,它在 t 秒时相对于平衡位置(就是静止时的位置)的高度 h 厘米由下列关系决定:
$$h = 2\sin(t + \frac{\pi}{4}).$$

以 t 为横坐标,h 为纵坐标,作出这个函数在长度为一个周期的闭区间上的图像,并且回答下列问题:

(1) 小球在开始振动时(即 $t=0$ 时)的位置在哪里?
(2) 小球的最高点和最低点与平衡位置的距离分别是多少?
(3) 小球往复振动一次(周期)经过多长时间?
(4) 每秒钟小球能往复振动多少次(频率)?

5. 已知三个电流瞬时值的函数式分别是
$$I_1 = 8\sin\omega t, I_2 = 12\sin(\omega t - 45°), I_3 = 10\sin(\omega t + 30°),$$
求合成的正弦波 $I = I_1 + I_2 + I_3$ 的函数式.

5.13 解三角形

一个三角形有三条边和三个角,称之为六个元素. 只要知道了其中的三个元素(至少有一个元素是边),就可以求出其余的三个元素,这叫做解三角形. 研究任意角三角函数的目的之一,就是解任意三角形. 在初中,我们学过直角三角形的解法,下面我们要学习正弦定理和余弦定理,学习解斜三角形的方法.

正弦定理 在任意三角形中,各边与它所对角的正弦之比相等,即

$$\frac{a}{\sin A} = \frac{b}{\sin B} = \frac{c}{\sin C}. \tag{1}$$

我们分三种情况来证明该定理.

(1) 当三角形为钝角三角形时:

图 5-42 中的钝角三角形 ABC,其中 $\angle C$ 是钝角. 从点 C 作 $CD \perp AB$,垂足为 D,把 $|CD|$ 记作 d. 从点 B 作 AC 的垂线,与边 AC 的延长线交于点 E,把 $|BE|$ 记作 e.

由于△ADC和△CDB都是直角三角形,

因此
$$\sin A = \frac{d}{b}, \sin B = \frac{d}{a}.$$

由此得出
$$b\sin A = d = a\sin B.$$

从而
$$\frac{a}{\sin A} = \frac{b}{\sin B}. \tag{2}$$

由于△AEB与△CEB都是直角三角形,

因此
$$\sin A = \frac{e}{c}, \sin(\pi - C) = \frac{e}{a}.$$

由此得出
$$c\sin A = e = a\sin(\pi - C) = a\sin C.$$

从而
$$\frac{a}{\sin A} = \frac{c}{\sin C}. \tag{3}$$

从(2)式和(3)式得
$$\frac{a}{\sin A} = \frac{b}{\sin B} = \frac{c}{\sin C}. \tag{4}$$

(2)当△ABC为锐角三角形时,也可同理求出(4)式.

(3)当△ABC为直角三角形时,如图 5-43 所示,显然 $\sin A = \frac{a}{c}, \sin B = \frac{b}{c}$,

即
$$\frac{a}{\sin A} = \frac{b}{\sin B} = c \tag{5}$$

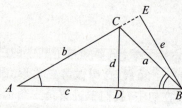

图 5-42   图 5-43

而∠C=90°,得 $\sin C = \sin 90° = 1$,则(5)式可化为
$$\frac{a}{\sin A} = \frac{b}{\sin B} = \frac{c}{\sin C}.$$

所以,由(1)(2)(3)三种情况综合可得出结论:在任意一个△ABC中,都有各边和它所对的角的正弦的比值相等.

 评注

①从上述分析过程还可以得出△ABC的面积S为
$$S = \frac{1}{2}bc\sin A = \frac{1}{2}ca\sin B = \frac{1}{2}ab\sin C. \tag{6}$$

即:任意三角形的面积等于它的两条边长与其夹角的正弦的乘积的一半.

公式推导:如图 5-42 所示,因为

$$S=\frac{1}{2}cd=\frac{1}{2}cb\sin A=\frac{1}{2}ca\sin B, S=\frac{1}{2}be=\frac{1}{2}ba\sin C.$$

即 $S=\frac{1}{2}bc\sin A=\frac{1}{2}ca\sin B=\frac{1}{2}ab\sin C.$

② 利用正弦定理解三角形,主要适用于以下两种情形:

(1)已知两角与一边,求其余两边与第三个角;

(2)已知两边与其中一边的对角,求其余两角与第三条边.

  记一记

(1)正弦定理:$\dfrac{a}{\sin A}=\dfrac{b}{\sin B}=\dfrac{c}{\sin C}.$

(2)三角形的面积公式:$S=\dfrac{1}{2}bc\sin A=\dfrac{1}{2}ca\sin B=\dfrac{1}{2}ab\sin C.$

  示范

例1 在△ABC中,已知 $a=5, A=30°, C=65°$,求 B,b,c.

解 $B=180°-A-C=180°-30°-65°=85°$,

由正弦定理 $\dfrac{a}{\sin A}=\dfrac{b}{\sin B},$ 即 $\dfrac{5}{\sin 30°}=\dfrac{b}{\sin 85°},$

得 $b=\dfrac{a\sin B}{\sin A}=\dfrac{5\sin 85°}{\sin 30°}=9.962,$

同理 $c=\dfrac{a\sin C}{\sin A}=\dfrac{5\sin 65°}{\sin 30°}=9.063.$

例2 在△ABC中,已知 $b=10, c=6, B=60°$,求 C.

解 因为 $\dfrac{b}{\sin B}=\dfrac{c}{\sin C},$ 所以 $\sin C=\dfrac{c\sin B}{b}=\dfrac{6\sin 60°}{10}=0.5196.$

由于 $\sin 31°18'=0.5196, \sin(180°-31°18')=\sin 148°42'=0.5196,$ 但是 $148°42'+60°>180°$,舍去.

所以 $C=31°18'.$

例3 在△ABC中,已知 $b=4, B=30°, C=45°$,求 $S_{\triangle ABC}$.

解 $A=180°-B-C=180°-30°-45°=105°$,

由正弦定理 $\dfrac{a}{\sin A}=\dfrac{b}{\sin B},$ 即 $\dfrac{a}{\sin 105°}=\dfrac{4}{\sin 30°},$

得 $a=\dfrac{4\sin 105°}{\sin 30°}=\dfrac{4\sin(45°+60°)}{\sin 30°}=8\left(\dfrac{\sqrt{2}}{2}\cdot\dfrac{1}{2}+\dfrac{\sqrt{2}}{2}\cdot\dfrac{\sqrt{3}}{2}\right)=2(\sqrt{6}+\sqrt{2}),$

所以 $S_{\triangle ABC}=\dfrac{1}{2}ab\sin C=\dfrac{1}{2}\times 2(\sqrt{6}+\sqrt{2})\times 4\times\dfrac{\sqrt{2}}{2}=4\sqrt{3}+4.$

  练一练

1. 在△ABC中,已知 $B=45°, C=75°, a=6$,求 A, b, c.

2. 在 $\triangle ABC$ 中,已知 $C=45°$, $a=4\sqrt{3}$, $c=4\sqrt{2}$, 求 A, B, b.

论证

余弦定理:三角形任一边长的平方等于其他两边长的平方和减去这两边长与它们夹角的余弦的乘积的两倍. 这个结论称为余弦定理. 即

$$a^2 = b^2 + c^2 - 2bc\cos A, \tag{7}$$

$$b^2 = c^2 + a^2 - 2ca\cos B, \tag{8}$$

$$c^2 = a^2 + b^2 - 2ba\cos C. \tag{9}$$

分析

解直角三角形常用的方法是勾股定理. 利用勾股定理,在钝角三角形或锐角三角形中能得到边与角之间的什么样的关系式呢?

下面分三种情形讨论. 根据勾股定理先来证明: $c^2 = a^2 + b^2 - 2ba\cos C$.

(1) 如图 5-44 所示,在钝角 $\triangle ABC$ 中,设 $\angle C$ 为钝角,过点 B 作 $BE \perp AC$,交 AC 的延长线于点 E.

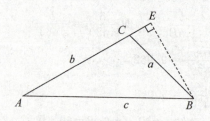

图 5-44

在 $\text{Rt}\triangle BEC$ 中, $CE = BC \cdot \cos(\pi - C) = -BC \cdot \cos C = -a\cos C$.

$$BE^2 = a^2 - CE^2 = a^2 - a^2\cos^2 C. \tag{10}$$

在 $\text{Rt}\triangle BEA$ 中,

$$\begin{aligned}BE^2 &= c^2 - (b+CE)^2 = c^2 - b^2 - 2b \cdot CE - CE^2 \\ &= c^2 - b^2 - 2b \cdot (-a\cos C) - (-a\cos C)^2 \\ &= c^2 - b^2 + 2ab\cos C - a^2\cos^2 C. \end{aligned} \tag{11}$$

由(10)式和(11)式得到, $a^2 - a^2\cos^2 C = c^2 - b^2 + 2ab\cos C - a^2\cos^2 C$,

即 $\qquad c^2 = a^2 + b^2 - 2ba\cos C.$

(2) 如图 5-45 所示,在锐角 $\triangle ABC$ 中,设 $\angle C$ 为锐角,过点 A 作 $AE \perp BC$. 在 $\text{Rt}\triangle AEC$ 中, $CE = b \cdot \cos C$.

$$AE^2 = b^2 - CE^2 = b^2 - b^2\cos^2 C. \tag{12}$$

在 $\text{Rt}\triangle BEA$ 中, $BE = a - CE = a - b \cdot \cos C$.

$$\begin{aligned}AE^2 &= c^2 - BE^2 = c^2 - (a - b\cos C)^2 \\ &= c^2 - a^2 + 2ab\cos C - b^2\cos^2 C \end{aligned} \tag{13}$$

由(12)式和(13)式得到,$b^2-b^2\cos^2C=c^2-a^2+2ab\cos C-b^2\cos^2C$,
即 $c^2=a^2+b^2-2ba\cos C$.

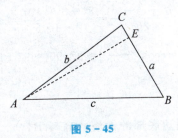

图 5 – 45

(3)如图 5 – 44,在 Rt△ABC 中,
设∠C 为直角,则 $\cos C=\cos 90°=0$,
所以 $c^2=a^2+b^2-2ba\cos C$.
同理可证:$a^2=b^2+c^2-2bc\cos A$,$b^2=c^2+a^2-2ca\cos B$.

 评注

①勾股定理是余弦定理的特例.
②利用余弦定理解三角形,主要适用于以下两种情形:
a. 已知两边及其夹角,求第三条边以及其余两角;
b. 已知三边,求角.

 记一记

余弦定理:$a^2=b^2+c^2-2bc\cos A$;
$\qquad b^2=c^2+a^2-2ca\cos B$;
$\qquad c^2=a^2+b^2-2ba\cos C$.

注:这组公式可以类比勾股定理来记忆.

 示范

例 4 在△ABC 中,已知 $b=8,c=6,A=60°$,求 a,B.

解 $a^2=b^2+c^2-2bc\cos A$
$\qquad =8^2+6^2-2\cdot 8\cdot 6\cdot\cos 60°=52$.

因此 $a=\sqrt{52}=2\sqrt{13}$.

$$\cos B=\frac{a^2+c^2-b^2}{2ac}=\frac{52+36-64}{2\cdot 2\sqrt{13}\cdot 6}=\frac{\sqrt{13}}{13}.$$

用计算器可求出,$B=\arccos\dfrac{\sqrt{13}}{13}\approx 73.90°\approx 73°54'$.

例5 在 $\triangle ABC$ 中,已知 $a=10, b=8, c=5$,求这个三角形的最大角.

解 最大角是最长边 a 所对的角 A. 由余弦定理得

$$\cos A = \frac{b^2+c^2-a^2}{2bc} = \frac{8^2+5^2-10^2}{2 \cdot 8 \cdot 5} = -\frac{11}{80},$$

$$A = \arccos\left(-\frac{11}{80}\right) \approx 97.90° \approx 97°54'.$$

应用

例6 为了测量不能到达底部的铁塔的高 $|AB|$,可以在地面上引一条基线 CD,它和塔底在同一水平面上,且延长后不过塔底,如图 5-46 所示. 测得 $|CD|=40$ m, $\angle BCD=60°$, $\angle BDC=80°$,仰角 $\angle ADB=30°$,求 $|AB|$(精确到 0.1 m).

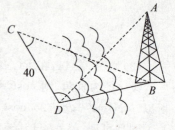

图 5-46

解 在 $\triangle DBC$ 中,用正弦定理得

$$|BD| = \frac{|CD| \cdot \sin\angle BCD}{\sin\angle DBC}$$

$$= \frac{40 \cdot \sin 60°}{\sin[180°-(60°+80°)]}$$

$$= \frac{40 \cdot \frac{\sqrt{3}}{2}}{\sin 40°} = \frac{20 \cdot \sqrt{3}}{\sin 40°} \approx 53.89.$$

在 $\text{Rt}\triangle ABD$ 中,

$$|AB| = |BD|\tan\angle ADB \approx 53.89 \times \tan 30° \approx 31.1 \text{(m)}.$$

答:铁塔的高约为 31.1 m.

例7 一艘轮船在大海中航行到达 A 处时,望见北偏东 $45°$ 方向有一座灯塔 B,此时船和灯塔相距 40 海里. 然后船沿北偏东 $30°$ 的方向航行到达 C 处,望见灯塔 B 在船的正东方向,如图 5-47 所示. 试问:C 处和灯塔 B 相距多远?(精确到 0.1 海里)

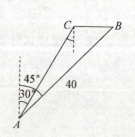

图 5-47

解 $\angle BAC = 45°-30° = 15°$,$\angle BCA = 90°+30° = 120°$. 在 $\triangle ABC$ 中,根据正弦定理得

$$|BC| = \frac{|AB|\sin\angle BAC}{\sin\angle BCA} = \frac{40 \cdot \sin 15°}{\sin 120°} \approx 11.95 \approx 12.0 \text{(海里)}.$$

答:C 处和灯塔 B 相距约 12.0 海里.

例8 两个力 F_1, F_2 作用于点 A,已知 F_1 的大小为 80 N,F_2 的大小为 50 N,F_1 和 F_2 的夹角为 $60°$,求 F_1 与 F_2 的合力 F 的大小(精确到 0.1 N)和方向(精确到 $1'$).

解 根据力的合成法可知,如果以 F_1 和 F_2 为邻边作一平行四边形 $ABCD$,则

对角线 AC 表示合力 $\boldsymbol{F}$,如图 5-48 所示.

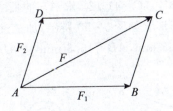

图 5-48

在 $\triangle ABC$ 中,运用余弦定理得
$$|AC|^2 = |AB|^2 + |BC|^2 - 2|AB||BC|\cos\angle ABC$$
$$= 80^2 + 50^2 - 2\times 80\times 50\times \cos 120° = 12\ 900.$$

于是 $|AC| = \sqrt{12\ 900} \approx 113.58$.

在 $\triangle ABC$ 中,由正弦定理得
$$\sin\angle BAC = \frac{|BC|\sin\angle ABC}{|AC|} = \frac{50\cdot \sin 120°}{113.58} \approx 0.381\ 2,$$

从而 $\angle BAC \approx \arcsin 0.381\ 2 \approx 22.41° \approx 22°25'$,

$\angle DAC \approx 60° - 22°25' = 37°35'$.

答:合力 $\boldsymbol{F}$ 的大小约为 113.6 N,$\boldsymbol{F}$ 与 $\boldsymbol{F}_1$ 的夹角约为 $22°25'$,$\boldsymbol{F}$ 与 $\boldsymbol{F}_2$ 的夹角约为 $37°35'$.

练习

1. 在 $\triangle ABC$ 中,已知 $A=60°$,$B=75°$,$c=3$,求 C,a,b.

2. 在 $\triangle ABC$ 中,已知 $a=2(\sqrt{6}-\sqrt{2})$,$b=4$,$A=30°$,求 B,C,c.

3. 在 $\triangle ABC$ 中,已知 $A=30°$,$a=4\sqrt{6}$,$b=4$,求 B,C,c.

4. 在 $\triangle ABC$ 中,已知 $a=4$,$b=5$,$C=60°$,求 $\triangle ABC$ 的面积.

5. 在 $\triangle ABC$ 中,已知 $a=4$,$B=135°$,$A=30°$,求 $\triangle ABC$ 的面积.

6. 在 $\triangle ABC$ 中,已知 $a=3$,$b=4$,$C=120°$,求 A,c.

7. 在 $\triangle ABC$ 中,已知 $a=8$,$c=4$,$B=45°$,求 b,C.

8. 在 $\triangle ABC$ 中,已知 $a=4$,$b=13$,$c=12$,求 $\triangle ABC$ 的最大角.

9. 在 $\triangle ABC$ 中,已知 $a=3$,$b=4$,$c=2$,求 A,B,C.

10. 在例 6 中,如果测得 $|CD|=50$ m,$\angle BCD=45°$,$\angle BDC=75°$,仰角 $\angle ADB=45°$,求铁塔 AB 的高(精确到 0.1 m).

11. 一艘轮船在海上 A 处测得灯塔 B 在北偏西 $30°$ 的方向上,以后该船沿北偏西 $75°$ 方向以每小时 20 海里的速度航行 1 小时到达 C 处,望见灯塔 B 在正北方向,求 C 处和灯塔 B 相距多远(精确到 0.1 海里)?

12. 如图 5-49 所示,为了在一条河上建一座桥,施工前在河两岸打上两个桥

桩 A 和 B. 要精确测量出 A,B 两点间的距离, 测量人员在岸边定出基线 BC, 测得 $BC=78.35$ m, $\angle B=69°43'$, $\angle C=41°12'$, 求 AB 的长. (精确到 1 cm)

13. 缝纫机上的挑线杆形状如图 5-50 所示, 加工过程中需要计算 A 和 C 两个孔的中心距. 已知 $BC=60.5$ mm, $AB=15.8$ mm, $\angle ABC=80°$, 求 AC 的长. (精确到 0.1 mm)

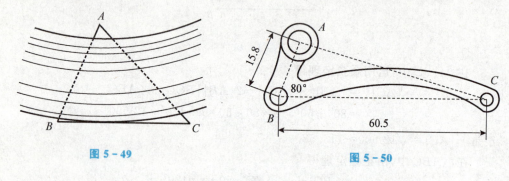

图 5-49　　　　　　　　　　图 5-50

本章小结

　　三角函数是研究周期性变化现象的有力工具. 本章的中心问题是讨论三角函数. 给出三角函数的概念, 介绍三角函数值的计算方法; 探讨三角函数的性质, 画出三角函数的图像, 利用图像根据已知三角函数值求指定区间内的角, 进而介绍反三角函数的概念; 给出两角和与差的正弦、余弦、正切公式及倍角公式; 介绍三角函数在简谐振动与简谐交流电中的应用; 给出正弦定理和余弦定理, 进而介绍解三角形的方法及其在工程技术测量中的应用.

一　三角函数的概念和计算

1. 任意角

任意角包括正角和负角以及零角.

2. 弧度制

(1) 1 弧度: 长度等于半径的圆弧所对的圆心角的大小.

(2) π 弧度 $=180°$.

(3) 采用弧度制后, 所有角组成的集合与实数集 **R** 之间有着一一对应的关系. 每个角对应于它的弧度数, 从而可以把所有角组成的集合与实数集同等看待.

3. 任意角的三角函数

$$\sin\alpha=\frac{y}{r},\ \cos\alpha=\frac{x}{r},\ \tan\alpha=\frac{y}{x},$$

其中, 当 $\alpha\notin\left\{\dfrac{\pi}{2}+k\pi\,|\,k\in\mathbf{Z}\right\}$ 时, $\tan\alpha$ 才有意义.

4. 同角三角函数的基本关系式

$$\sin^2\alpha + \cos^2\alpha = 1, \alpha \in \mathbf{R};$$

$$\tan\alpha = \frac{\sin\alpha}{\cos\alpha}, \alpha \notin \left\{\frac{\pi}{2}+k\pi \mid k \in \mathbf{Z}\right\}.$$

5. 常用的四组诱导公式

$\alpha+2k\pi$，$-\alpha$，$\pi+\alpha$，$\pi-\alpha$ 的三角函数和 α 的三角函数的关系.

公式记忆的诀窍是："函数名不变，正负看象限".

诱导公式的主要作用之一是把任意角的正弦、余弦、正切转化为锐角的正弦、余弦、正切，进而可查表求出相应的函数值. 有了计算器后，可以直接求出任意角的正弦、余弦、正切. 诱导公式还在研究三角函数的性质及已知三角函数值求指定区间内的角等方面起着重要的作用.

二 三角函数的性质和图像

(1)正弦函数 $y=\sin\alpha$、余弦函数 $y=\cos\alpha$、正切函数 $y=\tan\alpha$ 的主要性质以及在长度为一个周期的区间上的图像.

(2)正弦型函数 $y=A\sin(\omega x+\varphi)$，其中 $A>0, \omega>0$.

①把 A 称为振幅(或幅值)，ω 称为圆频率(或角频率)，φ 称为初相位(或初相).

②定义域是 $\mathbf{R}$；值域是 $[-A, A]$；有最大值 A，最小值 $-A$；最小正周期是 $\frac{2\pi}{\omega}$.

③可以用"五点法"画 $y=A\sin(\omega x+\varphi)$ 在长度为一个周期的区间上的图像.

(3)反正弦函数 $y=\arcsin x$：定义域 $[-1,1]$，值域 $\left[-\frac{\pi}{2}, \frac{\pi}{2}\right]$.

反余弦函数 $y=\arccos x$：定义域 $[-1,1]$，值域 $[0, \pi]$.

反正切函数 $y=\arctan x$：定义域 $\mathbf{R}$，值域 $\left(-\frac{\pi}{2}, \frac{\pi}{2}\right)$.

三 两角和与差的三角函数

1. 两角和与差的三角函数公式

$$\sin(\alpha \pm \beta) = \sin\alpha\cos\beta \pm \cos\alpha\sin\beta.$$

$$\cos(\alpha \pm \beta) = \cos\alpha\cos\beta \mp \sin\alpha\sin\beta.$$

$$\tan(\alpha \pm \beta) = \frac{\tan\alpha \pm \tan\beta}{1 \mp \tan\alpha \cdot \tan\beta}.$$

注：常用的两组公式：

(1) $\cos\left(\frac{\pi}{2}-\alpha\right) = \sin\alpha$， $\sin\left(\frac{\pi}{2}-\alpha\right) = \cos\alpha$.

(2) $\cos\left(\frac{\pi}{2}+\alpha\right) = -\sin\alpha$， $\sin\left(\frac{\pi}{2}+\alpha\right) = \cos\alpha$.

2. 二倍角的三角函数公式

(1) 二倍角公式：$\sin 2\alpha = 2\sin\alpha\cos\alpha$,

$$\cos 2\alpha = \cos^2\alpha - \sin^2\alpha$$
$$= 2\cos^2\alpha - 1$$
$$= 1 - 2\sin^2\alpha,$$
$$\tan 2\alpha = \frac{2\tan\alpha}{1-\tan^2\alpha}.$$

(2) 降幂公式：$\sin^2\alpha = \dfrac{1-\cos 2\alpha}{2}$, $\cos^2\alpha = \dfrac{1+\cos 2\alpha}{2}$.

四 三角函数的应用

1. 三角函数是研究周期性变化现象的有力工具.

(1) 简谐振动中，物体的位移 x 随时间 t 变化的规律为

$$x = a\cos(\omega t + \varphi_0), (a>0, \omega>0, -\pi \leqslant \varphi_0 \leqslant \pi)$$

(2) 简谐交流电的电流强度 I 随时间 t 变化的规律为

$$I = I_m\sin(\omega t + \varphi_0), (I_m>0, \omega>0, -\pi \leqslant \varphi_0 \leqslant \pi)$$

(3) 三角函数另一个重要应用是解三角形.

正弦定理：$\dfrac{a}{\sin A} = \dfrac{b}{\sin B} = \dfrac{c}{\sin C}.$

余弦定理：$a^2 = b^2 + c^2 - 2bc\cos A,$
$\qquad\qquad b^2 = c^2 + a^2 - 2ca\cos B,$
$\qquad\qquad c^2 = a^2 + b^2 - 2ba\cos C.$

三角形的面积公式：

$$S = \frac{1}{2}ab\sin C = \frac{1}{2}bc\sin A = \frac{1}{2}ca\sin B.$$

解三角形在测量、航行、几何、物理等许多实际问题中都很有用.

复习题五

1. 判断下列命题的真假.

(1) 点 $P(x,y)$ 在角 α 的终边上，则 $\sin\alpha = \dfrac{y}{\sqrt{x^2+y^2}}, \cos\alpha = \dfrac{x}{\sqrt{x^2+y^2}}.$

(2) $|\sin\alpha| + |\cos\alpha| \geqslant 1.$

(3) 对任意象限的角 α，$\tan\alpha$ 与 $\cot\alpha$ 的值的符号相同.

(4) $\cos(-\alpha-\pi) = -\cos(\alpha-\pi).$

(5) $\sin(-\alpha+\pi) = -\sin\alpha.$

(6) $\sin^2 \frac{x}{4} + \cos^2 \frac{x}{4} = \frac{1}{4}$.

(7) $\sin^2 50° + \cos^2 40° = 1$.

(8) $\cos 35° + \cos(-35°) = 0$.

(9) $\sin 35° + \sin(-35°) = 0$.

(10) $\cos 36° = \cos^2 18° - \sin^2 18°$.

(11) 函数 $y = \sin x + \cos x$ 的最大值是 2.

(12) arcsin$x$ 中 x 的取值可以大于 1.

(13) arctan$x$ 中 x 的取值范围是任意实数.

2. 填空.

(1) 与角 40° 终边相同的角的集合是_____.

(2) 与角 $-\frac{4}{7}\pi$ 终边相同的角的集合是_____.

(3) 填入">"或"<"号.

$\sin 350°$ _____ 0, $\sin 140°$ _____ 0, $\cos \frac{11}{6}\pi$ _____ 0,

$\cos \frac{\pi}{7}$ _____ 0, $\tan 240°$ _____ 0, $\cos(-\frac{1}{5}\pi)\sin \frac{2}{3}\pi$ _____ 0.

(4) 填入"奇"或"偶".

$y = 3x^2 + \cos x$ 是_____函数, $y = 4|\sin x|$ 是_____函数,

$y = -4\cos x$ 是_____函数, $y = x^2 \sin x$ 是_____函数.

3. 求下列各角的正弦、余弦、正切值.

$0, \frac{\pi}{2}, \pi, \frac{3\pi}{2}, 2\pi, -\frac{\pi}{2}, -\frac{3\pi}{2}, \pi, \frac{2\pi}{3}, -\frac{5\pi}{6}, \frac{4\pi}{3}, -\frac{3\pi}{4}, \frac{5\pi}{4}, -\frac{11\pi}{6}$.

4. 已知 $\sin \alpha = -\frac{12}{13}$,且 α 是第三象限的角,求 $\cos \alpha, \tan \alpha$.

5. 已知 $\tan \alpha = \frac{13}{5}$,且 α 是第一象限的角,求 $\cos \alpha, \sin \alpha$.

6. 已知 $\cos \alpha = -\frac{3}{5}$,且 α 是第二象限的角,求 $\sin \alpha$.

7. 求下列各三角函数值.

$\sin \frac{19\pi}{6}, \cos\left(-\frac{17\pi}{3}\right), \tan \frac{15\pi}{4}, \sin\left(-\frac{7\pi}{5}\right), \cos \frac{4\pi}{9}, \tan \frac{5\pi}{12}$,

$\sin(-225°), \cos 240°, \tan 315°, \sin(-129°), \cos 287°, \tan 69°$.

8. 比较下列各组值的大小.

(1) $\sin \frac{4\pi}{9}$ 与 $\sin \frac{5\pi}{9}$;   (2) $\sin\left(-\frac{3\pi}{7}\right)$ 与 $\sin\left(-\frac{\pi}{7}\right)$;

(3) $\cos \frac{4\pi}{7}$ 与 $\cos \frac{5\pi}{7}$;   (4) $\cos\left(-\frac{5\pi}{8}\right)$ 与 $\cos\left(-\frac{7\pi}{8}\right)$;

(5) $\tan \dfrac{2\pi}{11}$ 与 $\tan \dfrac{3\pi}{11}$;

(6) $\tan\left(-\dfrac{\pi}{13}\right)$ 与 $\tan\left(-\dfrac{2\pi}{13}\right)$.

9. 求下列函数的定义域.

(1) $y=4\sin\left(\dfrac{1}{3}x+\dfrac{\pi}{7}\right)$;

(2) $y=-4\cos\left(6x-\dfrac{\pi}{4}\right)$;

(3) $y=\tan 5x$;

(4) $y=\dfrac{7}{9}\tan\dfrac{1}{2}x$.

10. 作出下列函数在长度为一个周期的区间上的图像.

(1) $y=\sin 3x$;

(2) $y=\sin\left(\dfrac{1}{2}x-\dfrac{\pi}{4}\right)$;

(3) $y=4\sin\left(2x+\dfrac{\pi}{3}\right)$;

(4) $y=\dfrac{1}{3}\sin\left(\dfrac{1}{4}x+\dfrac{\pi}{6}\right)$.

11. 说出下列函数的最大值、最小值和最小正周期.

(1) $y=\sin\left(3x+\dfrac{\pi}{12}\right)$;

(2) $y=4\cos\left(\dfrac{1}{3}x-\dfrac{\pi}{6}\right)$.

12. 已知 $\sin\alpha$ 的值,在区间 $\left[-\dfrac{\pi}{2},\dfrac{\pi}{2}\right]$ 上,求角 α.

(1) $\sin\alpha=-\dfrac{\sqrt{3}}{2}$;

(2) $\sin\alpha=\dfrac{\sqrt{2}}{2}$;

(3) $\sin\alpha=\dfrac{1}{6}$;

(4) $\sin\alpha=-\dfrac{5}{9}$.

13. 已知 $\cos\alpha$ 的值,在区间 $[0,\pi]$ 上,求角 α.

(1) $\cos\alpha=\dfrac{1}{2}$;

(2) $\cos\alpha=-\dfrac{\sqrt{3}}{2}$;

(3) $\cos\alpha=\dfrac{2}{7}$;

(4) $\cos\alpha=-\dfrac{5}{6}$.

14. 求下列各角.

(1) $\arcsin\dfrac{1}{2}$;

(2) $\arcsin\left(-\dfrac{2}{5}\right)$;

(3) $\arccos\dfrac{1}{7}$;

(4) $\arccos\left(-\dfrac{5}{8}\right)$;

(5) $\arctan\left(-\dfrac{\sqrt{3}}{3}\right)$;

(6) $\arcsin\sqrt{3}$;

(7) $\arctan\dfrac{4}{13}$;

(8) $\arctan(-235)$.

15. 已知 $\tan\alpha$ 的值,在区间 $\left(-\dfrac{\pi}{2},\dfrac{\pi}{2}\right)$ 内,求角 α.

(1) $\tan\alpha=-\sqrt{3}$;

(2) $\tan\alpha=2.6$;

(3) $\tan\alpha=1$;

(4) $\tan\alpha=-5.4$.

16. 解方程.

(1) $\sin x = -\frac{\sqrt{2}}{2}$, $x \in [-\pi, \pi]$;

(2) $\cos x = \frac{1}{2}$, $x \in [-\pi, \pi]$;

(3) $\sin x = 1$, $x \in [0, 2\pi]$;

(4) $\tan x = -\frac{\sqrt{3}}{3}$, $x \in (-\frac{\pi}{2}, \frac{\pi}{2})$.

17. 不用计算器,求下列各式的值.

(1) $\sin 105°$; (2) $\cos(-15°)$;

(3) $\sin(-\frac{\pi}{8})$; (4) $\cos\frac{3\pi}{8}$;

(5) $\sin 10° \cos 50° + \cos 10° \sin 50°$;

(6) $\cos 55° \cos 10° + \sin 55° \sin 10°$;

(7) $\sin 130° \cos 70° - \cos 130° \sin 70°$;

(8) $\cos 40° \cos 80° - \sin 40° \sin 80°$;

(9) $\tan 75°$; (10) $\tan(-\frac{7\pi}{12})$;

(11) $\frac{\tan 85° + \tan 65°}{1 - \tan 85° \tan 65°}$; (12) $\frac{1 - \tan 15°}{1 + \tan 15°}$;

(13) $2\sin\frac{\pi}{12}\cos\frac{\pi}{12}$; (14) $1 + 2\sin^2\frac{\pi}{8}$.

18. 已知 $\sin\alpha = -\frac{4}{5}$, $\alpha \in \left(\frac{3\pi}{2}, 2\pi\right)$, $\cos\beta = \frac{12}{13}$, $\beta \in \left(0, \frac{\pi}{2}\right)$, 求 $\sin(\alpha+\beta), \sin(\alpha-\beta), \cos(\alpha+\beta), \cos(\alpha-\beta), \tan(\alpha+\beta), \tan(\alpha-\beta)$ 的值.

19. 求下列函数的最小正周期、最大值和最小值.

(1) $y = 2(\sin x - \cos x)$; (2) $y = \sqrt{3}\sin x + \cos x$.

20. 已知 $\cos\alpha = -\frac{3}{5}$, $\alpha \in (\frac{\pi}{2}, \pi)$, 求 $\sin 2\alpha, \cos 2\alpha, \tan 2\alpha$ 的值.

21. 已知 $\cos\alpha = \frac{5}{13}$, $\alpha \in \left(\frac{3\pi}{2}, 2\pi\right)$, 求 $\sin\frac{\alpha}{2}, \cos\frac{\alpha}{2}, \tan\frac{\alpha}{2}$ 的值.

22. 证明下列恒等式.

(1) $\cos^2 x = \frac{1 + \cos 2x}{2}$;

(2) $\cos^4 x - \sin^4 x = \cos 2x$;

(3) $(\cos 2x - \sin 2x)^2 = 1 - \sin 4x$.

23. 设质点作简谐振动,其振幅为5,圆频率为 $\frac{1}{3}$,初相位为 $-\frac{\pi}{4}$,写出这个质点的位移 x 与时间 t 的函数关系的解析式.

24. 已知某简谐交流电的电流强度 I 的幅值为 75 A，频率 $f=50$ Hz，初相位为 $-\dfrac{\pi}{3}$，写出 I 与时间 t 的函数关系的解析式.

25. 在 $\triangle ABC$ 中，已知 $A=30°, B=45°, a=20$，求 b, c.

26. 在 $\triangle ABC$ 中，已知 $b=16, c=16\sqrt{3}, B=60°$，求 C, A, a.

27. 在 $\triangle ABC$ 中，已知 $a=20, b=10, C=45°$，求 c, A.

28. 在 $\triangle ABC$ 中，已知 $a=8, b=4, c=9$，求这个三角形的最大角.

29. 一艘轮船在海上 A 处测得灯塔 B 在北偏东 $60°$ 的方向上，以后该船沿北偏东 $45°$ 的方向以每小时 24 海里的速度航行半小时到 C 处，望见灯塔 B 在正东方向. 求 C 处到灯塔 B 的距离（精确到 0.1 海里）.

30. 如图 5-51 所示，弹簧挂着的小球做上下振动，时间 $t(\text{s})$ 与小球相对于平衡位置（即静止的位置）的高度 $h(\text{cm})$ 之间的函数关系式是 $h=2\sin\left(t+\dfrac{\pi}{4}\right)$，画出这个函数在长度为一个周期的闭区间上的简图，并回答如下问题：

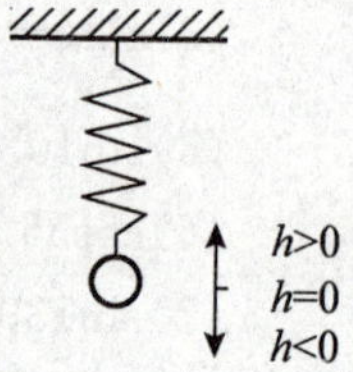

(1) 小球开始振动 ($t=0$) 时的位置在哪里？
(2) 小球的最高、最低点与平衡位置的距离分别是多少？
(3) 经过多少时间小球往复振动一次（即周期是多少）？
(4) 小球在 1 s 能往复振动多少次？

图 5-51

阅读材料一

矩形波函数

试一试

一种电气设备的电闸每接通 1 分钟后就断开 1 分钟，如此循环往复. 当电闸接通时用数 1 表示，断开时用数 0 表示. 于是电闸的状态是时间的函数，记作 $y=f(x)$. 设 $0 \leqslant x < 1$ 时，电闸接通.

(1) 你能画出 $y=f(x)$ 的图像吗？
(2) 你能写出 $y=f(x)$ 的解析式吗？

分析

(1) $y=f(x)$ 的图像如图 5-52 所示.

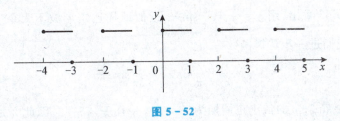

图 5-52

(2) $y=f(x)$ 的解析式如下.

$$f(x)=\begin{cases} \vdots \\ 0, & -3\leqslant x<-2, \\ 1, & -2\leqslant x<-1, \\ 0, & -1\leqslant x<0, \\ 1, & 0\leqslant x<1, \\ 0, & 1\leqslant x<2, \\ 1, & 2\leqslant x<3, \\ \vdots \end{cases}$$

通常把图 5-53 所示的函数 $y=f(x)$ 称为矩形波.

从上面看到,矩形波 $y=f(x)$ 的解析式比较复杂,因此不便于研究它的性质. 能不能用一个解析式比较简单的函数来近似地描述矩形波呢?从图 5-53 看出, 矩形波是周期函数,它的最小正周期为 2. 因此自然会想到用正弦型函数来近似地 描述矩形波.

 探索

上面已指出,矩形波 $y=f(x)$ 的最小正周期为 2. 因此首先会想到函数 $y=\sin\pi x$,它的周期为 $\frac{2\pi}{\pi}=2$. 注意矩形波的函数值只有两个:0,1. 而 $y=\sin\pi x$ 的最小值为 -1,最大值为 1. 因此如果只用 $y=\sin\pi x$ 来描述矩形波是不合适的. 通过理论上的分析,我们选择函数

$$y=\frac{1}{2}+\frac{2}{\pi}\sin\pi x.$$

这里我们是运用傅里叶级数的理论来选择函数.

在同一个直角坐标系里画出 $y=\frac{1}{2}+\frac{2}{\pi}\sin\pi x$ 的图像与矩形波的图像,如图 5-53 所示.

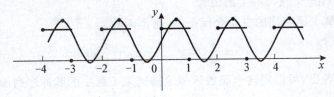

图 5-53

从图 5-53 看出,用 $y=\frac{1}{2}+\frac{2}{\pi}\sin\pi x$ 近似地描述矩形波不太令人满意. 通过理论分析,我们进一步选择函数

$$y=\frac{1}{2}+\frac{2}{\pi}\sin\pi x+\frac{2}{3\pi}\sin3\pi x.$$

由于 $y=\sin3\pi x$ 的最小正周期为 $\frac{2\pi}{3\pi}=\frac{2}{3}$,并且 $\frac{2}{3}\times 3=2$,因此 2 是 $y=\sin3\pi x$ 的周期. 又 $y=\sin\pi x$ 的最小正周期是 2. 因此 $y=\frac{1}{2}+\frac{2}{\pi}\sin\pi x+\frac{2}{3\pi}\sin3\pi x$ 的最小正周期是 2.

在同一个直角坐标系里画出 $y=\frac{1}{2}+\frac{2}{\pi}\sin\pi x+\frac{2}{3\pi}\sin3\pi x$ 的图像与矩形波的图像,如图 5-54 所示. 从图 5-54 可以看出,用 $y=\frac{1}{2}+\frac{2}{\pi}\sin\pi x+\frac{2}{3\pi}\sin3\pi x$ 近似地描述矩形波,其近似的程度比较好.

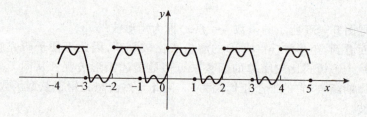

图 5-54

通过理论分析,我们还可以进一步选择函数

$$y=\frac{1}{2}+\frac{2}{\pi}\sin\pi x+\frac{2}{3\pi}\sin3\pi x+\frac{2}{5\pi}\sin5\pi x.$$

用它来描述矩形波,其近似程度更好.

试一试

1. 一个脉冲序列函数 $y=f(x)$ 的周期为 2π,它在 $[0,2\pi)$ 上的解析式为

$$f(x)=\begin{cases}1, & 0\leqslant x<\frac{\pi}{2}\\ 0, & \frac{\pi}{2}\leqslant x<2\pi\end{cases}.$$

画出 $y=f(x)$ 在 $[-2\pi,2\pi]$ 上的图像.

2. 在与第 1 题相同的直角坐标系里,画出函数

$$y=\frac{1}{4}+\frac{1}{\pi}\cos x+\frac{1}{\pi}\sin x+\frac{1}{\pi}\sin2x$$

的图像. 由此看出,可以用这个函数近似地描述第 1 题中的脉冲序列函数.

阅读材料二

人体节律与三角函数

20世纪初,一位德国内科医生威尔赫姆·弗里斯和一位奥地利心理学家赫尔曼·斯瓦波达,通过长期的临床观察,发现在病人的病症、情感以及行为的起伏中,存在着一个以23天为周期的体力盛衰以及以28天为周期的情绪波动.大约过了20年,奥地利因斯布鲁大学的阿尔弗累特·泰尔其尔,在研究了数百名高中和大学学生的考试成绩后,发现人的智力是以33天为波动周期的.从此,体力、情绪与智力盛衰起伏的周期性节奏便开始被揭示出来.体力、情绪和智力的变化,组成了一首协调、优美而又神秘的三重奏.科学家将这三重奏的"曲子"谱写在同一个坐标谱系内,绘制出了一幅优美的三条波浪形的曲线图.曲线处于中线以上的日子,称为生物节奏的"高潮期".体力周期曲线处在"高潮期",就会感到体力充沛,生机勃勃;情绪周期曲线处在"高潮期",就会表现出强烈的创造力,丰富的艺术感染力,心情愉快、达观;当智力周期曲线处在"高潮期"时,人的头脑灵敏,思维敏捷,记忆力强,更具有逻辑性和解决复杂问题的能力.相反,处于中线以下的那段日子,称为生物节奏的"低潮期".在这些日子里,人容易疲劳,做事拖拉,畏怯.在情绪方面往往表现为喜怒无常,烦躁,意志沮丧;在智力方面则出现注意力不易集中,健忘,判断力降低等.跨越中线的那段日子,称为"临界期",这是一个极不稳定的时期,身体正处于频繁的变化之中,或者说是处在过渡状态.在这段临界期中,极易出现差错,做事粗枝大叶,容易感染疾病,机体各方面的协调性能较差,容易发生事故等.

在20世纪初,随着斯沃博达的《从心理学和生物学意义上谈人类生命的周期》、《人的临界日》、费里斯的有关论文、佩尔纳的《节律、生命和创造》、泰尔其尔的学生成绩分析等论著的相继发表,体力、情绪、智力三节律逐渐被人们所认识、接受,在许多国家得到重视和推广,和生物钟理论结合成为重要的生理周期课题.

人体生物节律可分为高潮期、低潮期和临界日.高潮期是能量释放阶段,低潮期是能量蓄积补充阶段.在每一个运转周期中,总是由高潮转向低潮,再由低潮转向高潮.高潮期、低潮期相互过渡的交替日子,被称为临界日.

经过反复试验研究和统计资料分析,科学家们发现:人自出生日起,体力、情绪和智力三种节律就开始按照正弦规律变化.体力节律23天一周期,情绪节律28天一周期,智力节律33天一周期.人出生时三种节律都从临界点开始.

临界日又叫危险日,是研究人体生物节律中最关键的日子.虽然三种节律临界日只占总时间的20%,却发生60%的交通事故,70%的工伤和航空飞行事故.临界日前后的一天被称为近临界日,死亡于临界日和近临界日的病例在80%以上.病人体力处于临界日的,手术后感染并发症的接近三分之二,而且这结果在各历史时期和各国家地区都惊人的相近.

当人体节律处在临界日时,人体能量的释放和积累过程相互干扰,导致不稳定,此时节律似乎处于一种暂时性失调和不稳定状态,它们活动的方向出现了暂时性失常,变得紊乱而不规则.就和电灯被烧坏多数出在关灯或开灯的转换瞬间一样,临界日是至关重要也是最危险的.在临界日,人的机体状态特别不好,机体协调能力降低、健康水平、思维记忆都受到一定影响,效率低,情绪波动大.安排好临界日的工作和生活是必要的.我们研究分析生理周期的目的,是为了控制和协调自身,积极地对待内外环境,发挥出潜力.在临界日,要加强心理调整,小心警惕,防止发生意外和工作差错,回避一些重要事件.即使回避不开,也要牢记"今天是临界日",提前做好思想和精神准备,稳定身心,三思而后行,或预先让同伴稍加提醒.

但临界日并非都不好.有英雄行为的人,占88%的英雄行为是发生在其情绪节律临界日.英雄行为需要一个人不顾一切地去冒险,将自己的生命置于真正的危险之中.英雄行为实际上是非常规行为模式,冲动是对其最有效的激发.

左撇子的形成与受孕时母亲的情绪节律处于上升周期有关,所以左撇子比一般人要聪明.

孩子聪明与否,除了气候、环境、遗传因素,还和父母生物节律密切相关.当人的体力、情绪、智力处在高潮时,体内细胞组织正处在旺盛阶段,各方面都处于兴奋状态,表现出很强的协调能力和超常能力,此时受精会形成优良胚胎.夫妻双方体力节律同步而又处在高潮期受孕的,孩子的体格就健壮;夫妻双方智力同步而又处在高潮期受孕的,孩子的智商就高;夫妻双方情绪节律同步而又处在高潮期受孕的,孩子的性格会比较活泼开朗.从优生学角度,我们应该把受孕时间控制好,也就是说应该尽可能在夫妻双方两种或三种节律处在高潮期时受孕.

如何掌握最佳受孕时间呢?可先测出女方排卵日,一般是女方月经来潮后的第14、15天.在排卵日有4、5条节律线处在高潮期,就可以实行怀孕计划.

一般来说,因夫妻的生日不同,所以在节律上就会出现不同步现象.如果夫妻在同一节律中所处位置一样的话,那对于该节律即是同步的.如果体力、情绪、智力节律相差分别在3、4、5日之内,也属于基本同步,勉强可以实施优生计划.即使不同步,也要抓住高潮最多的日子受孕,这比不实行优生要好得多.

情绪节律影响着人的创造力和对事物的敏感性及理解能力,影响着人的感情及心理方面的机能.它在某种程度上影响着受孕和胎儿的性别.情绪节律是人体三种节律中最重要的节律,它不仅对人的情绪产生很大影响,而且在高潮时能够缓和体力或智力节律低潮、临界对人产生的不利影响.情绪和体力同处临界日所发生的事故,比智力和体力同处临界日发生的事故要多.情绪节律最容易感觉到,属于敏感节律.人们通常可以自己判断自身的情绪状态,比判断体力和智力状态方便、准确.一个人心情的好坏很容易察觉,而体力、智力不佳,一般情况下却不被注意.平时我们每个人常有这个感觉,一个时期情绪好,心情愉快,不论做什么事情都非常热情、有信心;一个时期心情不好,烦躁不安,性情暴躁,不论是对工作、对同事、对家人都很不耐烦.处在低潮时还常常想到不愉快的事情,易勾起灰色回忆.

智力节律不像情绪节律那样容易体察,在实际中往往被忽视.这可能因为它不直接涉及人类健康、生命和财产安全.智力节律运行到临界日,比处在低潮期的影响要大得多.

人体生物节律是人体自身的一种生命规律,但由于人的身体素质、年龄大小、文化知识、修养及接受的教育不同,以及一些内外因素的影响,这种生命规律在每个人身上的表现也有差别.有的人表现明显,有的人可能不明显.一般来说,知识面广、修养高的人,可自觉不自觉地进行心理调整,所以情绪节律对其影响就显得轻.环境、条件、所接触的人等外部因素的影响和刺激也很重要,它们往往是行为的助燃剂.如果在临界日遇到外部因素的刺激,内因、外因加起来,就很容易出事.外界刺激可加剧一个情绪处于临界点或低潮的人的情绪不稳,使暴躁的人更暴躁.反之,如果处于良好环境中,或者有良好的思想诱导,情绪处于临界日很可能会引发非凡举动,成就英雄.

尽管这一理论在生活中已被广泛运用,但对这一理论的研究,仍然是初步的.各种现象和作用,只是停留在经验型的研究上,很难用现代科学进行检验,也很难在实验室里用试验手段进行验证.

即使算出自己的节律也不用过于在意,该做什么还是得做什么,只需要稍加留心.人在不停的活动中或多或少会受到外界因素的刺激,这些刺激使节律的变化规律在自己的运行轨道上减弱或加强.

人要了解自身,必须借助各种参照系,通过各种方法和手段,学习或实践,时时反省自身.

早在1984年,国务院办公厅103号文件中已指出:"广州铁路局怀化分局将人体生物节律理论应用于安全生产,使事故大幅度下降."

在人体生物节律中,最重要也是人们最关心的指标就是测算日的性质判断,即定性地判断人是处在临界日还是高潮期、低潮期.当然,可以进一步细分,把临界日的前后一天作为近临界日,把出现高潮期的最高点那一天作为峰点,出现低潮期最低点的那一天作为谷点.但仅仅是定性指标还是不够的,不少人都需要具体的状态数值作为适当补充.具体状态数值是指在特定时间点上被试者各节律的确切数值.图 5-55 中,以绝对值 100% 作为周期的波幅,即 100% 是节律的最高点,0% 是最低点,50% 为临界点,每一天的状态都是在 0%~100%.

节律从来都不是机械的,现在所采用的正弦计算方法仅仅是简单、抽象的模拟,起到的是化繁为简的作用,必然存在相当的误差.至于周期的作用和影响,会随着人的生理心理状况以及其他意外事件的干扰出现明显差别,而且在诸多因素中,压力和疲劳程度、健康状况、饮食作息及自我调整能力等的影响最大.人的总体表现总是多种影响因素的效用叠加,人体生物钟不过是这些因素中的一种,所以不要指望人体生物节律会起太大的作用,我们关注它只是为了更好地引导我们的生活,这也是我们一直提倡的智慧生存之道.

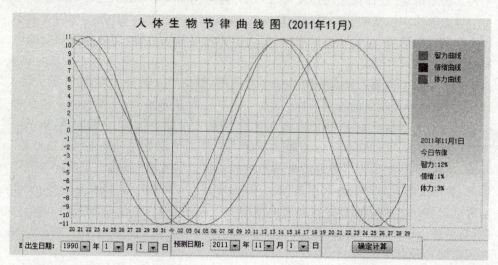

图 5－55

第六章 数 列

在自然界和日常生活中,我们经常会遇到按照一定次序排成的一列数,我们称这样的一列数为数列.一个数列中的各个数之间有什么内在规律?这些规律在实际生活中有哪些应用?本章就来讨论这些问题.

根据这幅图,你能写一个数列出来吗?

一 数 列

6.1 数列的概念

观察

(1) 图 6-1 是一种叫做塞尔平斯基地毯的示意图:

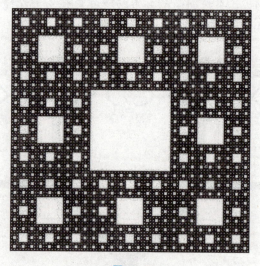

图 6-1

首先找到一块正方形的地毯,然后把每条边分成三等分,于是原正方形便分成九个小正方块,去掉中央的一个,剩下八个. 接着对这八个小正方块的每一个重复刚才的做法. 依这样的方法无限做下去,最后剩下的图形就被称为塞尔平斯基地毯,如图 6-2 所示.

图 6-2

在塞尔平斯基地毯的构造过程中,每次剩下的小正方块的总数依次是:
$8, 8 \times 8, 8 \times 8 \times 8, 8 \times 8 \times 8 \times 8, 8 \times 8 \times 8 \times 8 \times 8, \cdots$

同理,对一个正方体做上述的构造,最后剩下来的图形就称为孟格尔海绵,如图 6-3 所示,你可以试着描述一下制作的过程.

图 6 - 3

(2)1202年,意大利人斐波那契描述兔子繁衍的问题时用了一列数:

1,1,2,3,5,8,13,21,34,55,89,144,233,377

并做了以下假设:

- 第一个月有一对刚诞生的兔子.
- 第二个月之后它们可以生育.
- 每月每对可生育的兔子会诞生下一对新兔子.
- 兔子永不死去.

用图 6 - 4 来表示就是:

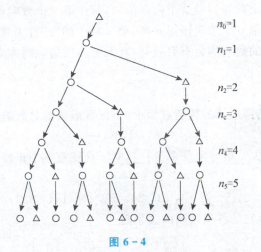

图 6 - 4

以斐波那契数为边的正方形拼成的长方形如图 6 - 5 所示,这是斐波那契数列的几何意义.

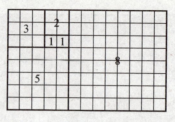

图 6-5

(3)一位数学家曾说过:你如果能将一张报纸对折 38 次,我就能顺着它在今晚爬上月球.再如:"一尺之棰,日取其半,万世不竭."这些实例让我们分别看到数列:

$1, 2, 4, 8, \cdots, 2^{38}, \cdots$

$\dfrac{1}{2}, \dfrac{1}{4}, \dfrac{1}{8}, \cdots, \dfrac{1}{2^n}, \cdots$

这些数列中包含了怎样的数学问题?

古代《孙子算经》中有这样一个有趣的题目——"出门望九堤":今有出门望九堤,堤有九木,木有九枝,枝有九巢,巢有九禽,禽有九雏,雏有九毛,毛有九色,问各几何?

看了以上的例子,你觉得数列是不是很有趣?

 抽象

按照一定次序排成的一列数,称为数列.

数列中的每一个数都叫做这个数列的项,其中第 1 个数叫做第 1 项,第 2 个数叫做第 2 项,……,第 n 个数叫做第 n 项,第 n 项中的"n"称为该项的序号.

只有有限多项的数列称为有穷数列,有无穷多项的数列称为无穷数列.

 动脑筋

(1)在塞尔平斯基地毯的构造过程中,小正方形块的总数组成的数列为:

$$8, 8^2, 8^3, 8^4, \cdots$$

它的第 100 项是多少?第 n 项是多少?其中 n 是任意一个正整数.

(2)数列:

$$1, 1, 2, 3, 5, 8, 13, 21, 34, 55, 89, 144, 233, 377, \cdots$$

称为斐波那契数列.它的各项之间的关系是

$$a_n = \dfrac{\sqrt{5}}{5} \cdot \left[\left(\dfrac{1+\sqrt{5}}{2} \right)^n - \left(\dfrac{1-\sqrt{5}}{2} \right)^n \right]$$

你能不能验证一下?

分析

(1)在塞尔平斯基地毯的构造过程中,小正方块的总数组成的数列的第100项是 8^{100},第 n 项是 8^n,$n \in \mathbf{N}^*$.

一个数列的第 n 项记作 $a_n (n \in \mathbf{N}^*)$. 如果一个数列的第 n 项 a_n 能用 n 的一个表达式来表示,则称这个表达式为这个数列的通项公式.

例如,在塞尔平斯基地毯的构造过程中,小正方块的总数组成的数列的通项公式是

$$a_n = 8^n.$$

如果知道了一个数列的通项公式,我们就可以求出这个数列的任何一项.

今后,我们把第 n 项为 a_n 的数列简记作 $\{a_n\}$.

(3)斐波那契数列的各项之间也有如下关系:

$1+1=2, 1+2=3, 2+3=5, 3+5=8, 5+8=13, 8+13=21, 13+21=34, \cdots$

即从第3项起,每一项是它前面两项的和,如果用 b_n 表示斐波那契数列的第 n 项 $(n \in \mathbf{N}^*)$,则

$$b_{n+2} = b_{n+1} + b_n, n \in \mathbf{N}^* \text{ 且 } b_1 = 1, b_2 = 1.$$

像公式 $b_{n+2} = b_{n+1} + b_n, n \in \mathbf{N}^*$ 那样,如果一个数列的第 n 项 $(n \in \mathbf{N}^*)$ 能用它前面若干项的表达式来表示,则把这个公式称为这个数列的递归公式(或递推公式).

求出一个数列的通项公式或递归公式,是研究数列的主要任务之一.

示范

例1 已知下述数列的通项公式,分别求出它们的前4项:

(1) $a_n = 3n + 1$;   (2) $b_n = \dfrac{1}{n}$;

(3) $c_n = \dfrac{1}{2^n}$;   (4) $d_n = (-1)^n \dfrac{1}{n}$.

解

(1) $a_1 = 3 \times 1 + 1 = 4$, $a_2 = 3 \times 2 + 1 = 7$,

$a_3 = 3 \times 3 + 1 = 10$, $a_4 = 3 \times 4 + 1 = 13$.

(2) $b_1 = \dfrac{1}{1} = 1$, $b_2 = \dfrac{1}{2}$,

$b_3 = \dfrac{1}{3}$, $b_4 = \dfrac{1}{4}$.

(3) $c_1 = \dfrac{1}{2^1} = \dfrac{1}{2}$, $c_2 = \dfrac{1}{2^2} = \dfrac{1}{4}$,

$c_3 = \dfrac{1}{2^3} = \dfrac{1}{8}$, $c_4 = \dfrac{1}{2^4} = \dfrac{1}{16}$.

(4) $d_1 = (-1)^1 \dfrac{1}{1} = -1$, $\quad d_2 = (-1)^2 \dfrac{1}{2} = \dfrac{1}{2}$,

$\quad d_3 = (-1)^3 \dfrac{1}{3} = -\dfrac{1}{3}$, $\quad d_4 = (-1)^4 \dfrac{1}{4} = \dfrac{1}{4}$.

例2 在下列各小题中分别选取一个数列,写出它的通项公式,使得它的前 4 项是下面所给的 4 个数:

(1) $1^2, 2^2, 3^2, 4^2$.

(2) $\dfrac{1}{2}, \dfrac{2}{3}, \dfrac{3}{4}, \dfrac{4}{5}$.

(3) $\dfrac{1}{1 \times 2}, \dfrac{1}{2 \times 3}, \dfrac{1}{3 \times 4}, \dfrac{1}{4 \times 5}$.

解

(1) 所给的 4 个数 $1^2, 2^2, 3^2, 4^2$,它们中每一个都是项的序号的平方,因此可以选取数列 $\{a_n\}$,它的通项公式为 $a_n = n^2$. 数列 $\{n^2\}$ 的前 4 项就是 $1^2, 2^2, 3^2, 4^2$.

(2) 所给的 4 个分数 $\dfrac{1}{2}, \dfrac{2}{3}, \dfrac{3}{4}, \dfrac{4}{5}$,每一个的分子等于该项的序号,分母等于该项的序号加 1,因此可以选取数列 $\{b_n\}$,它的通项公式为 $b_n = \dfrac{n}{n+1}$. 数列 $\left\{\dfrac{n}{n+1}\right\}$ 的前 4 项就是 $\dfrac{1}{2}, \dfrac{2}{3}, \dfrac{3}{4}, \dfrac{4}{5}$.

(3) 所给的 4 个分数 $\dfrac{1}{1 \times 2}, \dfrac{1}{2 \times 3}, \dfrac{1}{3 \times 4}, \dfrac{1}{4 \times 5}$ 的分子都是 1,分母是该项序号与下一项序号的乘积. 因此可以选取数列 $\{c_n\}$,它的通项公式为 $c_n = \dfrac{1}{n(n+1)}$. 数列 $\left\{\dfrac{1}{n(n+1)}\right\}$ 的前 4 项是 $\dfrac{1}{1 \times 2}, \dfrac{1}{2 \times 3}, \dfrac{1}{3 \times 4}, \dfrac{1}{4 \times 5}$.

例3 写出斐波那契数列的前 12 项.

$1, 1, 2, 3, 5, 8, 13, 21, 34, 55, 89, 144.$

阅读材料

1202 年,意大利人斐波那契提出了一个兔子繁衍的问题:年初一有一对兔子被圈在一圈场内,这对兔子每个月生下一对雌雄相异的兔子. 生下的一对兔子长了一个月后,每个月也生下一对雌雄相异的兔子. 问:年末这个围场里有多少对兔子?

对上述问题的解答为:年初有 1 对兔子,一个月后可以有生育能力,二月末有 3 对兔子,三月末有 5 对兔子,四月末有 8 对兔子,……十月末有 144 对兔子,十一月末有 233 对兔子,十二月末有 377 对兔子. 于是得到数列:

$1, 1, 2, 3, 5, 8, 13, 21, 34, 55, 89, 144, 377.$

这个数列从第 3 项起,每一项都是前面两项的和. 为了研究具有这种性质的数列,人们把它推广成无穷数列,并且在它前面添上 1(这使得从递推公式推导通项公式的计算比较简单一点),称这个数列为斐波那契数列.

斐波那契数列与许多自然现象有关.例如,向日葵的小花形成各种顺时针方向和逆时针方向缠绕在一起的螺线图案.你会发现,如果一个方向的螺线有 55 条,那么反方向的螺线就有 89 条;如果一个方向有 89 条,那么反方向的有 144 条.这些都是斐波那契中相邻的两项,可以证明:斐波那契数列中,当项的序号很大时,前项与后项的比值非常接近 0.6180,而 0.6180 是黄金分割比 $\frac{\sqrt{5}-1}{2}$ 的近似值.这表明斐波那契数列与黄金分割比有密切关系.

黄金分割比出自几何学.将一条线段 AB 分成两部分,使较短线段 CB 与较长线段 AC 的比等于 AC 与 AB 的比.这个比称为黄金分割比.经过计算,黄金分割比为 $\frac{\sqrt{5}-1}{2}$,约等于 0.6180.许多建筑轮廓矩形的高与宽之比、门窗的宽与高的比都约等于 0.6180,这样看上去更美观.1837 年,法国的晶体学家和植物学家观察到,当植物的新生嫩叶从枝顶冒出时,总是沿着与枝干四周的旧叶鞘成 137.5°角的方向生长.137.5°角正好是将周角按照黄金分割比划分成的两个角中较小的角:360°×(1−0.6180)≈137.5°.以黄金分割比所确定的角度安排叶片的生长,会使得叶片之间相互遮挡的机会最小,而又能最充分、最有效地占据最大的空间汲取阳光.

黄金分割比在生产实践中也有重要应用.有些产品的质量取决于一个主要因素,为了求出这个主要因素取什么值时,产品的质量最好,就需要做一些试验.为了节省试验的费用,试验的次数应当尽可能少.这就产生了一个如何安排试验的问题,即应选择哪些值来进行试验.假设根据经验,主要因素(记作 t)的取值范围为区间(0,1),则第 1 次试验应取 $t=0.6180$,第 2 次试验取 $t=1-0.6180=0.382$,比较这两次试验的结果,如是第 1 次试验的结果较好,则把 t 的范围缩小到区间(0.382,1).这时第 3 次试验取

$t=0.382+0.618\times(1-0.382)\approx0.764,$

第 4 次试验取

$t=0.382+0.382\times(1-0.382)\approx0.618.$

它与第 1 次试验的 t 值相同,可以不必做.比较第 3 次与第 4 次(即第 1 次)试验的结果.如果第 3 次试验的结果较好,则把 t 的范围缩小到区间(0.618,1).可类似地继续试验下去.这样安排试验就可以用较少的试验次数达到试验目的.这种安排试验的方法称为单因素优选法.

我国的数学家华罗庚院士在 20 世纪 70 年代倡导和推广了单因素优选法,在生产实践中起了重要作用.

练习

1. 根据下述数列的通项公式,分别求出它们的前 4 项.
   (1) $a_n = -2n + 5$;
   (2) $b_n = 3 - n$;
   (3) $c_n = 4^n$;
   (4) $d_n = 3 \times 2^n$;
   (5) $e_n = \left(-\dfrac{1}{3}\right)^n$;
   (6) $f_n = n^2$.

2. 根据下述数列的通项公式,分别求出它们的第 6 项与第 10 项.
   (1) $a_n = 5n - 2$;
   (2) $b_n = 3 \times (-1)^n$;
   (3) $c_n = \left(-\dfrac{1}{2}\right)^n$;
   (4) $d_n = 120 - 3n$.

3. 在下列各小题中,分别选取一个数列,写出它的通项公式,使得它的前 4 项是下面所给的 4 个数.
   (1) $1, \dfrac{1}{8}, \dfrac{1}{27}, \dfrac{1}{64}$.
   (2) $1, 3, 5, 7$.
   (3) $2, 6, 18, 54$.
   (4) $1, -1, 1, -1$.
   (5) $10, 7, 4, 1$.
   (6) $2, 7, 12, 17$.

4. 已知数列 $\{a_n\}$ 的递归公式为
$$a_{n+2} = \dfrac{1}{2}(a_{n+1} + a_n), n \in \mathbf{N}^*, \text{且 } a_1 = 0, a_2 = \dfrac{1}{2}.$$
写出这个数列的前 6 项.

二 等差数列

6.2 等差数列及其通项公式

 动脑筋

(1)将正奇数从小到大进行排列:1,3,5,7,9,11,13,…,你能看出这个数列的各项之间有什么关系吗? 你能求出这个数列的第 100 项吗?

(2)早期的国际奥林匹克运动会,撑竿跳高的纪录近似地由下表给出:

年份	1900	1904	1908	1912
高度/m	3.33	3.53	3.73	3.93

你能看出由这 4 次撑竿跳高纪录组成的数列,它的各项之间有什么关系吗?

 分析

(1)由从小到大的正奇数组成的数列,第 1 项是 1,从第 2 项起,每一项都比它的前面一项大 2.用 a_n 表示这个数列的第 n 项,$n \in \mathbf{N}^*$,则

$a_1 = 1,$

$a_2 - a_1 = 2,$

$a_3 - a_2 = 2,$

……

$a_{99} - a_{98} = 2,$

$a_{100} - a_{99} = 2.$

把上述 100 个等式的左、右两边分别相加,得

$a_{100} = 1 + 99 \times 2 = 199,$

即这个数列的第 100 项是 199.

(2)由 1900—1912 年的 4 届奥运会撑竿跳高的纪录组成的数列,第 1 项是 3.33,从第 2 项起,每一项都比它的前一项大 0.20.

像上述两个数列那样,如果一个数列从第 2 项起,每一项减去它的前面一项所得的差都等于同一个常数,则称这个数列为等差数列.这个常数称为公差,它通常用字母 d 表示.

由上述求正奇数数列的第 100 项受到的启发,我们可以类似地求出等差数列 $\{a_n\}$ 的通项公式.设 $\{a_n\}$ 的公差为 d,则

$a_2 - a_1 = d,$

$a_3 - a_2 = d,$

……

$a_{n-1} - a_{n-2} = d,$
$a_n - a_{n-1} = d.$

将上述 $n-1$ 个等式的左、右两边分别相加,得

$a_n - a_1 = (n-1)d,$

由此得出

$a_n = a_1 + (n-1)d.$

公式 $a_n = a_1 + (n-1)d$ 就是等差数列 $\{a_n\}$ 的通项公式.

一个数列的第 1 项称为首项.从公式 $a_n = a_1 + (n-1)d$ 可以看出,对于等差数列,只要知道了它的首项和公差,就可以求出它的任意一项.

例如,由从小到大的正奇数组成的数列是等差数列,它的首项为 1,公差为 2,于是它的通项公式为

$a_n = 1 + (n-1) \times 2, n \in \mathbf{N}^*,$

即 $a_n = 2n - 1, n \in \mathbf{N}^*.$

利用通项公式 $a_n = 2n - 1, n \in \mathbf{N}^*$,立即得出这个数列的第 100 项为 $a_{100} = 2 \times 100 - 1 = 199$,第 200 项为 $a_{200} = 2 \times 200 - 1 = 399$,等等.

对于一个无穷数列,通常在写出它的前 n 项后,接着写省略号"…",这时要求根据上下文能知道省略号代表的项是什么.

 示范

例1 求等差数列:

$$12, 8, 4, 0, \cdots$$

的通项公式与第 10 项.

解 因为 $a_1 = 12, d = 8 - 12 = -4$,所以这个等差数列的通项公式为

$a_n = 12 + (n-1)(-4),$ 即 $a_n = 16 - 4n,$

从而 $a_{10} = 16 - 4 \times 10 = -24.$

例2 等差数列:

$$-1, 2, 5, 8, \cdots$$

的第几项是 152?

解 设这个等差数列的第 n 项是 152.

由于 $a_1 = -1, d = 2 - (-1) = 3$,因此从通项公式得出

$$152 = -1 + (n-1) \times 3,$$

解得 $n = 52$,即第 52 项是 152.

例3 已知一个等差数列的第 4 项是 7,第 9 项是 22,求它的第 20 项.

解 已知 $a_4 = 7, a_9 = 22$,根据通项公式得

$$\begin{cases} a_1+(4-1)d=7, \\ a_1+(9-1)d=22. \end{cases}$$

整理得
$$\begin{cases} a_1+3d=7, \\ a_1+8d=22. \end{cases}$$

解得 $a_1=-2, d=3$

因此 $a_{20}=-2+(20-1)\times 3=55,$

即第 20 项是 55.

 评注

① 等差数列 $\{a_n\}$ 的通项公式 $a_n=a_1+(n-1)d$ 表示首项 a_1、公差 d、项的序号 n 以及第 n 项 a_n 之间的关系,只要知道了其中任意三个量,就可以求出另外一个量.譬如,在例 2 中,知道了 a_1, d, a_n 这三个量,就求出了 n;在例 3 中,为了求出 a_{20},先要求出 a_1 和 d.

② 在两个数 a 与 b 之间插入一个数 D,则

a, D, b 成等差数列

$\Leftrightarrow D-a=b-D$

$\Leftrightarrow D=\dfrac{a+b}{2}$

$\Leftrightarrow D$ 是 a 与 b 的算术平均数.

如果 a, D, b 成等差数列,那么 D 称为 a 与 b 的等差中项,从上述讨论可以看到,D 是 a 与 b 的等差中项当且仅当 D 是 a 与 b 的算术平均数.

在一个等差数列 $\{a_n\}$ 中,任取连续的 3 项,这 3 项当然成等差数列,因此中间那项就是它的前一项与后一项的等差中项.

如果三个数成等差数列,则通常设等差中项为 a,公差为 d,从而这三个数分别为

$a-d, a, a+d.$

 示范

例 4 如果直角三角形的 3 个内角的度数成等差数列,求它的两个锐角各为多少度?

解 设直角三角形的 3 个内角的度数分别为 $a-d, a, a+d$,则
$$(a-d)+a+(a+d)=180,$$

解得 $a=60$.因此,一个锐角为 $60°$.从而另一个锐角为 $90°-60°=30°$.

例 5 已知三个数成等差数列,它们的和为 21,积为 168,求这三个数.

解 设这三个数分别为 $a-d, a, a+d$,则

$$\begin{cases}(a-d)+a+(a+d)=21,\\(a-d)a(a+d)=168.\end{cases}$$

解得,$a=7,d=\pm 5$,因此所求的三个数为 $2,7,12$ 或 $12,7,2$.

例 6 数列 $\{a_n\}$ 的通项公式是 $a_n=4n-1, n\in \mathbf{N}^*$,试问:$\{a_n\}$ 是不是等差数列? 如果是,它的首项与公差各是多少?

解 因为
$$\begin{aligned}a_{n+1}-a_n&=[4(n+1)-1]-(4n-1)\\&=4n+3-4n+1=4, n\in \mathbf{N}^*,\end{aligned}$$
所以 $\{a_n\}$ 是等差数列,它的公差是 4,首项 $a_1=3$.

按例 6 的解法可以得出,如果数列 $\{a_n\}$ 的通项公式形如
$$a_n=kn+b,$$
那么这个数列是等差数列.

练习

1. 求下述等差数列的通项公式以及第 20 项.
   (1) $-2,1,4,\cdots$
   (2) $30,24,18,\cdots$
   (3) $-5,-8,-11,\cdots$
   (4) $-7,-3,1,\cdots$
   (5) $-5,-1,3,\cdots$

2. 求满足下列条件的等差数列的通项公式.
   (1) $d=\dfrac{2}{3}, a_{10}=2$.
   (2) $a_1=1, a_8=48$.
   (3) $a_8=-1, a_{15}=-22$.

3. 已知等差数列 $\{a_n\}$ 的首项 $a_1=-7$,公差 $d=3$,试问:这个数列的第几项是 32?

4. 已知等差数列 $\{a_n\}$ 的第 7 项是 8,第 11 项是 -20,求它的第 15 项.

5. 求 -23 与 15 的等差中项.

6. 求 $\dfrac{1-\sqrt{5}}{2}$ 与 $\dfrac{1+\sqrt{5}}{2}$ 的等差中项.

7. 等差数列:$1,5,9,13,\cdots$ 中有没有一项是 249? 如果有,它是第几项?

8. 已知三个数成等差数列,它们的和为 12,积为 -132,求这三个数.

9. 在 3 与 18 之间插入两个数,使这 4 个数成等差数列.

10. 数列 $\{b_n\}$ 的通项公式是 $b_n=7n+1, n\in \mathbf{N}^*$,试问:$\{b_n\}$ 是不是等差数列? 如果是,它的首项与公差各是多少?

11. 如果直角三角形的三条边的长度成等差数列,且较长的直角边的长度为 a,求较短的直角边与斜边的长度.

6.3 等差数列的前 n 项和

动脑筋

你能用简单的方法计算前 100 个正整数的和吗?

分析

仔细观察数列:$1,2,3,4,\cdots,96,97,98,99,100$,这 100 个数可以分成 50 对,先计算每一对数的和:

$$1+100=101,$$
$$2+99=101,$$
$$3+98=101,$$
$$4+97=101,$$
$$\cdots\cdots$$
$$50+51=101.$$

然后将每一对数的和 101 乘以 50,便得出前 100 个正整数的和:

$$101\times 50=5050.$$

从小到大排成的正整数组成的数列是一个等差数列.上述问题就是求这个数列的前 100 项的和.

一般地,我们把等差数列 $\{a_n\}$ 的前 n 项的和记作 S_n,即

$$S_n=a_1+a_2+\cdots+a_n.$$

如何求 S_n? 按上述求前 100 个正整数的和的方法,我们先计算

$$a_1+a_n=a_1+a_n,$$
$$a_2+a_{n-1}=(a_1+d)+(a_n-d)=a_1+a_n,$$
$$a_3+a_{n-2}=(a_1+2d)+(a_n-2d)=a_1+a_n,$$
$$a_4+a_{n-3}=(a_1+3d)+(a_n-3d)=a_1+a_n,$$
$$\cdots\cdots$$
$$a_{n-1}+a_2=[a_1+(n-2)d]+[a_n-(n-2)d]=a_1+a_n,$$
$$a_n+a_1=[a_1+(n-1)d]+[a_n-(n-1)d]=a_1+a_n.$$

然后把这 n 个等式的左、右两边分别相加,得

$$2S_n=n(a_1+a_n),$$

由此得出

$$S_n=\frac{n(a_1+a_n)}{2},$$

即等差数列的前 n 项的和等于首、末两项和的一半与项数的乘积.

由于 $a_n = a_1 + (n-1)d$，代入 $S_n = \dfrac{n(a_1+a_n)}{2}$ 式便得出

$$S_n = na_1 + \dfrac{n(n-1)}{2}d.$$

如果知道首项 a_1 和公差 d，那么可利用公式 $S_n = na_1 + \dfrac{n(n-1)}{2}d$ 计算等差数列的前 n 项和.

 示范

例1 求前 1000 个正整数的和.

解 正整数从小到大排成一个等差数列，首项为 1，第 1000 项为 1000，从而前 1000 个正整数的和为

$$S_{1000} = \dfrac{1000 \times (1+1000)}{2} = 500500.$$

例2 已知一个等差数列的首项为 -12，第 30 项为 18，求它的前 30 项的和.

解
$$S_{30} = \dfrac{30 \times (-12+18)}{2} = 90.$$

例3 已知一个等差数列的首项 $a_1 = -5$，公差 $d = 3$，求它的前 20 项的和.

解
$$S_{20} = 20 \times (-5) + \dfrac{20 \times (20-1)}{2} \times 3 = 470.$$

例4 求前 n 个正奇数的和.

解 从小到大排成的正奇数是一个等差数列. 它的首项为 1，第 n 项 $a_n = 2n-1$，因此前 n 个正奇数的和为

$$S_n = \dfrac{n[1+(2n-1)]}{2} = n^2,$$
$$1+3+5+7+\cdots+(2n-1) = n^2.$$

例5 在等差数列 $\{a_n\}$ 中，$a_5 = -6$，$a_{12} = 15$，求 S_{60}.

解 因为 $a_5 = -6$，$a_{12} = 15$，根据通项公式得

$$\begin{cases} a_1 + (5-1)d = -6, \\ a_1 + (12-1)d = 15. \end{cases}$$

解得

$$d = 3, a_1 = -18,$$
$$S_{60} = 60 \times (-18) + \dfrac{60 \times (60-1)}{2} \times 3 = 4230.$$

例6 等差数列：$-1, 2, 5, 8, \cdots$ 的前多少项的和是 125？

解 设这个数列的前 n 项和是 125，由于 $a_1 = -1$，$d = 2-(-1) = 3$，因此由公式 $S_n = na_1 + \dfrac{n(n-1)}{2}d$ 得

$$-n+\frac{n(n-1)}{2}\times 3=125,$$

化简得
$$3n^2-5n-250=0,$$

解得 $n_1=10, n_2=-\frac{25}{3}$(舍去).

例7 设数列 $\{a_n\}$ 的前 n 项的公式为
$$S_n=2n^2+n,$$
试求它的通项公式. $\{a_n\}$ 是不是等差数列？如果是,它的首项与公差各是多少？

解 由于 $S_n=S_{n-1}+a_n, n\in \mathbf{N}^*$ 且 $n>1$,因此
$$\begin{aligned}a_n&=S_n-S_{n-1}=(2n^2+n)-[2(n-1)^2+(n-1)]\\&=2n^2+n-2(n-1)^2-(n-1)\\&=2[n^2-(n-1)^2]+[n-(n-1)]\\&=2(2n-1)+1\\&=4n-1.\end{aligned}$$

其中, $n\in \mathbf{N}^*$ 且 $n>1$.

又有 $a_1=S_1=2\times 1^2+1=3$,因此这个数列的通项公式是
$$a_n=4n-1, n\in \mathbf{N}^*,$$

从而 $\{a_n\}$ 是等差数列,它的首项是 3,公差 $d=(4\times 2-1)-3=4$.

按例 6 的解法可以得出,如果数列 $\{a_n\}$ 的前 n 项和的公式形如
$$S_n=an^2+bn,$$
那么这个数列是等差数列.

练习

1. 求前 500 个正整数的和.
2. 求前 n 个正整数的和.
3. 求前 100 个正偶数的和.
4. 在等差数列 $\{a_n\}$ 中, $a_1=-20, d=7$,求它的前 50 项的和.
5. 在等差数列 $\{a_n\}$ 中, $a_1=-36, a_{40}=126$,求它的前 40 项的和.
6. 在等差数列 $\{a_n\}$ 中, $a_3=12, a_7=-4$,求 S_{20}.
7. 在等差数列 $\{a_n\}$ 中, $d=3, a_{40}=123$,求 S_{60}.
8. 在等差数列 $\{a_n\}$ 中, $a_1=1, a_n=77, S_n=780$,求 n 与 d.
9. 在等差数列 $\{a_n\}$ 中, $d=-3, n=30, S_n=-1335$,求 a_1 与 a_n.
10. 等差数列 $-3, 1, 5, \cdots$ 的前几项的和是 150?

6.4 等差数列的应用

动脑筋

一个音乐厅里共有 30 排座位. 第一排有 28 个座位, 从第二排起, 每一排都比前一排多 2 个座位. 你能算出这个音乐厅里一共有多少个座位吗?

分析

为了简单地算出这个音乐厅里座位的总数, 首先看一看从第一排到最后一排, 各排座位的数目有什么规律. 根据题意, 各排座位数组成一个等差数列, 它的首项是 28, 公差是 2. 因此 30 排的座位总数为

$$S_{30}=30\times 28+\frac{30\times(30-1)}{2}=1710.$$

从上述例子看出, 等差数列的前 n 项和的公式在计数中起着重要作用, 等差数列的通项公式在计数中也起着重要作用.

应用

泰姬陵坐落于印度古都阿格, 是 17 世纪莫卧儿帝国皇帝沙杰罕为纪念其爱妃所建. 它宏伟壮观, 纯白大理石砌建而成的主体建筑叫人心醉神迷, 是世界七大奇迹之一. 陵寝以宝石镶饰, 图案之细致令人叫绝. 传说陵寝中有一个三角形图案, 以相同大小的圆宝石镶饰而成, 共有 100 层(见图 6-6), 其奢靡之程度可见一斑. 你知道这个图案一共用了多少颗宝石吗?

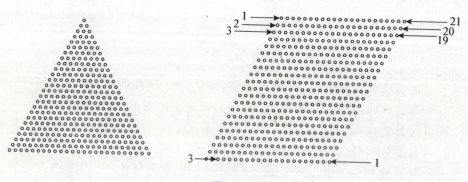

图 6-6

例 1 如图 6-7 所示, 一个放铅笔的 V 形架的最下面一层放四支铅笔, 往上每一层都比它下面一层多放一支, 最上面一层放 11 支, 这个 V 形架上共放着多少支铅笔?

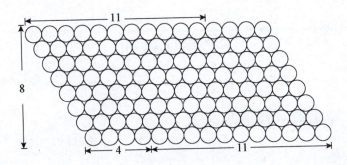

图 6-7

解 根据题意,有 $11=4+(n-1)$,得 $n=8$. 即 V 形架上共放 8 层铅笔,且自下而上各层的铅笔数组成一个等差数列,首项为 4,末项为 11. 因此这个 V 形架上的铅笔总数为

$$S_{120}=\frac{8\times(4+11)}{2}=60.$$

答:这个 V 形架上共放着 60 支铅笔.

例 2 某租车公司的汽车租金为 300 元/每天,行驶每千米的附加费用为 0.8 元. 某天,老张在此公司租了一辆车,行驶了 200 km. 试问:老张应付给租车公司多少钱?

解 老张租的汽车行驶 1 km,2 km,3 km,……应付费用组成一个数列,首项是 $300+0.8=300.8$(元). 由于行驶每千米的附加费用为 0.8 元,因此这是一个公差为 0.8 元的等差数列. 行驶 200 km 应付的费用就是这个数列的第 200 项,根据等差数列的通项公式得

$$a_{200}=300.8+(200-1)\times 0.8=460.$$

答:老张应付给租车公司 460 元.

关于例 2,你能想出其他解法吗?

练习

1. 某租车公司出租的汽车每天租金为 350 元,行驶每千米的附加费用为 0.5 元. 某天老赵向这公司租了一辆车,行驶了 200 km. 试问:老赵应付给租车公司多少钱?

2. 一种车床变速箱的 8 个齿轮的齿数成等差数列,其中首末两个齿轮的齿数分别是 45 与 24,求其余各轮的齿数.

3. 一个多边形的各内角的度数成等差数列. 最小的内角是 $100°$,最大的内角是 $140°$,求这个多边形的边数. (提示:n 边形的内角和是 $(n-2)\times 180°$,$n\geqslant 3$)

三 等比数列

6.5 等比数列及通项公式

动脑筋

(1)在塞尔平斯基地毯的构造,小正方块的总数组成的数列为
$$8, 8^2, 8^3, 8^4, \cdots$$
你能看出这个数列的各项之间有什么关系吗?

(2)某城市 2000 年年末有人口 100 万.如果这个城市今后 10 年内人口的年自然增长率保持在 1.2‰,你能写出该城市 2000 年年末至 2010 年年末每年人口总数组成的数列吗?这个数列的各项之间有什么关系?

分析

(1)在数列 $8, 8^2, 8^3, 8^4, \cdots$ 中,从第 2 项起,每一项与它前面一项的比都等于 8.

(2)该城市 2000 年年末至 2010 年年末每年人口总数组成的数列为
$$100, 100 \times 1.012, 100 \times 1.012^2, \cdots 100 \times 1.012^{10}.$$
这个数列从第 2 项起,每一项与它前面一项的比都等于 1.012.

像上面这两个数列那样,如果一个数列从第 2 项起,每一项与它前面一项的比都等于同一个常数,那么称这个数列为等比数列,这个常数称为这个等比数列的公比,它通常用字母 q 表示.

由于 0 不能当分母用,因此如果 $\{a_n\}$ 是等比数列,那每一项都不等于 0,从而公比 $q \neq 0$.

(2)中的等比数列的第 1 项是 100,第 2 项为 100×1.012,第 3 项为 $100 \times 1.012^2, \cdots$,根据这个数列猜测首项为 a_1,公比为 q 的等比数列 $\{a_n\}$ 的通项公式为
$$a_n = a_1 q^{n-1}.$$
现在我们来证明这个猜测是正确的.

根据等比数列的定义,得
$$\frac{a_2}{a_1} = q,$$

$$\frac{a_3}{a_2} = q,$$

……

$$\frac{a_n}{a_{n-1}}=q.$$

把上述 $n-1$ 个等式的两边分别相乘,得

$$\frac{a_2}{a_1}\cdot\frac{a_3}{a_2}\cdot\cdots\cdot\frac{a_n}{a_{n-1}}=q^{n-1},$$

整理,得

$$\frac{a_n}{a_1}=q^{n-1},$$

由此得出

$$a_n=a_1q^{n-1}.$$

公式 $a_n=a_1q^{n-1}$ 就是等比数列的通项公式.

从等比数列的通项公式看出,只要知道首项 a_1 和公比 q,就可以求出等比数列的任何一项.

示范

例1 求等比数列:

$$1,\frac{1}{2},\frac{1}{4},\frac{1}{8},\cdots$$

的通项公式以及第 7 项、第 10 项.

解 因为 $a_1=1,q=\frac{1}{2}$,所以这个等比数列的通项公式是

$$a_n=1\times\left(\frac{1}{2}\right)^{n-1},$$

$$a_n=\frac{1}{2^{n-1}},$$

于是

$$a_7=\frac{1}{2^6}=\frac{1}{64},a_{10}=\frac{1}{2^9}=\frac{1}{512}.$$

例2 在等比数列 $\{a_n\}$ 中,$a_1=3,q=2$.试问:第几项是 48?

解 设第 n 项是 48,则根据通项公式得

$$3\times 2^{n-1}=48,$$
$$2^{n-1}=16,$$

从而
$$n-1=4,$$
因此
$$n=5.$$

即这个等比数列的第 5 项是 48.

例3 一个等比数列的第 4 项与第 7 项分别是 $-\frac{2}{9},\frac{2}{243}$,求这个等比数列的通项公式以及第 5 项.

解

$$\begin{cases} a_1 q^3 = -\dfrac{2}{9}, \\ a_1 q^6 = \dfrac{2}{243}. \end{cases}$$

解得 $q = -\dfrac{1}{3}$,$a_1 = 6$,因此这个等比数列的通项公式是

$$a_n = 6\left(-\dfrac{1}{3}\right)^{n-1},$$

即

$$a_n = (-1)^{n-1} \dfrac{2}{3^{n-2}},$$

从而

$$a_5 = (-1)^4 \dfrac{2}{3^3} = \dfrac{2}{27}.$$

评注

在两个数 a 与 b 之间插入一个数 G,使 a, G, b 成等比数列,则 G 称为 a 与 b 的等比中项.

从上述推导过程可以看到,当 a 与 b 都是正实数时,它们的等比中项 G 等于这两个正数的几何平均数或者几何平均数的相反数.

在一个等比数列 $\{a_n\}$ 中任取连续的 3 项,这 3 项当然成等比数列. 因此中间那项就是它的前后两项的等比中项.

如果三个数成等比数列,则通常设等比中项为 a,公比为 q,从而这三个数分别为

$$\dfrac{a}{q}, a, aq.$$

例4 求 -4 与 -7 的等比中项.

解 -4 与 -7 的等比中项为 $G = \pm\sqrt{(-4)(-7)} = \pm 2\sqrt{7}$.

例5 已知三个数成等比数列,它们的和为 14,积为 -216,求这三个数.

解 设这三个数是 $\dfrac{a}{q}, a, aq$,由已知条件得

$$\begin{cases} \dfrac{a}{q} + a + aq = 14, \\ \dfrac{a}{q} \cdot a \cdot aq = -216. \end{cases}$$

由第二个方程得 $a^3 = -216$,由于 $216 = 2^3 \times 3^3$,所以 $a = -6$,代入第一个方

程得
$$-6\left(\frac{1}{q}+1+q\right)=14,$$

整理得
$$3q^2+10q+3=0,$$

解得
$$q=-\frac{1}{3} \text{ 或 } q=-3,$$

从而所求的三个数为 $18,-6,2$ 或 $2,-6,18$.

练习

1. 求下列等比数列的通项公式以及第 6 项.

   (1) $1,-\frac{1}{2},\frac{1}{4},-\frac{1}{8},\cdots$

   (2) $1,-1,1,-1,\cdots$

   (3) $\frac{25}{8},\frac{5}{4},\frac{1}{2},\frac{1}{5},\cdots$

2. 已知等比数列 $\{a_n\}$ 的首项 $a_1=-4$，公比 $q=\frac{3}{4}$，试问：它的第几项是 $-\frac{81}{64}$?

3. 一个等比数列的第 3 项是 $\frac{1}{3}$，第 6 项是 $-\frac{8}{81}$，求这个等比数列的第 5 项.

4. 求下列各数的等比中项.

   (1) 8 与 2;   (2) -4 与 -16.

5. 已知三个数成等比数列，它们的和为 26，积为 -512，求这三个数.

6. 证明：两个正数的等差中项大于或等于它们的等比中项.

7. 已知 $\{a_n\}$ 是等比数列，证明：a_{10} 是 a_3 与 a_{17} 的等比中项.

6.5 等比数列的前 n 项和

动脑筋

在塞尔平斯基地毯的构造过程中，前 10 个阶段的各种大小的正方块的总数有多少呢？你能用简便方法计算出来吗？
$$8+8^2+8^3+8^4+8^5+\cdots+8^{10}.$$

分析 上述问题就是求等比数列
$$8,8^2,8^3,8^4,\cdots$$
的前 10 项的和 S_{10}:
$$S_{10}=8+8^2+8^3+8^4+8^5+\cdots+8^{10}. \tag{1}$$

能不能设法消掉(1)式右端尽可能多的项，使计算简便呢？关键的想法是，在

(1)式的两边乘以 8 得

$$8S_{10}=8^2+8^3+8^4+8^5+8^6+\cdots+8^{11}. \tag{2}$$

比较(1)式和(2)式的右端,它们有很多项是对应相同的. 于是我们用(2)式减去(1)式就可消掉这些项,得到

$$8S_{10}-S_{10}=8^{11}-8,$$

由此得出

$$S_{10}=\frac{8(8^{10}-1)}{8-1}.$$

利用上述方法,我们可以求出等比数列 $\{a_n\}$ 的前 n 项和 S_n:

$$S_n=a_1+a_2+\cdots+a_n. \tag{3}$$

设等比数列 $\{a_n\}$ 的公比为 q,用 q 乘 $S_n=a_1+a_2+\cdots+a_n$ 式两边,得

$$qS_n=a_1q+a_2q+\cdots+a_nq. \tag{4}$$

根据等比数列的定义可得,$a_1q=a_2,a_2q=a_3,\cdots,a_nq=a_{n+1}$,于是式子

$$qS_n=a_1q+a_2q+\cdots+a_nq$$

可以写成

$$qS_n=a_2+\cdots+a_n+a_{n+1}. \tag{5}$$

用(3)式减去(5)式,得

$$S_n-qS_n=a_1-a_{n+1}. \tag{6}$$

由于 $a_{n+1}=a_1q^n$,因此由(6)式得 $(1-q)S_n=a_1-a_1q^n$.

当 $q\neq 1$ 时,由式子 $(1-q)S_n=a_1-a_1q^n$,得出 $S_n=\dfrac{a_1(1-q^n)}{1-q}$,即为公比 $q\neq 1$ 的等比数列 $\{a_n\}$ 的前 n 项和公式:

$$S_n=\frac{a_1(1-q^n)}{1-q}.$$

从公式 $S_n=\dfrac{a_1(1-q^n)}{1-q}$ 可以看出,只要知道等比数列的首项 a_1 和公比 $q(q\neq 1)$,就可以求出它的前 n 项和 S_n. 由于 $a_1q^n=a_{n+1}=a_nq$,因此 $S_n=\dfrac{a_1(1-q^n)}{1-q}$ 还可以写成

$$S_n=\frac{a_1-a_nq}{1-q}.$$

如果等比数列 $\{a_n\}$ 的公比 $q=1$,则这个等比数列是

$$a_1,a_1,a_1,a_1,\cdots,$$

从而它的前 n 项和 $S_n=na_1$.

示范

例1 求等比数列
$$1, \frac{1}{2}, \frac{1}{4}, \frac{1}{8}, \cdots$$
的前10项的和.

解 因为 $a_1 = 1, q = \frac{1}{2}$,所以
$$S_{10} = \frac{1 \times \left(1 - \left(\frac{1}{2}\right)^{10}\right)}{1 - \frac{1}{2}} = 2 - 2^{-9} = \frac{2^{10} - 1}{2^9} = \frac{1023}{512}.$$

例2 已知一个等比数列的前4项的和是 $\frac{20}{3}$,公比是 $-\frac{1}{3}$,求它的首项.

解 因为 $S_4 = \frac{20}{3}, q = -\frac{1}{3}$,所以 $\frac{a_1\left[1 - \left(-\frac{1}{3}\right)^4\right]}{1 - \left(-\frac{1}{3}\right)} = \frac{20}{3}$,

解得 $a_1 = 9$,因此这个数列的首项是9.

例3 设数列 $\{a_n\}$ 的通项公式是 $a_n = 2^{n-1}, n \in \mathbf{N}^*$,求这个数列的前 n 项和.

解 由于
$$\frac{a_{n+1}}{a_n} = \frac{2^n}{2^{n-1}} = 2, n \in \mathbf{N}^*,$$
因此 $\{a_n\}$ 是一个等比数列,它的公比 $q = 2$,首项 $a_1 = 1$,从而它的前 n 项和为
$$S_n = \frac{1 \times (1 - 2^n)}{1 - 2} = 2^n - 1,$$
即
$$1 + 2 + 2^2 + 2^3 + \cdots + 2^{n-1} = 2^n - 1.$$

例4 已知一个等比数列的前3项的和为1,前6项的和为9,求它的前8项的和.

解 设这个等比数列的首项为 a_1,公比为 q,由已知条件 $S_3 = 1, S_6 = 9$ 得
$$\begin{cases} \frac{a_1(1-q^3)}{1-q} = 1, \\ \frac{a_1(1-q^6)}{1-q} = 9. \end{cases}$$

用方程组中的第二式除以第一式,得 $\frac{1-q^6}{1-q^3} = 9$.

因为 $1 - q^6 = (1+q^3)(1-q^3)$,所以 $\frac{1-q^6}{1-q^3} = 9$ 可以写成 $1 + q^3 = 9$,解得 $q = 2$.

代入方程组中的 $\frac{a_1(1-q^3)}{1-q} = 1$,得 $\frac{a_1(1-2^3)}{1-2} = 1$,解得 $a_1 = \frac{1}{7}$.

于是
$$S_8 = \frac{\frac{1}{7}(1-2^8)}{1-2} = \frac{255}{7},$$

因此这个数列的前 8 项的和是 $\frac{255}{7}$.

 练习

1. 求下列等比数列的前 6 项的和.
(1) $1, -2, 4, -8, \cdots$
(2) $2, 1, \frac{1}{2}, \frac{1}{4}, \cdots$

2. 已知一个等比数列的前 6 项的和是 $\frac{63}{32}$,公比是 $-\frac{1}{2}$,求它的首项.

3. 已知等比数列的第 3 项是 -18,第 5 项是 -162,求它的前 5 项的和.

4. 求等比数列 $1, -2, 4, -8, \cdots$ 从第 4 项到第 10 项的和.

5. 已知等比数列的前 3 项的和为 $\frac{9}{2}$,第 3 项为 $\frac{3}{2}$,求它的前 10 项的和.

6.7 等比数列的应用

 动脑筋

某企业 2000 年的生产利润为 5 万元,计划采用一项新技术,可望在今后五年内使生产利润每年比前一年增长 20%,如果这一计划得以实现,那么该企业 2000—2005 年的总利润是多少万元?(结果保留到小数点后面两位)

 分析

由于该企业计划在今后五年内使生产利润每年比上一年增长 20%,因此由 2000—2005 年每年的生产利润组成的数列为

$$5, 5\times1.2, 5\times1.2^2, 5\times1.2^3, 5\times1.2^4, 5\times1.2^5.$$

这是一个等比数列,首项为 5,公比为 1.2,从而该企业 2000—2005 年总利润是这个数列的前 6 项的和:

$$S_6 = \frac{5(1-1.2^6)}{1-1.2} = \frac{5(1.2^6-1)}{0.2} \approx 49.65,$$

即总利润约为 49.65 万元.

 应用

例 1 音调的高低是由产生音调的振动频率决定的.例如,钢琴的中音 C,其振

动频率为 263 Hz(即每秒振动 263 次),一个音调比上一个音调高 8 度,相应的振动频率是原来的 2 倍.

(1) 写出中音 C 以及比中音 C 高 1 个 8 度,2 个 8 度,3 个 8 度……时相应的振动频率组成的数列. 这个数列是不是等比数列? 如果是,它的公比是多少?

(2) 写出中音 C 以及比中音 C 低 1 个 8 度,2 个 8 度……时相应的振动频率组成的数列. 这个数列是不是等比数列? 如果是,它的公比是多少?

(3) 如果一个音调比中音 C 低 3 个 8 度,那么产生这个音调的振动频率是多少?

解 (1) 中音 C 以及比中音 C 高 1 个 8 度,2 个 8 度……时相应的振动频组成的数列是

$$263, 263\times 2, 263\times 2^2, 263\times 2^3, \cdots$$

这是一个等比数列,它的公比是 2.

(2) 中音 C 以及比中音 C 低第 1 个 8 度,2 个 8 度……时相应的振动频组成的数列是

$$263, 263\times \frac{1}{2}, 263\times \left(\frac{1}{2}\right)^2, 263\times \left(\frac{1}{2}\right)^3, \cdots$$

这是一个等比数列,它的公比是 $\frac{1}{2}$.

(3) 如果一个音调比中音 C 低 3 个 8 度,那么产生这个音调的振动频率是第 (2) 小题中等比数列的第 4 项,即

$$a_4 = 263\times \left(\frac{1}{2}\right)^{4-1} = 263\times \left(\frac{1}{2}\right)^3 = \frac{263}{8},$$

因此产生这个音调的振动频率是 $\frac{263}{8}$ Hz.

例 2 建设银行受托办理某单位职工集资建房购房贷款,贷款期限为 10 年,年利率为 5.22%(月利率为 0.435%),贷款的偿还采用等额还款方式,即从贷款的第一个月起,每个月都归还银行同样数目的钱,10 年还清贷款的本金与利息,如果借款为 p 万元,那么每个月应偿还多少钱?

解 设每个月应偿还 x 万元,首先计算 10 年后应偿还的本金与利息之和(简称为本息).

第一个月后的本息为

$$p + p\times 0.435\% = p\times(1+0.435\%) = 1.00435p,$$

第二个月后的本息为

$$1.00435p + 1.00435p\times 0.435\% = 1.00435^2 p.$$

依此类推,从第一个月起,每个月的本息组成的数列为

$$1.00435p, 1.00435^2 p, 1.00435^3 p, \cdots$$

这是一个等比数列,首项 $a_1 = 1.00435p$,公比 $q = 1.00435$.

10年后应偿还的本息也就是第120个月后的本息,即上述等比数列的第120项:
$$a_{120}=1.00435p\times 1.00435^{120-1}=1.00435^{120}p.$$

借款人从贷款后的第一个月末开始,每个月末都偿还 x 万元,直至第120个月末,这些偿还的钱连同其利息加起来正好还清贷款的本息 a_{120}.

第120个月末偿还的 x 万元的本息为 x 万元.

第119个月末偿还的 x 万元的本息为
$$x+x\times 0.435\%=x(1+0.435\%)=1.00435x.$$

第118个月末偿还的 x 万元的本息为
$$1.00435x+1.00435x\times 0.435\%=1.00435^2 x.$$

依次下去,第1个月末偿还的 x 万元的本息为
$$1.00435^{119}x.$$

因此,从第1月末到第120个月末每月偿还 x 万元的本息总和为数列
$$x, 1.00435x, 1.00435^2 x, \cdots, 1.00435^{119}x$$

的前120项和 S_{120}:
$$S_{120}=\frac{x(1-1.00435^{120})}{1-1.00435}.$$

S_{120} 应等于所借的 p 万元的本息 a_{120},由此得出
$$\frac{x(1-1.00435^{120})}{1-1.00435}=1.00435^{120}p,$$

解得
$$x=p\times \frac{0.00435\times 1.00435^{120}}{1.00435^{120}-1},$$

即为计算每个月应偿还银行款额的公式.

例3 在例2中,如果向建设银行借10万元,贷款期10年,利用公式
$$x=p\times \frac{0.00435\times 1.00435^{120}}{1.00435^{120}-1}$$

计算每个月应偿还银行多少钱.

解
$$10\times \frac{0.00435\times 1.00435^{120}}{1.00435^{120}-1}\approx 0.107144.$$

答:如果向建设银行借10万元,贷款期为10年,则每月应偿还银行1070.44元.

1. 小李的家长于2001年5月12日按一年期整存整取方式存入银行5000元,年利率是 2.25%,利息的税率是 20%,如果每过一年连本带息转存,那么6年后取出时有多少钱?

2. 某城市现有人口 100 万,如果人口的年自然增长率为 1.2%,那么多少年后这个城市的人口将达到 110 万?

3. 某县 2000 年全县国民生产总值为 10 亿元,如果年增长率保持 8%,那么该县 2001—2005 年的国民生产总值是多少?(结果保留到小数点后面三位)

4. 某种细菌在培养过程中,每半小时分裂一次,从一个分裂成两个.问经过 4 小时,这种细菌由 1 个可繁殖成多少个?

5. 某工厂 2000 年生产一种产品 5 万台.如果年产量以 9% 的速度增长,那么从 2000 年起到哪一年止可以使这种产品的总产量达到 37.6 万台?

阅读材料

一、归纳法

1. 不完全归纳法

有一群人结队而来,如果走在前面的五个人都是学生,那么你一定会想下一个人或许也是学生吧.像这样通过对个别的、特殊的情况加以观察、分析,从而导出一个一般性结论的方法就叫做归纳法,这是一种从特殊到一般的推理方法.通过归纳,人们得到的是一个猜想,并不一定成立,需要做进一步的证明.

大数学家拉普拉斯曾经这样说过:"数学本身赖以获得真理的重要手段就是归纳和类比."事实上,数学中的许多重要的定理和猜想都是通过归纳总结出来的.下面举出几个著名的例子:

哥德巴赫猜想的提出:由 6=3+3,8=3+5,14=3+11,⋯ 等式子出发,猜想有这样的结论成立:每个大于 4 的偶数都是两个奇素数之和.

费马大定理的提出:由毕达哥拉斯方程 $x^2+y^2=z^2$ 有无数组整数解,开始研究 $x^n+y^n=z^n$ 的情况,并断言后者没有整数解. 欧拉公式的提出:考察三棱锥、四棱锥、三棱柱、五棱柱等多面体,发现其顶点数 V 与面数 F 的和与棱数 E 相差 2,即 $V+F-E=2$,于是猜想任意凸多面体都具有这样的性质,后经过严格证明确实如此.

归纳法是经常使用的一种数学方法,是一种重要的逻辑推理形式.由于年龄特征、知识经验和抽象思维能力等水平的限制,人们大多采用不完全归纳法.不完全归纳是指根据对某类事物中部分对象的考察,概括出关于该类事物全部对象的一般性结论的一种归纳推理.由于不完全归纳只在考察整体的部分对象是否具有某种属性后就给出整体是否具有某种属性的结论,所以其归纳过程是不够严谨的,得到的结论也并非一定正确.但是,我们有必要运用一些有效的策略,让不完全归纳法尽量做到完全,让得出的结论不至于经不起推敲,确保其正确性.

我们来看下面这个故事:

传说一个笨财主有一个笨儿子.有一年,财主为儿子请了一个私塾考生当家教.这天考生划了一横告诉孩子这是"一",划了两横告诉孩子这是"二",划了三横告诉孩子这是"三". 这时财主和他的笨儿子高兴地说,原来认字就这么简单,于是把这位先生打发走了. 过了几天,笨财主要请一个姓万的财主来家吃饭,叫儿子写请柬. 过了很久,财主发现儿子正趴在桌子上划道道呢. 儿子说:"这个人姓啥不好,偏要姓万. 快了,已经到八千多了."

这只是一个笑话,但仔细回味,我们就有点笑不出来了,因为这种现象在生活中屡见不鲜. 深入分析之后,可以发现这种思路(不完全归纳法)的局限.

总结:从一类对象中部分对象都具有某种性质推出这类对象全体都具有这种性质的归纳推理方法称为不完全归纳法. 不完全归纳法又叫做普通归纳法. 不完全归纳分为两类,一是简单枚举法,一是科学归纳法.

不完全归纳法的特点是结论所断定的范围超出了前提所断定的范围,结论的知识往往不只是前提已有知识的简单推广,而且还揭示出存在于无数现象之间的普遍规律性,给我们提供全新的知识,尤其是科学的普遍原理. 人们要认识周围的事物,首先必须对事物的现象进行大量的观察和实验,然后根据观察和实验所确认的一系列个别事实,应用不完全归纳法将个别的知识概括成为一般的知识,从而达到对普遍规律性的认识. 所以,不完全归纳法在探求新知识的过程中具有极为重要的意义.

四 数学归纳法

6.8 数学归纳法

 动脑筋

正整数的立方依照从小到大的次序排成数列：
$$1^3, 2^3, 3^3, 4^3, \cdots \tag{1}$$
你能求出它的前 n 项和吗？

 分析

先观察数列(1)的前 2 项和，……

$1^3 + 2^3 = ?$

$1^3 + 2^3 + 3^3 = ?$

$1^3 + 2^3 + 3^3 + 4^3 = ?$

……

你能发现自然数的立方和有什么规律吗？

试算—归纳—猜想—论证是研究与发现数学规律的重要手段，也是探求数学模式的重要途径

试算：

$1^3 + 2^3 = 9 = 3^2$

$1^3 + 2^3 + 3^3 = 36 = 6^2$

$1^3 + 2^3 + 3^3 + 4^3 = 100 = 10^2$

$1^3 + 2^3 + 3^3 + 4^3 + 5^3 = 225 = 15^2$

 归纳

从以上的试算可发现它们的结果均为一个平方数，那么这些平方数又有怎样的规律呢？

我们再进行试算：

$1 + 2 = 3$

$1 + 2 + 3 = 6$

$1 + 2 + 3 + 4 = 10$

$1 + 2 + 3 + 4 + 5 = 15$

由此我们可进一步归纳发现：前 n 个自然数的立方和正好等于前 n 个自然数和的平方．

因此我们猜测：

$$1^3+2^3+3^3+\cdots+n^3=(1+2+3+\cdots+n)^2 \qquad (2)$$

回顾

以上为了发现前 n 个自然数的立方和的规律，我们先观察 $n=2,3,4,5$ 的一些特殊情况，从中发现规律，进而对它的一般情况作出预测：猜测前 n 个自然数的立方和为前 n 个自然数之和的平方．数学家或科技人员在研究某一个问题时，在研究它的一些特殊情况的基础上，会对它的一般情况作出预测，这样的预测叫做猜想．例如，德国数学家哥德巴赫（1690—1764）经过观察，发现一个有趣的现象：任何大于 5 的整数，都可以表示为三个质数的和，他猜想这个命题是正确的，但他本人无法给出证明．

1742 年 6 月 6 日，哥德巴赫去求教当时颇负盛名的瑞士数学家欧拉（Euler，1707—1783），欧拉经过反复研究，发现解决问题的关键在于证明任意大于 2 的偶数都能表示为两个质数的和．于是，欧拉对大于 2 的偶数逐个加以观察，得到如下一张长长的表：

$4=2+2$

$6=3+3$

$8=3+5$

$10=3+7=5+5$

$12=5+7$

$14=3+11=7+7$

$16=3+13=5+11$

$18=5+13=7+11$

$20=3+17=7+13$

$22=3+19=5+17=11+11$

$24=5+19=7+17=11+13$

$26=3+23=7+19=13+13$

$28=5+23=11+17$

……

这张表还能继续延长下去，最后欧拉猜想上述结论是正确的．6 月 30 日，他复信哥德巴赫，信中指出："任何大于 2 的偶数都是两个质数的和，虽然我还不能证明它，但我确信无疑这是完全正确的定理．"

为了这个著名的哥德巴赫猜想，两百多年来，许多优秀的数学家为攻克著名的哥德巴赫猜想，付出了辛勤的劳动．目前，利用计算机已经验证了 1 亿 3 千万个偶数,还未发现反例.

我国数学家在对筛选法作了重大改进后,于1966年5月证明:任何一个充分大的偶数,都可以表示成两个数之和,其中一个是素数(即质数),另一个或者是素数,或者是两个素数的乘积.这结果震惊中外,被命名为"陈氏定理".这定理已距离证明哥德巴赫猜想仅一步之遥了,但这是最艰难的一步.近年来,各国数学家竞相证明,但至今还未有人能摘到这颗数学"皇冠上的明珠".无论是否攻克猜想,人们对一个个猜想所做的大量研究工作,均促进了数学的发展.

数学中的许多定理、法则等都是在个别、特殊的数学现象中,通过寻求共性,发现规律,作出合情合理的猜想后得到的.猜想不一定总成立,有时它是正确的,但有时也可能是错误的,必须对它加以证明,才能确认.法国数学家费尔马1640年发现:

$$F(n)=2^{2^n}+1, n=0,1,2,3,4.$$

即 $F(0)=3, F(1)=5, F(2)=17, F(3)=257, F(4)=65537$,都是质数,于是,他猜想 $F(n)$(n 为自然数)都是质数,然而他受骗了.后来数学家欧拉算出当 $n=5$ 时,

$$f(5)=2^{2^5}+1=4294967297.$$

这个数能被641整除,所以 $f(5)$ 不是质数,后来又有人发现 $n=6,7,8,9,11,12,15,18,23$ 时,$f(n)$ 都不是质数.

虽然由猜想得出的结论并不一定可靠,然而从培养探索能力的角度来说,则是十分重要的.

牛顿也曾说过:"没有大胆的猜想,就做不出伟大的发现."

观察以下式子你能得出什么规律?

1=1

1+3=4

1+3+5=9

1+3+5+7=16

因为 $1=1^2, 4=2^2, 9=3^2, 16=4^2,\cdots$,我们可猜想前 n 个正奇数的和等于 n 的平方,即:

$$1+3+5+\cdots+(2n-1)=n^2.$$

计算下列各式的值,你能得出什么规律?

$(1\times2\times3\times4)+1$

$(2\times3\times4\times5)+1$

$(3\times4\times5\times6)+1$

$(4\times5\times6\times7)+1$

因为 $(1\times2\times3\times4)+1=25=5^2$,

$(2\times3\times4\times5)+1=121=11^2$,

$(3\times4\times5\times6)+1=361=19^2$,

$(4\times5\times6\times7)+1=841=29^2$,

所以我们可猜想：$n \cdot (n+1)(n+2)(n+3)+1=[n(n+3)+1]^2$，即
$$n(n+1)(n+2)(n+3)+1=(n^2+3n+1)^2.$$

注：猜想虽然重要，但它的正确性还需通过严格的论证．

对于通过以上归纳猜测得到的 $1^3+2^3+\cdots+n^3=(1+2+\cdots+n)^2$ 这种与自然数有关的数学命题，我们常采用数学归纳法来证明它们的正确性．

数学归纳法就是先证明当 n 取第一个值 n_0（例如 $n_0=1$）时命题成立，然后假设当 $n=k(k\in \mathbf{N}, k\geqslant n_0)$ 时命题成立，证明当 $n=k+1$ 时命题也成立（因为证明了这一点，就可以断定这个命题对于 n 取 1 后面的所有自然数也都成立）．

证明：（这里用几何方法）

当 $n=1$ 时，画一个边长为 1 个单位的正方形，面积为 1^2，数值上等于 1^3．

当 $n=2$ 时，把长为 1 的正方形看做第 1 层壳，在它上面再镶上第 2 层壳，构成边长为 $1+2$ 的正方形，面积为 $(1+2)^2$，这层壳的面积为 8，因此 $(1+2)^2=1+8=1^3+2^3$，再镶上第 3 层壳（图 6-8），就有 $(1+2+3)^2=1+8+27=1^3+2^3+3^3$．

需要证明：第 k 层壳（图 6-9）的面积 S 为 k^3．

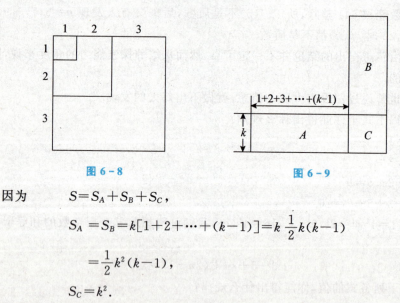

图 6-8　　　　　图 6-9

因为　　　　$S=S_A+S_B+S_C$,

$$S_A=S_B=k[1+2+\cdots+(k-1)]=k\frac{1}{2}k(k-1)$$
$$=\frac{1}{2}k^2(k-1),$$

$S_C=k^2.$

所以 $S=\frac{1}{2}k^2(k-1)+\frac{1}{2}k^2(k-1)+k^2=k^3.$

通过观察（或试算），往往可以看出个别的事物的特征，所以观察是探索规律的基本条件．归纳就是将所反映出来的特征进行分类、整理、加工，使之逐步上升为本质的东西，它是探索规律的前提．正确的归纳，抓住规律的本质及数字、式子、图形的基本特征，是合理猜想的基础．猜想不是盲目瞎猜，是根据特征进行分析，发现规律性．证明是用数学工具对思维的正确程度加以判断的手段，只有严格论证才能反映出对规律猜想的合理性．观察（或试算）、归纳、猜想、证明在探求或研究具体数学

规律中有机地结合在一起.

再说明一点,通常猜想是指数学家对重大数学问题,根据所发现的规律作出的合情推理,但对于我们所遇到的数学问题,在发现规律后,所作的合情推理,往往只能称为猜测.猜测法也是解决问题的一个重要策略,它有助于构思解题的方向.在解决问题时,学会做各种数学猜测,然后加以证明,将有利于发展创造性思维.

1. 古希腊学者用圆球堆成大大小小的一系列等边三角形,如图 6-10 所示.

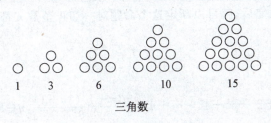

三角数

图 6-10

每堆球数依次为 1,3,6,…,这种数叫做"三角形数",简称"三角数".著名的几何学家毕达哥拉斯曾对三角形数作过专门的研究,并获得了丰硕的成果.如果用 t_n 表示第 n 个三角形数,则由上图可知 $t_1=1, t_2=3, t_3=6, \cdots$

(1) 求 $t_2-t_1, t_3-t_2, t_4-t_3$ 的值,并找出规律.

(2) 求 $t_1+t_2, t_2+t_3, t_3+t_4$ 的值,并找出规律.

(3) 求 t_n.

2. 我们从图 6-11 可以看出,四角数是由 1 开始只把奇数加起来构成的.可表示为: $s_n=1+3+5+\cdots+(2n-1)=n^2$.

3. 与四角数相对应,若从 2 开始,只把偶数加起来就变成所谓的长方数(如图 6-12 所示),长方数也叫矩形数.以 R_n 表示第 n 个长方数,它的数学式就是:
$$R_n=2+4+\cdots+2n=n(n+1).$$

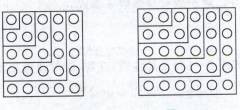

图 6-11   图 6-12

上面的例子表明,如果说一个命题与正整数 n 有关,我们可以采用下述方法来证明这个命题对一切正整数 n 都为真.

第一步,证明当 $n=1$ 时,这个命题为真.

第二步,假设当 $n=k$ 时,这个命题为真,去证明当 $n=k+1$ 时,这个命题也为真.

上述两步都做完后,就可以断定这个命题对一切正整数 n 都为真,这种证明方法称为数学归纳法.

有时想证明一个与正整数 n 有关的命题对于 $n \geqslant n_0$(其中 n_0 是一个给定的正整数)都为真,那么可以把上述步骤略作修改如下:

第一步,证明当 $n = n_0$ 时,这个命题为真;

第二步,假设当 $n = k$(其中 $k \geqslant n_0$)时,这个命题为真,去证明当 $n = k+1$ 时,这个命题也为真;

上述两步都做完后,就可以断定这个命题对一切正整数 n 都为真.

  示范

例1 证明

$$1^2 + 2^2 + 3^2 + 4^2 + \cdots + n^2 = \frac{n(n+1)(2n+1)}{6}, n \in \mathbf{N}^* \tag{3}$$

证明

1° 当 $n=1$ 时,左边 $=1$,右边 $=1(1+1)(2+1)/6=1$,

左边 $=$ 右边,等式成立.

2° 设 $n=k$ 时,等式成立,即 $1^2 + 2^2 + \cdots + k^2 = k(k+1)(2k+1)/6$.

当 $n = k+1$ 时,

左边 $= 1^2 + 2^2 + \cdots + k^2 + (k+1)^2 = k(k+1)(2k+1)/6 + (k+1)^2$

$= k(k+1)(2k+1)/6 + 6(k+1)^2/6$

$= \{(k+1)[k(2k+1) + 6(k+1)]\}/6$

$= (k+1)[2k^2 + 7k + 6]/6$

$= (k+1)(k+2)(2k+3)/6$

$= (k+1)[(k+1)+1][2(k+1)+1]/6 =$ 右边,

即 $n = k+1$ 时等式也成立.

综合 1° 和 2° 知,等式对于所有自然数 n 都成立.

  练一练

借助几何图形(如图 6-13)及其性质,直观、简单地猜想出

$$1^3 + 2^3 + 3^3 + \cdots + n^3 = \frac{n^2(n+1)^2}{4},$$

并用数学归纳给予证明.

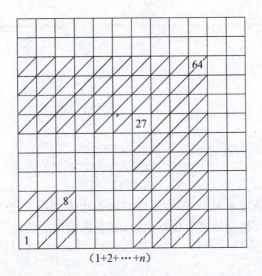

图 6-13

例2 对于两个整数 a,b,如果存在一个整数 c 使得 $a=bc$,则称 a 能被 b 整除,或 b 能整除 a. 证明:对一切正整数 n,整数 9^n-1 能被 8 整除.

证明 第一步:当 $n=1$ 时,有 $9^1-1=8$,于是 9^1-1 能被 8 整除.

第二步:假设当 $n=k$ 时,9^k-1 能被 8 整除. 于是存在整数 c 使得 $9^k-1=8c$,即 $9^k=8c+1$.

现在来看 $n=k+1$ 的情形:
$$9^{k+1}-1=9 \cdot 9^k-1=9(8c+1)-1=9\times 8c+8=8(9c+1),$$
因此 $9^{k+1}-1$ 能被 8 整除.

根据数学归纳法,对一切正整数 n 都有 9^n-1 能被 8 整除.

想一想

多边形的定义:在平面内,由若干条不在同一直线上的线段首尾顺次相连组成的封闭图形叫做多边形.

在定义中应注意:若干条与首尾顺次相连,二者缺一不可. 多边形有凸多边形和凹多边形之分,如图 6-14 所示,(1)为凹多边形,(2)为凸多边形.

定义一:把多边形的任何一边向两方延长,如果其他各边都在延长所得直线的同一旁,这样的多边形叫做凸多边形,我们探讨的一般都是凸多边形.

定义二:如果说在一个多边形内或边上任取两点,它们的连线上的每一点都在这个多边形内或边上,则称这个多边形是凸多边形.

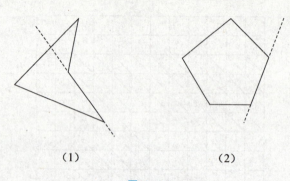

(1)　　　　　　　　(2)

图 6-14

三角形可用三条边来表示,四边形可用四条边来表示,n 边形呢?要画多少条边来表示呢?我们可用虚线表示省略的边,其余的边用实线表示.如图 6-15,就是 n 边形 $A_1A_2A_3\cdots A_n$.

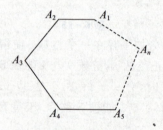

图 6-15

分别利用图 6-16 中的图形求出该五边形的五个内角的和.你知道应怎么做的吗?

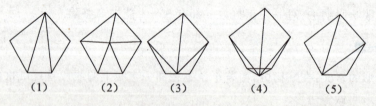

(1)　　(2)　　(3)　　(4)　　(5)

图 6-16

从五边形一个顶点出发可以引几条对角线?它们将五边形分成几个三角形?那么这五边形的内角和为多少度?

分法一:在五边形 $ABCDE$ 内任取一点 O,连结 OA,OB,OC,OD,OE,则得五个三角形.其五个三角形内角和为 $5\times180°$,而 $\angle1,\angle2,\angle3,\angle4,\angle5$ 不是五边形的内角应减去,所以五边形的内角和为 $5\times180°-2\times180°=(5-2)\times180°=540°$,如图 6-17 所示.

如果五边形变成 n 边形,用同样方法也可以得到 n 个三角形的内角和减去一个周角,即可得:n 边形内角和 $=n\times180°-2\times180°=(n-2)\times180°$.

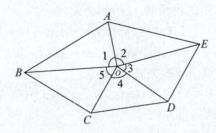

图 6-17

分法二:在边 AB 上取一点 O,连 OE,OD,OC,则分成 $(5-1)$ 个三角形,而 $\angle 1$, $\angle 2,\angle 3,\angle 4$ 不是五边形的内角,如图 6-18,应舍去.

所以五边形的内角和为 $(5-1)\times 180°-180°=(5-2)\times 180°$.

用同样的办法也可以把 n 边形分成 $(n-1)$ 个三角形,把不是 n 边形内角的 $\angle AOB$ 舍去,即可得 n 边形的内角和为 $(n-2)\times 180°$.

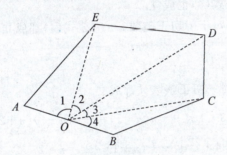

图 6-18

从 n 边形的一个顶点出发,可以引几条对角线?它们将 n 边形分成几个三角形?n 边形的内角和等于多少度?如图 6-19 所示.

多边形的变数与内角和的关系是:

$$
\begin{array}{ccccc}
3 & 4 & 5 & 6 & 7 \\
\updownarrow & \updownarrow & \updownarrow & \updownarrow & \updownarrow & \cdots \\
1\times 180° & 2\times 180° & 3\times 180° & 4\times 180° & 5\times 180°
\end{array}
$$

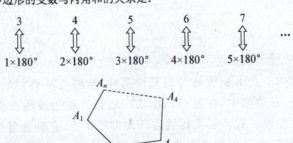

n 边形的内角和量:$(n-2)\times 180°$

图 6-19

综上所述,设多边形的边数为 n,则 n 边形的内角和等于 $(n-2)\cdot 180$.

例3 证明:凸多边形的内角和 $f(n)$ 的公式:
$$f(n)=(n-2)\pi \quad (n\geqslant 3) \tag{4}$$

证明 第一步,当 $n=3$ 时,已经知道 $f(3)=\pi$.
此时 $(n-2)\pi=(3-2)\pi=\pi$,公式(4)成立.

第二步,假设当 $n=k$ 时公式(4)成立.

现在来看 $n=k+1$ 的情形.

任取一个凸 $k+1$ 边形 $A_1A_2\cdots A_kA_{k+1}$,联结 A_1A_k,把这个凸 $k+1$ 边形 $A_1A_2\cdots A_kA_{k+1}$ 分成凸 k 边形 $A_1A_2\cdots A_k$ 和三角形 $\triangle A_1A_kA_{k+1}$.

容易看出,凸 $k+1$ 边形 $A_1A_2\cdots A_kA_{k+1}$ 的内角和等于凸 k 边形 $A_1A_2\cdots A_k$ 的内角和与三角形 $\triangle A_1A_kA_{k+1}$ 的内角和之和. 于是
$$f(k+1)=f(k)+f(3)=(k-2)\pi=(k-1)\pi$$
$$=[(k+1)-2]\pi,$$
因此当 $n=k+1$ 时,公式(4)也成立.

根据数学归纳法,对于一切正整数 $n\geqslant 3$,公式(4)都成立.

1. 证明下列等式对一切正整数 n 都成立.

(1) $1\cdot 2+2\cdot 3+3\cdot 4+\cdots+n(n+1)=\dfrac{1}{3}n(n+1)(n+2)$.

(2) $2\cdot 2+3\cdot 2^2+4\cdot 2^3+\cdots+(n+1)\cdot 2^n=n\cdot 2^{n+1}$.

2. 证明对于一切正整数 n,都有 10^n-3^n 能被 7 整除.

3. 证明凸边形的对角线的条数 $g(n)$ 为
$$g(n)=\dfrac{1}{2}n(n-3),\ (n\geqslant 3).$$

阅读材料

类比方法

类比法是指由一类事物所具有的某种属性,推测与其类似的事物也具有这种属性的推理方法. 在数学中,它曾与归纳法一起被人称为发现真理的主要工具. 天文学家开普勒曾经说:"我珍视类比胜过任何别的东西,它是我最信赖的老师,它能揭示自然界的秘密,在几何学里它是最不容忽视的."

类比通常是这样进行的:

A 具有性质 $a_1,a_2,\cdots,a_n$ 及 d.

B 具有性质 $a_1',a_2',\cdots,a_n'$.

所以,推测 B 也可能具有性质 d.

其中 a_1 与 a_1',a_2 与 a_2',$\cdots$,a_n 与 a_n',d 与 d' 对应相同或相似.

类比法是一种从特殊到特殊的推理方法,通过类比得出的结论并不能保证一定正确,需要通过证明或实践检验.

我们在学习立体几何时常常可以类比平面几何,将在平面上成立的结论进行推广,得出许多类似的结论. 又如在学习数列时,可以类比等差数列来学习等比数列.

本章小结

本章主要介绍数列及数列的通项公式. 其中主要讲述两类特殊的数列,一类是等差数列,通项公式为:$a_n=a_1+(n-1)d$,前 n 项和公式 S_n: $S_n=\dfrac{n(a_1+a_n)}{2}$ 或 $S_n=na_1+\dfrac{n(n-1)}{2}d$;一类是等比数列,通项公式为:$a_n=a_1q^{n-1}$,前 n 项和公式 S_n: $S_n=\dfrac{a_1(1-q^n)}{1-q}$ 或 $S_n=\dfrac{a_1-a_nq}{1-q}$.

除了等差数列与等比数列以外,还有各种各样的数列,它们的通项公式能否求出? 对于一些数列,常常先从 $n=1,n=2,n=3,\cdots$ 这些特殊值观察 a_n 与 n 的关系,猜测这个数列的通项公式是什么样,然后用数学归纳法进行论证.

最后介绍了数学归纳法. 数学归纳法是证明与正整数有关的命题的常用方法. 若对于 $n \geqslant n_0$(其中 n_0 是一个给定的正整数)都为真,那么证明步骤如下:

第一步,证明当 $n=n_0$ 时,这个命题为真;

第二步,假设当 $n=k$(其中 $k \geqslant n_0$)时,这个命题为真,去证明当 $n=k+1$ 时,这个命题也为真.

上述两步都做完后,就可以断定这个命题对一切正整数 n 都为真.

复习题六

1. 在等差数列 $\{a_n\}$ 中:
(1)已知 $a_1=2, a_{11}=32$,求公差 d;
(2)已知 $a_1=-2, d=5, a_n=103$,求 n 与 S_n;
(3)已知 $a_1=200, S_{41}=4100$,求 d 与 a_{11}.

2. 在等比数列 $\{a_n\}$ 中:
(1)已知 $q=\dfrac{1}{3}, a_9=1$,求 a_1;
(2)已知 $q=\dfrac{1}{2}, S_8=63$,求 a_1 和 a_6;

(3)已知 $q=\dfrac{1}{2}, S_{10}=\dfrac{1023}{512}$,求 a_1.

3.求下列两数的等差中项.

(1)-5 与 250;　　　　(2)$(a+b)^2$ 与 $(a-b)^2$.

4.求下列两数的等比中项.

(1)40 与 90;　　　　(2)$4+2\sqrt{3}$ 与 $4-2\sqrt{3}$.

5.某城市现有人口总数为 100 万.如果人口的年自然增长率控制在 1%,试问:10 年后该城市的人口将达到多少?(结果保留到小数点后面两位)

6.数列 $\{a_n\}$ 的通项公式是 $a_n=7n-5, n\in \mathbf{N}^*$,试问:$\{a_n\}$ 是不是等差数列?如果是,它的首项与公差各是多少?

第七章　平面向量

一　向量的概念及运算

7.1　向量的概念和向量的表示

观察

在物理学中,我们学过一些量,如图 7-1 中拉小车的力 F,以及小车在力 F 的作用下的位移 s. 这两个量有什么共性呢? 与其他一些量,如时间、温度、距离等有什么区别呢?

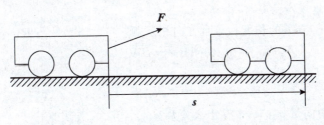

图 7-1

抽象

我们把既有大小又有方向的量叫做向量(或矢量).

通常我们用黑体的小写英文字母 $a,b,c,\cdots$ 来表示向量. 手写时则必须在小写字母上标上箭头如:$\vec{a},\vec{b},\vec{c},\cdots$.

由于向量只含有大小和方向两个要素. 通常我们用带有一个箭头的线段(称为有向线段)来直观地表示向量. 例如,图 7-2 中,向量 a 可以用有向线段 $\overrightarrow{AB}$ 表示: $\overrightarrow{AB}$ 的长度表示向量 a 的大小,也叫 a 的长(或模),记作 $|a|$. $\overrightarrow{AB}$ 的箭头指向(即起点 A 往终点 B 的方向)表示 a 的方向. 今后我们把有向线段 $\overrightarrow{AB}$ 表示的向量就叫做

向量 $\overrightarrow{AB}$.

图 7-2

由于向量只含有大小和方向两个要素,长度相等并且方向相同的有向线段表示的向量是相等的向量.若两向量 a 和 b 同向且等长,则 a 和 b 相等,记作 $a=b$.

例如,图 7-3 中,平行四边形 $ABCD$ 的对边长度相等且方向相同,因此向量 $\overrightarrow{AB}$ 与向量 $\overrightarrow{DC}$ 相等,向量 $\overrightarrow{BC}$ 与向量 $\overrightarrow{AD}$ 相等.

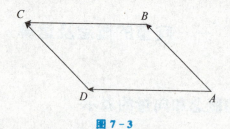

图 7-3

长度等于零的向量叫做零向量,记作 **0**,它的方向不确定,**0** 还可以用起点与终点重合的有向线段 $\overrightarrow{AA}$ 或 $\overrightarrow{BB}$ 等表示.

长度等于 1 的向量叫做单位向量.

与非零向量 a 长度相等并且方向相反的向量称为 a 的负向量(或 a 的反向量),记作 $-a$.

0 的负向量规定为 **0**.

如向量 $\overrightarrow{AB}$ 与 $\overrightarrow{BA}$ 的长度相等且方向相反,则
$$\overrightarrow{AB}=-\overrightarrow{BA}.$$

 观察

图 7-4 中向量 a,b,c,d 有什么关系?

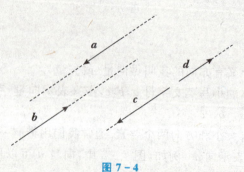

图 7-4

发现

向量 a, b, c, d 的有向线段所在的直线互相平行或重合,则称这些向量平行或共线;否则称不平行或不共线.

规定:零向量与任一向量共线.

图 7-5 中,向量 a 与 b 是不共线的.

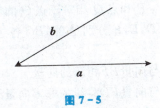

图 7-5

示范

例1 如图 7-6 所示,已知 D 是 $\triangle ABC$ 边 BC 的中点,找出与向量 $\overrightarrow{BD}$ 相等的向量,以及 $\overrightarrow{BD}$ 的负向量.

解 $\overrightarrow{BD}=\overrightarrow{DC}$,

$-\overrightarrow{BD}=\overrightarrow{DB}=\overrightarrow{CD}$.

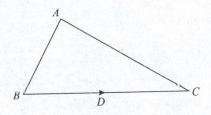

图 7-6

例2 如图 7-7 所示,在平行四边形 $ABCD$ 中,找到与向量 $\overrightarrow{AB}$ 共线的非零向量.

解 与向量 $\overrightarrow{AB}$ 共线的向量有

$\overrightarrow{AB}, \overrightarrow{BA}, \overrightarrow{CD}, \overrightarrow{DC}$.

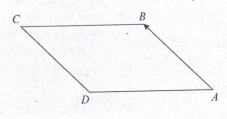

图 7-7

练习

1. 一辆汽车从 O 地向正北方向行驶 100 km,另一辆汽车从 O 地向东南方向行驶 100 km. 这两辆汽车的位移相同吗?分别作出有向线段表示这两辆汽车的位移.

2. 在平面上任意确定一点 O,点 P 在点 O "北偏东 60°,2 cm"处,点 Q 在点 O "西偏南 30°,2 cm"处,画出点 P 和点 Q 相对于点 O 的位置向量.

3. 如图 7-8 所示,已知 D,E,F 分别是 $\triangle ABC$ 各边的中点,找到与向量 $\overrightarrow{DE}$ 相等的向量.

4. 如图 7-8 所示,找到与向量 $\overrightarrow{EF}$ 相反的向量.

5. 如图 7-8 所示,找到与向量 $\overrightarrow{FD}$ 共线的非零向量.

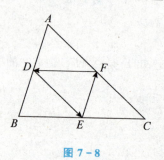

图 7-8

7.2 向量的加法与减法

 观察

如图 7-9 所示,如果小李从 A 点经 B 点到达 C 点,那么两次位移 $\overrightarrow{AB}$ 与 $\overrightarrow{BC}$ 的效果如何?

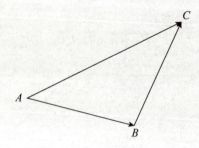

图 7-9

显然,总效果是小李从 A 处到达了 C 处,因此很自然地把位移 $\overrightarrow{AC}$ 叫做位移 $\overrightarrow{AB}$ 与 $\overrightarrow{BC}$ 的和,记作

$$\overrightarrow{AB}+\overrightarrow{BC}=\overrightarrow{AC}.$$

 抽象

一般地,对于已知向量 a,b,在平面上任取一点 A,作 $\overrightarrow{AB}=a$,接着作 $\overrightarrow{BC}=b$,则向量 $\overrightarrow{AC}$ 表示的向量 c 称为 a 与 b 的和,记作 $c=a+b$,如图 7-10 所示,即

$$\overrightarrow{AB}+\overrightarrow{BC}=\overrightarrow{AC}. \tag{1}$$

上述关于向量的加法的定义称为向量的加法的三角形法则.

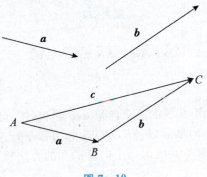

图 7-10

 示范

例1 已知向量 a 的长度为 3,方向为正东方向;向量 b 的长度为 3,方向为正北方向. 求 $a+b$.

解 如图 7-11 所示,作有向线段 $\overrightarrow{AB}$ 表示向量 a,接着作有向线段 $\overrightarrow{BC}$ 表示 b,则有向线段 $\overrightarrow{AC}$ 表示 $a+b$,根据勾股定理知它的长度为 $3\sqrt{2}$,方向为北偏东 $45°$.

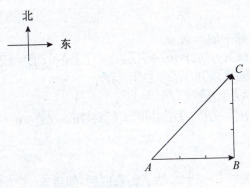

图 7-11

例2 如图7-12所示，$ABCD$是平行四边形，求$\overrightarrow{AB}+\overrightarrow{AD}$.

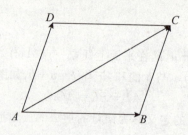

图7-12

解 由于$\overrightarrow{AD}=\overrightarrow{BC}$，因此
$$\overrightarrow{AB}+\overrightarrow{AD}=\overrightarrow{AB}+\overrightarrow{BC}=\overrightarrow{AC}.$$

评注

从例2可以看到，求不共线的两个向量a,b的和，还可以从同一起点A作有向线段$\overrightarrow{AB},\overrightarrow{AD}$分别表示$a,b$，然后以$AB,AD$为邻边作平行四边形$ABCD$，则其对角线$\overrightarrow{AC}$就表示$a+b$. 这种求不共线的两个向量的和的方法称为向量加法的平行四边形法则.

不难证明，向量的加法满足下列4条运算法则：

对于任意向量a,b,c有

① $a+b=b+a$；（交换律）

② $(a+b)+c=a+(b+c)$；（结合律）

③ $a+0=0+a=a$；

④ $a+(-a)=(-a)+a=0$.

示范

例3 求下列各题中的和向量.

(1) $\overrightarrow{AC}+\overrightarrow{CD}+\overrightarrow{DO}$；　(2) $\overrightarrow{BC}+\overrightarrow{AB}$；　(3) $\overrightarrow{DB}+\overrightarrow{CD}+\overrightarrow{BC}$.

解 (1) $\overrightarrow{AC}+\overrightarrow{CD}+\overrightarrow{DO}=\overrightarrow{AD}+\overrightarrow{DO}=\overrightarrow{AO}$；

(2) $\overrightarrow{BC}+\overrightarrow{AB}=\overrightarrow{AB}+\overrightarrow{BC}=\overrightarrow{AC}$；

(3) $\overrightarrow{DB}+\overrightarrow{CD}+\overrightarrow{BC}=\overrightarrow{CD}+\overrightarrow{DB}+\overrightarrow{BC}=\overrightarrow{CB}+\overrightarrow{BC}=\overrightarrow{CC}=0$.

思考

数有减法运算，例如$5-3=2$. 学了负数以后，知道$5+(-3)=2$，因此
$$5-3=5+(-3).$$

你能不能从中受到启发，猜测向量的减法运算应当怎样规定呢？

抽象

向量的减法运算规定为：

$$a - b = a + (-b),$$

即减去一个向量相当于加上这个向量的相反向量. 根据向量减法的定义, 设起点相同的两个向量 $\overrightarrow{OA}$ 减去 $\overrightarrow{OB}$ 的差为

$$\overrightarrow{OA} - \overrightarrow{OB} = \overrightarrow{OA} + (-\overrightarrow{OB}) = \overrightarrow{OA} + \overrightarrow{BO}$$
$$= \overrightarrow{BO} + \overrightarrow{OA} = \overrightarrow{BA},$$

即
$$\overrightarrow{OA} - \overrightarrow{OB} = \overrightarrow{BA}. \tag{2}$$

如图 7-13 所示.

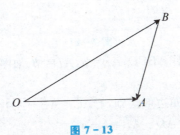

图 7-13

公式(2)表明:如果两个向量的起点相同,则这两个向量的差等于从减向量的终点到被减向量的终点形成的向量.

  试一试

在下列各图中, 画出差向量.

(1) 在图 7-14 中, 画出 $\overrightarrow{AB} - \overrightarrow{AD}$;   (2) 在图 7-15 中, 画出 $\overrightarrow{BC} - \overrightarrow{BA}$.

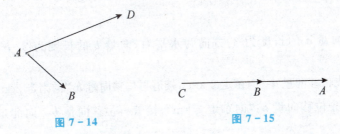

图 7-14   图 7-15

  示范

例 4 如图 7-16 所示, 已知向量 a, b, c, d, 求作向量 $a - b, c - d$.

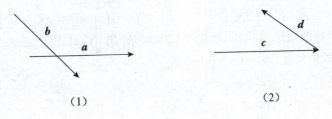

(1)   (2)

图 7-16

解 作法:在平面内任取一点 O,作 $\overrightarrow{OA}=a,\overrightarrow{OB}=b,\overrightarrow{OC}=c,\overrightarrow{OD}=d$,则 $\overrightarrow{BA}=a-b;\overrightarrow{DC}=c-d$,如图 7-17 所示.

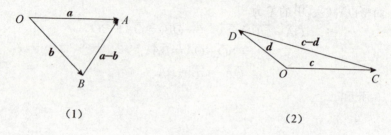

(1)　　　　　　　　　　　(2)

图 7-17

例 5 已知平行四边形 $ABCD$,$\overrightarrow{AB}=a$,$\overrightarrow{AD}=b$,如图 7-18 所示.试用向量 a,b 表示向量 $\overrightarrow{AC}$,$\overrightarrow{BD}$.

解 由求向量的平行四边形法则,有 $\overrightarrow{AC}=\overrightarrow{AB}+\overrightarrow{AD}=a+b$.
由减法定义可知 $\overrightarrow{BD}=\overrightarrow{AD}-\overrightarrow{AB}=b-a$.

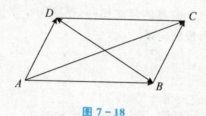

图 7-18

练习

1. 已知向量 a 的长度为 3,方向为水平右;向量 b 的长度为 2,方向是水平向左.求 $a+b$.

2. 某人先位移向量 a:"向东走 2 km",接着再位移向量 b:"向南走 2 km",求 $a+b$.

3. 某人先位移向量 a:"向东走 2 km",接着再位移向量 b:"向北走 $2\sqrt{3}$ km",求 $a+b$.

4. 化简.
(1) $\overrightarrow{CD}+\overrightarrow{DC}$;
(2) $\overrightarrow{AC}+\overrightarrow{DB}+\overrightarrow{CD}$;
(3) $\overrightarrow{AB}+(-\overrightarrow{CD})+\overrightarrow{CD}$;
(4) $\overrightarrow{AB}-\overrightarrow{DC}-\overrightarrow{AD}$;
(5) $\overrightarrow{MN}-\overrightarrow{MP}+\overrightarrow{ND}+\overrightarrow{DQ}$;
(6) $\overrightarrow{AB}+\overrightarrow{DE}+\overrightarrow{BD}-\overrightarrow{AC}$.

5. 已知平行四边形 $ABCD$,如图 7-19 所示.用向量 $\overrightarrow{AB}$,$\overrightarrow{AD}$ 表示向量 $\overrightarrow{CB}$,$\overrightarrow{AC}$,$\overrightarrow{DB}$.

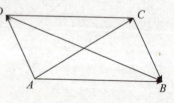

图 7-19

6. 如图 7-20 所示，在正六边形 $ABCDEF$ 中，用向量 $\overrightarrow{AB}$, $\overrightarrow{AF}$ 表示向量 $\overrightarrow{BC}$, $\overrightarrow{CD}$, $\overrightarrow{DE}$, $\overrightarrow{EF}$.

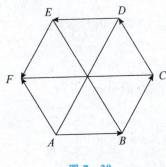

图 7-20

7.3 数乘向量

 观察

已知非零向量 a，试着作出 $a+a+a$ 和 $(-a)+(-a)+(-a)$。你能说出它们的几何意义吗？

由图 7-21 可知，$a+a+a = \overrightarrow{OA}+\overrightarrow{AB}+\overrightarrow{BC} = \overrightarrow{OC}$，3 个 a 相加记作 $3a$，即 $\overrightarrow{OC} = 3a$，容易看出，$3a$ 的方向与 a 相同，$3a$ 的长度是 a 长度的 3 倍，即 $|3a| = 3|a|$。

同样，$(-a)+(-a)+(-a) = \overrightarrow{PQ}+\overrightarrow{QM}+\overrightarrow{MN} = \overrightarrow{PN}$，3 个 $-a$ 相加记作 $-3a$，即 $\overrightarrow{PN} = -3a$，容易看出，$-3a$ 的方向与 a 相反，$-3a$ 的长度是 a 长度的 3 倍，即 $|-3a| = |-3||a| = 3|a|$。

图 7-21

 抽象

从上述分析可以得出数乘向量的运算。

实数 λ 与向量 a 的乘积是一个向量，记作 λa，它的长度为
$$|\lambda a| = |\lambda|\,|a|. \tag{1}$$

如果 $|\lambda a| \neq 0$，当 $\lambda > 0$ 时，λa 与 a 的方向相同；当 $\lambda < 0$ 时，λa 与 a 的方向相反。

在 λa 中,实数 λ 叫做向量 a 的系数. 数乘向量的几何意义就是把向量 a 沿着 a 的方向或 a 的相反方向放大或缩小 $|\lambda|$ 倍.

由(1)式得
$$0a = \mathbf{0}, \quad \lambda a = a.$$

 试一试

已知向量 a,分别作有向线段表示 $3a, -2a$.

解

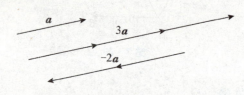

图 7-22

不难证明,数乘向量满足下列 3 条运算法则:对任意 a, b,以及任意实数 λ, μ,有:

(1) $(\lambda + \mu)a = \lambda a + \mu a$;

(2) $(\lambda \mu)a = \lambda(\mu a)$;

(3) $\lambda(a + b) = \lambda a + \lambda b$.

向量的加法与数乘满足的运算法则,在形式上很像实数加法与乘法满足的运算法则,当然向量的运算与实数的运算在具体含义上是不同的. 但是由于它们的运算法则在形式上相像,因此我们猜想实数运算中的去括号、合并同类项、移项等法则,在形式上可以搬到向量的运算中来. 例如,去括号法则:
$$-(2a - 3b) = -2a + 3b.$$

 示范

例 1 计算下列各式.

(1) $-2 \times (-\dfrac{3}{4})a$;

(2) $3a + 2b - (2a - 3b)$;

(3) $2(2a + 2b) - 3(2a + 3b)$.

解 (1) $-2 \times (-\dfrac{3}{4})a = \left[(-2) \times (-\dfrac{3}{4})\right]a = \dfrac{3}{2}a$;

(2) $3a + 2b - (2a - 3b) = 3a + 2b - 2a + 3b$
$$= (3a - 2a) + (2b + 3b) = a + 5b;$$

(3) $2(2a + 2b) - 3(2a + 3b) = 4a + 4b - 6a - 9b$
$$= (4a - 6a) + (4b - 9b) = -2a - 5b.$$

例2 如图7-23,在△ABC中D是BC边上的中点,用向量$\overrightarrow{AB},\overrightarrow{AC}$表示向量$\overrightarrow{BD},\overrightarrow{AD}$.

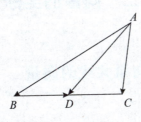

图 7-23

解 因为D是BC的中点,所以

$$\overrightarrow{BD}=\frac{1}{2}\overrightarrow{BC}=\frac{1}{2}(\overrightarrow{AC}-\overrightarrow{AB})=-\frac{1}{2}\overrightarrow{AB}+\frac{1}{2}\overrightarrow{AC};$$

$$\overrightarrow{AD}=\overrightarrow{AB}+\overrightarrow{BD}=\overrightarrow{AB}+\left(-\frac{1}{2}\overrightarrow{AB}+\frac{1}{2}\overrightarrow{AC}\right)=\frac{1}{2}\overrightarrow{AB}+\frac{1}{2}\overrightarrow{AC}.$$

 评注

向量的加法、减法以及数乘向量的综合运算统称为向量的线性运算.

 练习

1. 如图7-24所示,已知向量a,b,求作$-3a,\frac{3}{2}b,2a+3b,2a-3b$.

图 7-24

2. 已知向量a的长度为2,方向为正东方向;向量b的长度为3,方向为北偏东45°.以O为起点,分别作出有向线段表示$2a+b,-a+b$.

3. 化简下列各式.

(1) $2(2a-3b)-(a-2b)$;

(2) $2(2a+b-3c)+4(-2a+b-2c)$.

4. 设x是未知向量,解方程$4(x+2a)+2(3x-3b)=0$.

5. 已知平行四边形ABCD的对角线为AC,BD.设$\overrightarrow{AC}=a$,$\overrightarrow{BD}=b$,用a,b表示向量$\overrightarrow{AB},\overrightarrow{AD}$.

6. 如图7-25所示,在△ABC中,D是BC边上的一点,且$BD=\frac{1}{2}DC$,用$\overrightarrow{AB},\overrightarrow{AC}$表示向量$\overrightarrow{AD}$.

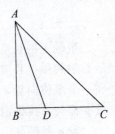

图 7-25

二　向量的坐标

7.4　与一个非零向量共线的向量

观察

设向量 $a\neq 0$，从同一起点 O 作有向线段 $\overrightarrow{OA},\overrightarrow{OB},\overrightarrow{OC},\overrightarrow{OD}$ 分别表示 $a,2a,-2a,0a$，可以观察到什么？

从图 7-26 可以看出，数乘向量 λa，当 $\lambda\neq 0$ 时，λa 与 a 共线，而 $\lambda=0$ 时，$0a=\mathbf{0}$，$\mathbf{0}$ 与 a 共线，因此 $0a$ 也与 a 共线.

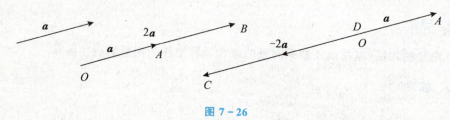

图 7-26

抽象

设 $a\neq\mathbf{0}$，则对于任意实数 λ，有 λa 与 a 共线. 这个结论可以根据数乘向量的定义立即得出.

反过来，如果向量 b 与非零向量 a 共线，则存在唯一实数 λ，使得 $b=\lambda a$.

证明略.

现在取一根数轴，如图 7-27 所示.

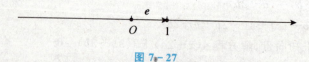

图 7-27

数轴上的长度为 1 和正方向的向量可以用一个单位向量 e 来表示：e 的长度表示数轴的单位长度，e 的方向表示数轴的正方向，如图 7-27 所示. 于是一个原点 O 和一个单位向量 e 就确定了一根数轴，记作 $[O;e]$，简称为轴. 于是，数轴上任意向量 a 都与 e 共线，我们把与 e 共线的向量都叫做这根轴上的向量.

设 a 是轴 $[O;e]$ 上的任一向量，则 a 与 e 共线. 据上面的结论，知存在唯一的实数 x，使得

$$a=xe. \tag{1}$$

我们把(1)式中的 x 叫做轴上向量 a 的坐标.

如图 7-28 所示,如果点 A 的坐标为 x_1,则点 A 的坐标向量 $\overrightarrow{OA}$ 的坐标为 $OA=x_1$,所以 $\overrightarrow{OA}=x_1 e$. 如果点 B 的坐标为 x_2,则点 B 的坐标向量 $\overrightarrow{OB}$ 的坐标为 $OB=x_2$,所以 $\overrightarrow{OB}=x_2 e$. 由向量加法法则可知
$$\overrightarrow{AB}=\overrightarrow{OB}-\overrightarrow{OA}=x_2 e - x_1 e=(x_2-x_1)e.$$
即轴上向量的坐标等于向量终点坐标减去始点的坐标.

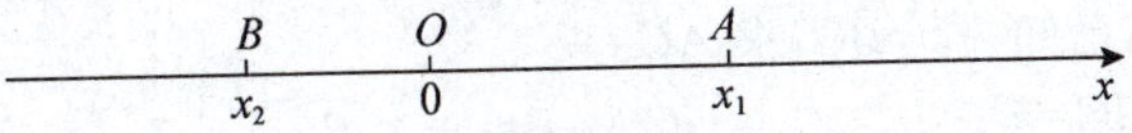

图 7-28

而且可以得出
$$|\overrightarrow{AB}|=|(x_2-x_1)e|=|x_2-x_1||e|=|x_2-x_1|.$$

 示范

例 1 设轴 $[O;e]$ 上向量 a,b 的坐标分别为 $2,-3$. 分别求 $2a,3b,a+b$ 在轴 $[O;e]$ 上的坐标.

解 由已知条件得 $a=2e, b=-3e$,于是
$$2a=2\times 2e=4e, \quad 3b=3\times(-3e)=-9e,$$
$$a+b=2e+(-3e)=-1e.$$
因此 $2a,3b,a+b$ 在轴 $[O;e]$ 上的坐标分别是 $4,-9,-1$.

例 2 如图 7-29 所示,M,N 分别是三角形 ABC 的边 AB,AC 上的点,并且 $|AM|=\dfrac{3}{5}|AB|$,$|AN|=\dfrac{3}{5}|AC|$. 证明:$MN \parallel BC$.

证明 要证明 $MN \parallel BC$,只要证 $\overrightarrow{MN}$ 与 $\overrightarrow{BC}$ 共线.
$$\overrightarrow{MN}=\overrightarrow{AN}-\overrightarrow{AM}$$
$$=\frac{3}{5}\overrightarrow{AC}-\frac{3}{5}\overrightarrow{AB}=\frac{3}{5}(\overrightarrow{AC}-\overrightarrow{AB})=\frac{3}{5}\overrightarrow{BC}.$$
因此 $\overrightarrow{MN}$ 与 $\overrightarrow{BC}$ 共线,从而 $MN \parallel BC$.

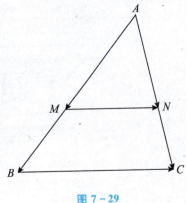

图 7-29

练习

1. 已知 $a=-2e, b=3e$,试问向量 a 与 b 是否平行?并求 $|a|:|b|$.
2. 把下列向量 a 表示为数乘向量 b 的形式:
   (1) $a=3e, b=-2e$;   (2) $a=-4e, b=8e$;
   (1) $a=\dfrac{1}{2}e, b=-\dfrac{3}{4}e$;   (2) $a=-5e, b=-2e$.
3. 在数轴上,已知 AB, BC,求 AC.
   (1) $AB=3, BC=5$;   (2) $AB=-4, BC=-7$;
   (3) $AB=-2, BC=-4$;   (4) $AB=1, BC=-6$.
4. 已知 M, N 分别是三角形 ABC 的边 AB, AC 上的点,并且 $|AM|=\dfrac{3}{4}|AB|$,$|AN|=\dfrac{3}{4}|AC|$.证明:$MN \parallel BC$.
5. 设轴 $[O;e]$ 上向量 a, b 的坐标分别为 $2, -3$,求 $4a+5b$ 在轴 $[O;e]$ 上的坐标.
6. 已知数轴上三点 A, B, C 的坐标分别是 $-2, 5, 4$,求 $\overrightarrow{AB}, \overrightarrow{BC}, \overrightarrow{AC}$ 的坐标.

 ## 7.5 平面向量分解定理

 观察

数轴 $[O;e]$ 上的任意一向量,我们可以用单位向量 e 来表示,那么平面任意一向量又该如何来表示呢?

如图 7-30 所示,设 e_1, e_2 是平面上不共线的两个向量,容易看出
$$\overrightarrow{AB}=2e_1+5e_2, \quad \overrightarrow{CD}=4e_1+6e_2,$$
$$\overrightarrow{EF}=-3e_1+4e_2, \quad \overrightarrow{GH}=-4e_1-9e_2.$$

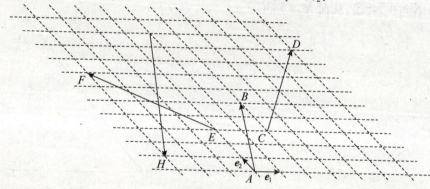

图 7-30

抽象

平面向量分解定理：设 e_1, e_2 是同一平面上不共线的两个向量，那么对平面上任一个向量 a，存在唯一的一对实数 x, y 使

$$a = xe_1 + ye_2. \tag{1}$$

我们把 e_1, e_2 称为平面的一个基，把(1)式中系数组成的有序实数对 (x, y) 叫做向量 a 在基 e_1, e_2 下的坐标.

示范

例 1 如图 7-31 所示，平行四边形 $ABCD$ 的对角线相交于于点 O，取 $\overrightarrow{AB}$，$\overrightarrow{AD}$ 为平面的一个基，分别求向量 $\overrightarrow{AB}, \overrightarrow{AD}, \overrightarrow{AC}, \overrightarrow{BD}, \overrightarrow{OA}, \overrightarrow{OD}$ 在基 $\overrightarrow{AB}, \overrightarrow{AD}$ 下的坐标.

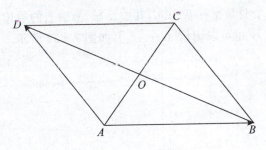

图 7-31

解 $\overrightarrow{AB} = 1\overrightarrow{AB} + 0\overrightarrow{AD}$,
$\overrightarrow{AD} = 0\overrightarrow{AB} + 1\overrightarrow{AD}$,
$\overrightarrow{AC} = 1\overrightarrow{AB} + 1\overrightarrow{AD}$,
$\overrightarrow{BD} = 1\overrightarrow{AD} - 1\overrightarrow{AB} = -1\overrightarrow{AB} + 1\overrightarrow{AD}$,
$\overrightarrow{OA} = \frac{1}{2}\overrightarrow{CA} = -\frac{1}{2}\overrightarrow{AC} = -\frac{1}{2}(1\overrightarrow{AB} + 1\overrightarrow{AD}) = -\frac{1}{2}\overrightarrow{AB} - \frac{1}{2}\overrightarrow{AD}$,
$\overrightarrow{OD} = \frac{1}{2}\overrightarrow{BD} = \frac{1}{2}(-1\overrightarrow{AB} + 1\overrightarrow{AD}) = -\frac{1}{2}\overrightarrow{AB} + \frac{1}{2}\overrightarrow{AD}$,

因此，$\overrightarrow{AB}, \overrightarrow{AD}, \overrightarrow{AC}, \overrightarrow{BD}, \overrightarrow{OA}, \overrightarrow{OD}$ 在基 $\overrightarrow{AB}, \overrightarrow{AD}$ 下的坐标分别为

$$(1,0), (0,1), (1,1), (-1,1), (-\frac{1}{2}, -\frac{1}{2}), (-\frac{1}{2}, \frac{1}{2}).$$

练习

1. 已知平行四边形 $ABCD$ 的两条对角线交于点 O，设 $\overrightarrow{OA} = a, \overrightarrow{OB} = b$，试用 a，b 表示 $\overrightarrow{OC}, \overrightarrow{OD}, \overrightarrow{DC}, \overrightarrow{BC}$.

2. 设三角形 ABC 的边 BC 的中点为 D. 取 $\overrightarrow{AB}, \overrightarrow{AC}$ 为平面的一个基，分别求 $\overrightarrow{AD}, \overrightarrow{BC}, \overrightarrow{BD}$ 在基 $\overrightarrow{AB}, \overrightarrow{AC}$ 下的坐标.

3. 设 M, N 分别是平行四边形 $ABCD$ 的边 BC, CD 上的点,且 $|BM| = \frac{1}{4}|BC|$, $|CN| = \frac{1}{3}|CD|$. 求向量 $\overrightarrow{MN}$ 在基 $\overrightarrow{AB}, \overrightarrow{AD}$ 下的坐标.

4. 设 D 是 $\triangle ABC$ 的边 BC 上一点,并且 $|BD| = \frac{3}{4}|BC|$. 求 $\overrightarrow{AD}$ 在基 $\overrightarrow{AB}, \overrightarrow{AC}$ 下的坐标.

7.6 平面向量的直角坐标

在平面上取一个直角坐标系 xOy,其中 x 轴,y 轴上的单位向量分别为 e_1, e_2. 于是直角坐标系 xOy 也可以记作 $[O; e_1, e_2]$,如图 7-32 所示.

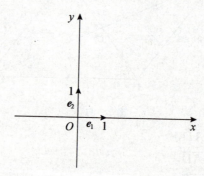

图 7-32

问:e_1, e_2 是这个平面的一个基吗?

 分析

在平面直角坐标系 $[O; e_1, e_2]$ 中,由于 e_1, e_2 不共线,因此 e_1, e_2 是平面的一个基. 我们把平面上每一个向量 $\boldsymbol{a}$ 在基 e_1, e_2 下的坐标 (x, y) 称为 $\boldsymbol{a}$ 的直角坐标或者 $\boldsymbol{a}$ 的坐标,记作 $\boldsymbol{a}(x, y)$,其中 x 称为横坐标,y 称为纵坐标.

两个有序实数对 (x_1, y_1) 与 (x_2, y_2),如果满足
$$x_1 = y_1, \text{且 } x_2 = y_2,$$
则称 (x_1, y_1) 与 (x_2, y_2) 相等,记作 $(x_1, y_1) = (x_2, y_2)$.

容易看出,平面上取定一个直角坐标 $[O; e_1, e_2]$ 后,两个向量相等当且仅当它们的坐标相等.

如何利用向量的坐标来做向量的加法、减法与数乘运算呢?

设平面向量 $\boldsymbol{a}, \boldsymbol{b}$ 在直角坐标系 $[O; e_1, e_2]$ 中的坐标分别为 $(a_1, a_2), (b_1, b_2)$ 则
$$\boldsymbol{a} + \boldsymbol{b} = (a_1 \boldsymbol{e}_1 + a_2 \boldsymbol{e}_2) + (b_1 \boldsymbol{e}_1 + b_2 \boldsymbol{e}_2)$$

$$= (a_1+b_1)\boldsymbol{e}_1+(a_2+b_2)\boldsymbol{e}_2,$$
$$\boldsymbol{a}-\boldsymbol{b}=(a_1\boldsymbol{e}_1+a_2\boldsymbol{e}_2)-(b_1\boldsymbol{e}_1+b_2\boldsymbol{e}_2)$$
$$=(a_1-b_1)\boldsymbol{e}_1+(a_2-b_2)\boldsymbol{e}_2,$$
$$k\boldsymbol{a}=k(a_1\boldsymbol{e}_1+a_2\boldsymbol{e}_2)=(ka_1)\boldsymbol{e}_1+(ka_2)\boldsymbol{e}_2,$$

因此 $\boldsymbol{a}+\boldsymbol{b}, \boldsymbol{a}-\boldsymbol{b}, k\boldsymbol{a}$ 的直角坐标分别为
$$(a_1+b_1, a_2+b_2),(a_1-b_1, a_2-b_2),(ka_1, ka_2).$$

由此得出结论：

两个向量的和（差）的坐标等于它们的坐标的和（差）；

实数 k 与向量 $\boldsymbol{a}$ 的乘积 $k\boldsymbol{a}$ 的坐标等于 k 乘以 $\boldsymbol{a}$ 的坐标。

示范

例1 设 $\boldsymbol{a}(2,1), \boldsymbol{b}(-3,5)$，求 $\boldsymbol{a}+\boldsymbol{b}, \boldsymbol{a}-\boldsymbol{b}, 2\boldsymbol{a}, 2\boldsymbol{a}-3\boldsymbol{b}$ 的坐标．

解 $\boldsymbol{a}+\boldsymbol{b}$ 的坐标为
$$(2,1)+(-3,5)=(2+(-3), 1+5)=(-1,6);$$

$\boldsymbol{a}-\boldsymbol{b}$ 的坐标为
$$(2,1)-(-3,5)=(2-(-3), 1-5)=(5,-4);$$

$2\boldsymbol{a}$ 的坐标为
$$2(2,1)=(2\times 2, 2\times 1)=(4,2);$$

$2\boldsymbol{a}-3\boldsymbol{b}$ 的坐标为
$$2(2,1)-3(-3,5)=(2\times 2, 2\times 1)-(3\times(-3), 3\times 5)$$
$$=(4,2)-(-9,15)$$
$$=(4-(-9), 2-15)=(13,-13).$$

例2 如图 7-33 所示，已知 $A(x_1, y_1), B(x_2, y_2)$，求向量 $\overrightarrow{AB}$ 的坐标．

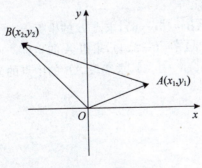

图 7-33

解 $\overrightarrow{AB}=\overrightarrow{OB}-\overrightarrow{OA}=(x_2, y_2)-(x_1, y_1)$
$$=(x_2-x_1, y_2-y_1).$$

通过例 2 可以得出结论：一个向量的坐标等于向量终点的坐标减去始点的坐标．

例3 如图 7-34 所示,已知平行四边形 $ABCD$ 的顶点 A,B,C 的坐标分别是 $(-2,1),(2,2),(3,4)$,求顶点 D 的坐标.

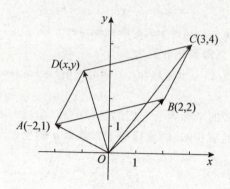

图 7-34

解 $\overrightarrow{OD}=\overrightarrow{OA}+\overrightarrow{AD}=\overrightarrow{OA}+\overrightarrow{BC}=\overrightarrow{OA}+\overrightarrow{OC}-\overrightarrow{OB}$
$=(-2,1)+(3,4)-(2,2)=(-1,3).$

练习

1. 已知向量 a,b 的坐标,求 $a+b,a-b$ 的坐标.
(1) $a(2,-3),b(-4,0)$; (2) $a(4,3),b(0,4)$;
(3) $a(2,3),b(-3,5)$;   (4) $a(3,0),b(5,-2)$.

2. 已知 A,B 两点的坐标,求 $\overrightarrow{AB},\overrightarrow{BA}$ 的坐标.
(1) $A(3,4),B(4,8)$;   (2) $A(4,-1),B(3,2)$;
(3) $A(0,6),B(-4,2)$;   (4) $A(-7,5),B(3,0)$.

3. 已知平行四边形 $ABCD$ 的三个顶点坐标分别为 $A(-2,1),B(-1,3)$,$C(3,4)$,求顶点 D 的坐标.

4. 已知 $A(-2,1),\overrightarrow{AB}=(5,-6)$,求点 B 的坐标.

5. 已知 $B(-1,-3),\overrightarrow{AB}=(-3,4)$,求点 A 的坐标.

6. 已知 $A(-3,-2),B(-1,3)$,求线段 AB 的中点的坐标.

三　向量的内积

7.7　向量内积的定义和基本性质

观察

如图 7-35 所示，小李拉一辆小车，所用力 F 的方向与水平线夹角为 $30°$，F 的大小为 400 N，小车水平向右移动了 $s=100(\text{m})$，试问：小李做了多少功？

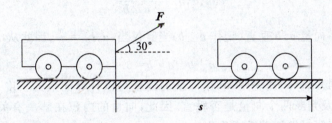

图 7-35

根据物理学知识可以知道，小李做的功 W 等于 F 在小车移动方向的分量 $|F|\cos 30°$ 与小车移动的距离 $|s|$ 的乘积：

$$W=|F|\cos 30°\cdot |s| \qquad (1)$$
$$=400\times\frac{\sqrt{3}}{2}\times 100=20000\sqrt{3}(\text{J}).$$

从公式(1)可以看到，力 F 做的功 W 等于 F 的大小、位移 s 的大小、力 F 与位移 s 的夹角的余弦的乘积. 由此受到启发，抽象出的内积概念.

抽象

设 a,b 是两个非零向量，分别作有向线段 $\overrightarrow{OA},\overrightarrow{OB}$ 表示 a,b，我们把射线 OA 与射线 OB 组成的不大于 π 的那个角叫做 a 与 b 的夹角. 记作 $\langle a,b\rangle$，于是

$$0\leqslant\langle a,b\rangle\leqslant\pi,$$

并且
$$\langle a,b\rangle=\langle b,a\rangle.$$

任给两个向量 a,b，实数

$$|a||b|\cos\langle a,b\rangle$$

称为向量 a 与 b 的内积（或数量积），记作 $a\cdot b$，读作"a 点乘 b"，即

$$a\cdot b=|a||b|\cos\langle a,b\rangle. \qquad (2)$$

由于零向量的方向不确定，因此 0 与每一个向量 a 的夹角可以是任意一个角，

我们用符号 $\langle \mathbf{0}, \mathbf{a}\rangle$ 或 $\langle \mathbf{a}, \mathbf{0}\rangle$ 表示. 由定义得出,对于任意向量 $\mathbf{a}$,有
$$\mathbf{0} \cdot \mathbf{a} = \mathbf{a} \cdot \mathbf{0} = 0.$$

评注

在向量的内积定义中,包含了向量的长度、两个向量的夹角这些度量概念,因此我们可以利用向量的内积来计算向量的长度、两个非零向量的夹角,即从(2)式可以得出,对任意向量 $\mathbf{a}$,有
$$\mathbf{a}\cdot\mathbf{a} = |\mathbf{a}||\mathbf{a}|\cos\langle \mathbf{a},\mathbf{a}\rangle = |\mathbf{a}||\mathbf{a}|\cos 0° = |\mathbf{a}|^2,$$
即
$$|\mathbf{a}| = \sqrt{\mathbf{a}\cdot\mathbf{a}}. \tag{3}$$

对 $\mathbf{a}\neq\mathbf{0}, \mathbf{b}\neq\mathbf{0}$ 有
$$\cos\langle \mathbf{a},\mathbf{b}\rangle = \frac{\mathbf{a}\cdot\mathbf{b}}{|\mathbf{a}||\mathbf{b}|}. \tag{4}$$

两个非零向量 $\mathbf{a}, \mathbf{b}$ 垂直(记作 $\mathbf{a}\perp\mathbf{b}$)当且仅当 $\langle \mathbf{a},\mathbf{b}\rangle = \frac{\pi}{2}$,因此从(4)式得出
$$\mathbf{a}\perp\mathbf{b} \Leftrightarrow \mathbf{a}\cdot\mathbf{b} = 0. \tag{5}$$

(3)式,(4)式,(5)式表明,利用向量的内积可以计算向量的长度、两个非零向量的夹角,以及判断两个向量是否垂直. 因此,向量的内积在解决有关长度、角度、垂直等度量问题时发挥着重要作用.

向量的内积运算满足如下运算律:

对任意向量 $\mathbf{a}, \mathbf{b}, \mathbf{c}$,任意实数 λ,有

(1) $\mathbf{a}\cdot\mathbf{b} = \mathbf{b}\cdot\mathbf{a}$;

(2) $\lambda(\mathbf{a}\cdot\mathbf{b}) = (\lambda\mathbf{a})\cdot\mathbf{b} = \mathbf{a}\cdot(\lambda\mathbf{b})$;

(3) $(\mathbf{a}+\mathbf{b})\cdot\mathbf{c} = \mathbf{a}\cdot\mathbf{c} + \mathbf{b}\cdot\mathbf{c}$.

示范

例1 已知 $|\mathbf{a}|=8$,$|\mathbf{b}|=4$,$\langle \mathbf{a},\mathbf{b}\rangle = 60°$,求 $\mathbf{a}\cdot\mathbf{b}$.

解 $\mathbf{a}\cdot\mathbf{b} = |\mathbf{a}||\mathbf{b}|\cos\langle \mathbf{a},\mathbf{b}\rangle = 8\times 4\times \frac{1}{2} = 16$.

例2 已知 $\mathbf{a}\cdot\mathbf{b} = 6\sqrt{3}$,$|\mathbf{a}|=2$,$|\mathbf{b}|=6$,求 $\langle \mathbf{a},\mathbf{b}\rangle$.

解 $\cos\langle \mathbf{a},\mathbf{b}\rangle = \frac{6\sqrt{3}}{2\times 6} = \frac{\sqrt{3}}{2}$,因此 $\langle \mathbf{a},\mathbf{b}\rangle = \frac{\pi}{6}$.

例3 已知 $\mathbf{a}\cdot\mathbf{b} = -3\sqrt{2}$,$|\mathbf{a}|=3$,$|\mathbf{b}|=2$,求 $\langle \mathbf{a},\mathbf{b}\rangle$.

解 $\cos\langle \mathbf{a},\mathbf{b}\rangle = \frac{-3\sqrt{2}}{3\times 2} = -\frac{\sqrt{2}}{2}$,因此 $\langle \mathbf{a},\mathbf{b}\rangle = \pi - \frac{\pi}{4} = \frac{3\pi}{4}$.

例4 已知 $|\mathbf{a}|=6$,$|\mathbf{b}|=8$,$\langle \mathbf{a},\mathbf{b}\rangle = \frac{\pi}{3}$,求 $\mathbf{a}\cdot\mathbf{b}$,$(\mathbf{a}+2\mathbf{b})\cdot(\mathbf{a}-3\mathbf{b})$,$|\mathbf{a}+\mathbf{b}|$.

解 $\mathbf{a}\cdot\mathbf{b} = 6\times 8\times \cos\frac{\pi}{3} = 24$;

$$(a+2b)\cdot(a-3b)=a\cdot a+2b\cdot a-3a\cdot b-6b\cdot b$$
$$=|a|^2-a\cdot b-6|b|^2=6^2-24-6\times 8^2=-372;$$
$$|a+b|^2=(a+b)\cdot(a+b)$$
$$=a\cdot a+a\cdot b+b\cdot a+b\cdot b$$
$$=6^2+2\times 24+8^2=148.$$

由此得出 $|a+b|=2\sqrt{37}$.

1. 已知 $|a|$，$|b|$，$\langle a,b\rangle$，求 $a\cdot b$．

(1) $|a|=3$，$|b|=4$，$\langle a,b\rangle=\dfrac{\pi}{3}$；

(2) $|a|=4$，$|b|=2$，$\langle a,b\rangle=\dfrac{5\pi}{6}$；

(3) $|a|=1$，$|b|=5$，$\langle a,b\rangle=0°$；

(4) $|a|=3$，$|b|=8$，$\langle a,b\rangle=\dfrac{\pi}{2}$．

2. 已知 $|a|$，$|b|$，$a\cdot b$，求 $\langle a,b\rangle$．

(1) $|a|=5$，$|b|=2$，$a\cdot b=5$；

(2) $|a|=3$，$|b|=4$，$a\cdot b=6\sqrt{2}$；

(3) $|a|=4$，$|b|=4$，$a\cdot b=-16$；

(4) $|a|=2\sqrt{3}$，$|b|=3\sqrt{3}$，$a\cdot b=-9\sqrt{3}$．

3. 已知 $|a|=3$，$|b|=4$，$\langle a,b\rangle=60°$，求 $a\cdot b$，$(a+b)\cdot(2a-b)$．

4. 已知 $|a|=6$，$|b|=3$，$\langle a,b\rangle=120°$，求 $a\cdot b$，$(a+b)\cdot(a-b)$，$|a-b|$．

5. 在 $\triangle ABC$ 中，已知 $|\overrightarrow{AB}|=3$，$|\overrightarrow{BC}|=5$，$\angle ABC=60°$，求 $|\overrightarrow{AC}|$．

6. 在平行四边形 $ABCD$ 中，$AB=4$，$AD=3$，求 $\overrightarrow{AC}\cdot\overrightarrow{BD}$．

7.8 用直角坐标计算向量的内积

如何利用向量的直角坐标计算向量的内积？

在平面上取一个直角坐标系 $[O;e_1,e_2]$，设向量 a,b 的坐标分别是 (a_1,a_2)，(b_1,b_2)．

$$a\cdot b=(a_1e_1+a_2e_2)\cdot(b_1e_1+b_2e_2)$$
$$=a_1b_1e_1\cdot e_1+a_1b_2e_1\cdot e_2+a_2b_1e_2\cdot e_1+a_2b_2e_2\cdot e_2.$$

由于 $|e_1|=|e_2|=1, e_1 \cdot e_2 = e_2 \cdot e_1 = 0$，因此
$$a \cdot b = a_1b_1 + a_2b_2.$$
即
$$a \cdot b = a_1b_1 + a_2b_2 \tag{1}$$

(1)式是用平面向量的直角坐标计算内积的公式：两个向量的内积等于它们的横坐标的乘积与纵坐标的乘积之和.

利用向量的直角坐标计算它们的内积是非常简便的，从而可以利用向量的内积很容易地解决长度、距离、角度、垂直等度量问题.

设向量 a 的直角坐标为 (a_1, a_2)，则
$$|a| = \sqrt{a \cdot a} = \sqrt{a_1^2 + a_2^2}. \tag{2}$$

在平面直角坐标系 $[O; e_1, e_2]$ 中，设两点 A, B 的直角坐标分别为 (x_1, y_1)，(x_2, y_2)，则向量 $\overrightarrow{AB}$ 的坐标为 $(x_2 - x_1, y_2 - y_1)$，从而 A, B 两点间的距离为
$$|AB| = |\overrightarrow{AB}| = \sqrt{(x_2-x_1)^2 + (y_2-y_1)^2}. \tag{3}$$

(3)式用语言表述为：两点的距离等于两点相应的坐标差的平方和的算术平方根.

设 a, b 的直角坐标分别为 $(a_1, a_2), (b_1, b_2)$，由向量垂直的判定可知
$$a \perp b \Leftrightarrow a_1b_1 + a_2b_2 = 0. \tag{4}$$
这使我们可以用向量的直角坐标很容易判断出两个向量是否垂直.

设两个非零向量 a, b 在直角坐标分别是 $(a_1, a_2), (b_1, b_2)$，则
$$\cos\langle a, b \rangle = \frac{a_1b_1 + a_2b_2}{\sqrt{a_1^2 + a_2^2}\sqrt{b_1^2 + b_2^2}}. \tag{5}$$

例1 设 a, b 的直角坐标分别是 $(2, -1), (2, -3)$，求 $a \cdot b, |a|, |b|$.

解 $a \cdot b = 2 \times 2 + (-1) \times (-3) = 7$，
$|a| = \sqrt{a \cdot a} = \sqrt{2^2 + (-1)^2} = \sqrt{5}$，
$|b| = \sqrt{b \cdot b} = \sqrt{2^2 + (-3)^2} = \sqrt{13}$.

例2 已知 A, B 两点的直角坐标分别是 $(2, -4), (-2, 3)$，求 $|AB|$.

解 $|AB| = \sqrt{[2-(-2)]^2 + (-4-3)^2} = \sqrt{16+49} = \sqrt{65}$.

例3 已知三角形 ABC 的顶点 A, B, C 的直角坐标分别是 $(2, -1), (4, 1), (6, -3)$，证明：$\triangle ABC$ 是等腰三角形.

证明 $|AB| = \sqrt{(4-2)^2 + [1-(-1)]^2} = \sqrt{4+4} = 2\sqrt{2}$，
$|BC| = \sqrt{(6-4)^2 + (-3-1)^2} = \sqrt{4+16} = 2\sqrt{5}$，
$|AC| = \sqrt{(6-2)^2 + [-3-(-1)]^2} = \sqrt{16+4} = 2\sqrt{5}$.

因此$|BC|=|AC|$,从而$\triangle ABC$是等腰三角形.

例4 已知点$A(3,1),B(2,4),C(0,0)$,求证$\overrightarrow{AB}\perp \overrightarrow{AC}$.

证明 因为$\overrightarrow{AB}=(2,4)-(3,1)=(-1,3)$,
$\overrightarrow{AC}=(0,0)-(3,1)=(-3,-1)$,
$\overrightarrow{AB}\cdot \overrightarrow{AC}=(-1)\times(-3)+3\times(-1)=0$,
所以$\overrightarrow{AB}\perp \overrightarrow{AC}$.

例5 已知a,b的直角坐标分别是$a(3,-1),b(1,-2)$,求$\langle a,b\rangle$.

解 $\cos\langle a,b\rangle=\dfrac{3\times 1+(-1)\times(-2)}{\sqrt{3^2+(-1)^2}\sqrt{1^2+(-2)^2}}=\dfrac{5}{5\sqrt{2}}=\dfrac{\sqrt{2}}{2}$,

因此 $\langle a,b\rangle=\dfrac{\pi}{4}$.

1.已知向量在平面直角坐标系中的坐标,求下列两个向量的内积.

(1)$a(3,-1),b(-2,-4)$;   (2)$c(\dfrac{1}{2},-\dfrac{1}{3}),d(-4,6)$;

(3)$e(\dfrac{1}{5},6),f(-10,\dfrac{1}{3})$;   (4)$g(5,-3),h(2,-1)$.

2.已知两点的直角坐标,求这两点间的距离.

(1)$A(5,3),B(3,-2)$;   (2)$C(1,0),D(-1,-4)$;

(3)$E(-1,8),F(2,4)$;   (4)$G(2,-4),H(2,1)$.

3.在平面直角坐标系中,判断下列每一对向量是否垂直.

(1)$a(-3,2),b(4,6)$;   (2)$c(7,1),d(-2,14)$;

(3)$e(2,3),f(3,2)$;   (4)$g(2,\dfrac{1}{2}),h(\dfrac{1}{3},-\dfrac{2}{3})$.

4.已知三角形ABC的顶点分别是$A(4,-1),B(7,0),C(6,1)$.证明:$\triangle ABC$是直角三角形.

5.已知三角形ABC的顶点分别是$A(5,0),B(1,2),C(3,4)$.证明:$\triangle ABC$是等腰三角形.

6.已知a,b的直角坐标分别为$(\sqrt{3},1),(-3,\sqrt{3})$,求$\langle a,b\rangle$.

本章小结

本章主要讲向量的表示、向量的线性运算、向量的内积这三方面内容.

一 向量的表示

1. 几何表示

用有向线段 $\overrightarrow{AB}$ 表示一个向量 a,起点 A 到终点 B 的指向表示 a 的方向,线段 AB 的长度表示 a 的大小. 长度相等并且方向相同的有向线段表示相等的向量.

2. 坐标表示

在平面上取不共线的两个向量 e_1, e_2,则平面上每一个向量 a 都可以唯一地表示成 e_1, e_2 的线性组合.

$$a = xe_1 + ye_2.$$

我们称 e_1, e_2 是平面的一个基,把 (x, y) 称为 a 在基 e_1, e_2 下的坐标. 特别地,在平面上取一个直角坐标系 $[O; e_1, e_2]$,平面上每一个向量 a 在基 e_1, e_2 下的坐标 (x, y) 称为 a 的直角坐标,其中 x 称为横坐标,y 称为纵坐标. 任一向量的坐标等于它的终点坐标减去起点坐标.

二 向量的线性运算

向量有加法、减法和数乘运算. 它们统称为向量的线性运算,有两种方式进行向量的线性运算:

1. 用有向线段

加法:

(1) 三角形法则:

$$\overrightarrow{AB} + \overrightarrow{BC} = \overrightarrow{AC};$$

(2) 平行四边形法则:

$$\overrightarrow{AB} + \overrightarrow{AD} = \overrightarrow{AC}.$$

其中 AC 是以 AB, AD 为邻边的平行四边形的对角线.

减法:$a - b = a + (-b)$.

用有向线段表示向量时,有

$$\overrightarrow{AC} + \overrightarrow{AB} = \overrightarrow{BC}.$$

数乘向量:λa 的长度为 $|\lambda||a|$;对于非零向量 λa,λa 的方向为:当 $\lambda > 0$ 时,与 a 同向;当 $\lambda < 0$ 时,与 a 反向.

2. 用坐标

两个向量的和(差)的坐标等于它们的坐标的和(差).

实数 k 与向量 a 的乘积坐标等于 k 乘以 a 的坐标.

向量的加法与数乘运算满足下列运算法则:对任意向量 a,b,c,任意实数 λ,μ,有:

(1) $a+b=b+a$;
(2) $(a+b)+c=a+(b+c)$;
(3) $a+0=0+a=a$;
(4) $a+(-a)=(-a)+a=0$;
(5) $1a=a$;
(6) $(\lambda\mu)a=\lambda(\mu a)$;
(7) $(\lambda+\mu)a=\lambda a+\mu a$;
(8) $\lambda(a+b)=\lambda a+\lambda b$.

三 向量的内积

利用向量的内积可以统一地研究有关长度、角度、垂直等度量问题.

任给两个向量 a,b,实数
$$|a||b|\cos\langle a,b\rangle$$
称为 a 与 b 的内积,记作 $a \cdot b$.

由定义立即得到 $0 \cdot a = a \cdot 0 = 0$.

向量的内积运算满足如下运算律:对任意向量 a,b,c,任意实数 λ,有

(1) $a \cdot b = b \cdot a$;
(2) $\lambda(a \cdot b)=(\lambda a)\cdot b = a \cdot (\lambda b)$;
(3) $(a+b)\cdot c = a \cdot c + b \cdot c$.

利用向量 a,b 的直角坐标 $(a_1,a_2),(b_1,b_2)$,可以很容易计算它们的内积:
$$a \cdot b = a_1 b_1 + a_2 b_2.$$

向量内积的应用:

(1)计算向量的长度:设 a 的直角坐标为 (a_1,a_2),则
$$|a|=\sqrt{a \cdot a}=\sqrt{a_1^2+a_2^2}.$$

(2)计算两点间距离:设在直角坐标系中,$P(x_1,y_1),Q(x_2,y_2)$ 则
$$|PQ|=\sqrt{(x_2-x_1)^2+(y_2-y_1)^2}.$$

(3)计算两个非零向量的夹角:设两个非零向量 a,b 的直角坐标为 (a_1,a_2),(b_1,b_2),则
$$\cos\langle a,b\rangle = \frac{a \cdot b}{|a||b|} = \frac{a_1 b_1 + a_2 b_2}{\sqrt{a_1^2+a_2^2}\sqrt{b_1^2+b_2^2}}.$$

(4)判断两个向量是否垂直:设 a,b 的直角坐标分别为 $(a_1,a_2),(b_1,b_2)$,则
$$a \perp b \Leftrightarrow a \cdot b = 0$$
$$\Leftrightarrow a_1 b_1 + a_2 b_2 = 0.$$

复习题七

1. 求下列各小题中的和(差)向量.
   (1) $\overrightarrow{AB}+\overrightarrow{CD}+\overrightarrow{BC}$；
   (2) $\overrightarrow{BC}+\overrightarrow{DE}+\overrightarrow{CD}$；
   (3) $\overrightarrow{AB}+\overrightarrow{ED}+\overrightarrow{DB}+\overrightarrow{BE}$；
   (4) $\overrightarrow{AB}-\overrightarrow{AC}+\overrightarrow{BD}-\overrightarrow{CD}$；
   (5) $\overrightarrow{AM}-\overrightarrow{AN}+\overrightarrow{MG}+\overrightarrow{GE}$；
   (6) $\overrightarrow{AO}+\overrightarrow{OC}+\overrightarrow{BO}+\overrightarrow{CO}$.

2. 在平行四边形 $ABCD$ 中，设 $\overrightarrow{AC}=a, \overrightarrow{BD}=b$，用 a,b 表示 $\overrightarrow{AB}$.

3. 设 E,F 分别是平行四边形 $ABCD$ 的边 AB,CD 上的点，且 $|AE|=\frac{2}{3}|AB|$，$|CF|=\frac{1}{3}|CD|$，求 $\overrightarrow{EF}$ 在基 $\overrightarrow{AB},\overrightarrow{AD}$ 下的坐标.

4. 在第 2 题中，设 $\overrightarrow{EF}$ 的中点是 M，求 $\overrightarrow{AM}$ 在基 $\overrightarrow{AB},\overrightarrow{AD}$ 下的坐标.

5. 设 M 是线段 AB 上一点，且 $|AM|=\frac{1}{4}|AB|$，证明：对于任意一点 O，有
$$\overrightarrow{OM}=\frac{3}{4}\overrightarrow{OA}+\frac{1}{4}\overrightarrow{OB}.$$

6. 已知 a,b 的直角坐标分别是 $(2,-1),(-1,3)$，求 $a+b,2a-3b$ 的坐标.

7. 已知平行四边形 $OABC$ 的顶点 A,C 的坐标分别为 $(4,-2),(2,5)$，求两条对角线的交点 M 的坐标，以及顶点 B 的坐标.

8. 已知向量 a,b 的坐标分别为 $a(2,-5),b(1,3)$，求 $2a+3b,\frac{1}{2}a-\frac{2}{3}b$ 的坐标.

9. 已知 a,b 的直角坐标分别是 $(2,3),(-4,1)$，求 $a\cdot b,|a|,|b|,|a-b|,(a+b)\cdot(a-b)$.

10. 已知 a,b 的直角坐标，判断 a 与 b 是否垂直.
    (1) $a(\frac{1}{3},\frac{1}{2}),b(2,-\frac{2}{3})$；
    (2) $a(7,1),b(-2,14)$.

11. 已知三角形 ABC 的顶点 A,B,C 的直角坐标分别是 $(7,5),(2,3),(6,-7)$，证明：$\triangle ABC$ 是直角三角形.

12. 已知三角形 ABC 的顶点 A,B,C 的直角坐标分别是 $(1,2),(-5,8),(-2,-1)$，求 $\angle BAC$.

第八章 排列、组合及概率

现实生活中计数无处不在,用一个一个数的办法在稍微复杂一点的情况下就行不通了,因此需要研究如何计数.在自然界和人类社会活动中存在各种各样的现象,其中有些现象在基本条件相同的情形下,却可能出现不同的结果,究竟出现哪一种结果,带有偶然性.这种现象称为随机现象.因此需要研究随机现象内在的规律性问题.

一　排列、组合

8.1　分类计数原理与分步计数原理

回顾

(1)小孩子是如何计算出正常人的手指和脚趾数的?

(2)现有一堆含有 5 分和 1 元的硬币,你如何计算出这堆硬币共有多少元钱呢?

讨论

(1)小孩子学算数时是一个一个数出手指脚趾总数.到后来分出手指数、脚趾数,再将 10 个手指数与 10 个脚趾数相加得出总数 20 个.

(2)要算出总钱数,先要分出 1 元硬币、5 分硬币,然后分别数出 1 元硬币、5 分硬币的钱数,最后将这两个钱数相加算出总钱数.

抽象

上述例子说明了一个计算原理.

分类计数原理　如果计数的对象可以分成若干类,使得每两类没有公共元素.

那么分别对每一类的元素计数,然后将各类元素数目相加,便得出所要计数的对象的总数.

使用分类计数原理计数要注意下列事项:
(1)计数的对象可以分成每两类没有公共元素的若干类.
(2)每类元素数目要计算准确.

例 1 一个袋子里放有 5 个白球,7 个黑球,从中任取一个球,有多少种取法?

解 取一个球的方法可以分为两类:一类是从袋子中的 5 个白球里任取一个球,有 5 种取法;另一类是从袋子中的 7 个黑球里任取一个球,有 7 种取法.因此取法总数有 7+5=12 种.

1. 小红家养有鸡 8 只,鸭 3 只.欲从中任选一只,有多少种选法?
2. 小张家有一书柜,第一层放书 20 本,第二层放书 15 本,第三层放书 12 本.小刘想从小张家任借一本书看,有多少种借法?(所有的书不相同)

现有 3 个盒子,2 个乒乓球,要将 2 个乒乓球放入 3 个盒子中,若每个乒乓球可以放入任何一个盒子中,有多少种方法?

(1)将 2 个乒乓球放入 3 个盒子中可以分 2 次来放.即依次将第一、第二球放入盒子中,就完成任务.
(2)第一次,将第一个球放入盒子中有 3 种方法;第二次,将第二个球放入盒子中有 3 种方法.
(3)放入的方法有:3×3=9(种).
将 2 个乒乓球放入 3 个盒子中有 9 种方法.

这个例子说明了下面这个计数原理.

分步计数原理 如果计数的对象可以分成若干步骤来完成,并且对于前面几步的完成方式,下一步有相同数目的做法,那么依次计算每步的做法数目,它们的积就是要计数的对象的数目.

例 2 由 1,2,3 三个数字可以组成多少无重复数字的两位数?

解 构造无重复数字的两位数可以分两步:第一步构造十位数,第二步构造个位数.

第一步可以由 1,2,3 三个数字构成,有 3 种方法;第二步,因为不能重复数字,

第一步又用了 个数字,因此只能由剩下的两个数字构造,有 2 种方法.

所以由 1,2,3 三个数字可以组成不能重复数字的两位数有
$$3\times 2=6(种).$$

例 3 一个袋子里装有 20 个白球,30 个红球,从袋中任取两个球,取到一个白球和一个黑球的取法有多少种?

解 从袋中任取两个球,取到一个白球和一个黑球的取法可以分成两步,第一步从 20 个白球中任取一个球,有 20 种取法;第二步从 30 个红球中任取一个球,有 30 种取法.

所以一个袋子里装有 20 个白球,30 个红球,从袋中任取两个球,取到一个白球和一个黑球的取法有
$$20\times 30=600(种).$$

例 4 某学院一专业有选修课程 10 门,其中有 3 门专业基础课,5 门专业课,2 门实践课.要求每位学生必须从专业基础课、专业课、实践课中各选一门,共选修 3 门.求学生共有多少种选法?

解 学生完成选法可以分成 3 步,第一步从 3 门专业基础课中选一门,有 3 种方法;第二步从 5 专业课中选一门,有 5 种方法;第三步从 2 实践课选一门,有 2 种方法.

所以学生完成选修课的选法有:$3\times 5\times 2=30(种).$

例 5 由 0,3,5,7 四个数可以组成多少没有重复数字的三位数?

解 完成组成三位数,可以分成三步,构造百位,十位,个位.第一步构造百位,由于四个数字中有 0,0 不能放在百位,只能由 3,5,7 三个数构造,有 3 种方法;第二步构造十位,由于百位用了一个数字,只能由剩下 3 个数构造,有 3 种方法;第三步构造个位,由于前两位用了两个数字,只能由剩下 2 个数构造,有 2 种方法.根据分步计数原理,由 0,3,5,7 四个数可以组成 18 个($3\times 3\times 2=18$)没有重复数字的三位数.

练习

1. 某班级学生人数 50 人,其中女生 22 人,要从该班选派 1 名女生、1 名男生参加学校某项活动.共有多少选派法?

2. 在 100 件零件中,有 95 件正品,5 件次品,从中任取 1 件来检查,问:(1)取到次品有多少种方法?(2)取到正品有多少种方法?

3. 某公交公司有 50 辆中巴,20 辆大巴,欲任选派 1 辆去执行任务,共有多少选派法?

4. 某学院某专业有两个班级分别有 5 人、7 人会下象棋,两班进行象棋比赛,要求各班棋手之间都比赛一场,共要比赛多少场?

5. 由 26 个英文字母组成的英文单词中,有多少个没有重复字母且只有 3 个字

母的英文单词？若可以重复,有多少只有 3 个字母的英文单词？

6. 由 1,2,3,4,5 可以组成多少有重复数字的四位数？可组成多少没有重复数字的四位数？

7. 由 0,1,2,3,4 可以组成多少没有重复数字的四位数偶数？

 排列

想一想

由 1,2,3 可以组成多少没有重复数字的两位数？

根据分步计数原理,可组成 6 个没有重复数字的两位数. 它们分别是 12,21,13,31,23,32. 这 6 个两位数的特征:可以说是从 1,2,3 三个数字中任选两个,分别构成两位数的十位、个位. 即将选出的两个数字排成一个次序,如从 1,2,3 三个数字中任选两个 1,2,再排成一个次序:12 或 21.

 抽象

从上面的例子我们抽象出一类计数问题.

排列:从 n 个不同的元素中,任意选取 $m(m \leqslant n)$ 个不同元素,按照一定的次序排成一列,称为从 n 个不同的元素中取出 m 个不同元素的一个排列.

例如:12 是从 1,2,3 三个数中选出 1,2 两个数字的一个排列. 21 也是 1,2 两个数字的一个排列. 12 与 21 是不同的排列.

如果 $m < n$,那么从 n 个不同的元素中选取 m 个不同元素的排列称为选排列.

如果 $m = n$,那么从 n 个不同的元素中选取 m 个不同元素的排列称为全排列.

研究从 n 个不同的元素中,任意选取 $m(m \leqslant n)$ 个不同元素的排列共有多少个,这类计数问题称为排列问题.

例 1 下列问题是不是排列问题？

(1)象棋队有 5 名队员,从 5 名队员中任选 2 名队员外出参加比赛,共有多少种选法？

(2)象棋队有 5 名队员,从 5 名队员中任选 2 名队员分别担任主、副赛手外出参加比赛,共有多少种选法？

解 (1)从 5 名队员中任选 2 名队员外出参加比赛,被选的 2 名队员不分次序,每种选法不是一个排列. 因此这个计数问题不是排列问题.

(2)从 5 名队员中任选 2 名队员外出参加比赛,被选的 2 名队员还要分工,一个为主赛手,另一个为副赛手,即被选的 2 名队员要区分次序,每种选法是一个排列. 因此这个计数问题是排列问题.

思考

例1中的(2)是排列问题.计算有多少种选法？

 分析

一般地，从 n 个不同的元素中，任意选取 $m(m \leqslant n)$ 个不同元素所组成的排列，称为从 n 个不同的元素中任意选取 $m(m \leqslant n)$ 个不同元素的排列数.用符号 P_n^m 表示.

如何计算 P_n^m 呢？

从 n 个不同的元素中选取 $m(m \leqslant n)$ 个不同元素的一个排列，可以分成 m 步来完成：

第一步，确定第一个位置的元素，有 n 种取法；第二步，确定第二个位置的元素，由于确定了第一个位置的元素，还剩下 $n-1$ 个元素，有 $n-1$ 种取法；第三步，确定第三个位置的元素，由于确定了前两个位置的元素，还剩下 $n-2$ 个元素，有 $n-2$ 种取法……选好第一个位置到第 $m-1$ 个位置的元素后，这时还剩下 $n-(m-1)$ 个元素，最后一步的选法有 $n-m+1$ 种.根据分步计数原理，从 n 个不同的元素中选取 $m(m \leqslant n)$ 个不同元素的排列数 P_n^m 为：

$$P_n^m = n(n-1)(n-2)\cdots(n-m+1) \tag{1}$$

公式(1)称为排列数公式.右边是 m 个连续正整数的积，最大的因素是 n，最小的因素是 $n-m+1$.

当 $m=n$ 时，由公式(1)得

$$P_n^n = n(n-1)(n-2)\cdots 1. \tag{2}$$

公式(2)的右边是 1 到 n 的连续自然数的积，称为 n 的阶乘.用符号 $n!$ 表示.于是公式(2)可以写成：

$$P_n^m = n!. \tag{3}$$

即 n 个不同元素的全排列的总数(简称全排列数)等于 $n!$.

例 2 计算(1)P_5^3. (2)P_6^5. (3)P_5^5.

解 (1)$P_5^3 = 5 \times 4 \times 3 = 60$.

(2)$P_6^5 = 6 \times 5 \times 4 \times 3 \times 2 = 720$.

(3)$P_5^5 = 5! = 5 \times 4 \times 3 \times 2 \times 1 = 120$.

学了排列数计算方法及公式后，例1中第(2)小题的选法有：

$$P_5^2 = 5 \times 4 = 20(\text{种}).$$

例 3 要求把语文、数学、英语、物理、化学、政治 6 门课程全部排在星期一，上午 4 节，下午 2 节，共有多少种排法？

解 由于将 6 门课程全部排在星期一的 6 节课中，且节数是有顺序的，因此这个排法问题是排列问题.它的排法数有

$$P_6^6 = 6\times5\times4\times3\times2\times1 = 720.$$

例 4 现有 7 本不同的书要发给 3 位同学,每人一本,共有多少发法?

解 发给 3 位同学,每人一本,即要发 3 本书.相当于从 7 本书中选 3 本排成一个排列.这个计数问题是排列问题.因此发法数有
$$P_7^3 = 7\times6\times5 = 210.$$

例 5 用 1,2,3,4,5,6,7,8 可以组成多少没有重复数字的四位数?

解 用 1,2,3,4,5,6,7,8 组成没有重复数字的四位数相当于从 8 个数中任选 4 个排成一列,排列数为
$$P_8^4 = 8\times7\times6\times5 = 1680.$$
因此用 1,2,3,4,5,6,7,8 可以组成 1680 个没有重复数字的四位数.

例 6 用 0,1,2,3,4 可以组成多少没有重复数字的四位数?

解 由于四位数的千位数字不能为 0,因此用 0,1,2,3,4 组成没有重复数字的四位数可以分成两步来完成:第一步,确定千位上的数字,它可以是 1,2,3,4 四个数,有 4 种取法;第二步,确定百位、十位、个位上的数字,因千位用了一个数,剩下四个数,任选 3 个放在百位、十位、个位上,有 P_4^3 方法.根据分步计数原理,用 0,1,2,3,4 组成没有重复数字的四位数共有
$$4P_4^3 = 4\times4\times3\times2 = 96(个).$$

注意 当 $m<n$ 时,排列数公式可以写成
$$P_n^m = n(n-1)(n-2)\cdots(n-m+1)$$
$$= \frac{n(n-1)(n-2)\cdots(n-m+1)(n-m)\cdots1}{(n-m)\cdots1}$$
$$= \frac{n!}{(n-m)!}.$$

为了使当 $n=m$ 也成立,规定 $0! = 1$.

练习

1. 下列问题是不是排列问题? 如果是,它是不是全排列问题?

(1)用 a,b,c,d 四个字母可以组成多少只含有三个元素的集合?

(2)某班级 7 名篮球队员排成一排拍照留念,可以照出多少种不同的照片(不考虑姿势)?

(3)从某班级 45 位同学中任选派 7 位同学去打扫卫生,共有多少种选派法?

2. 用 s,h,y 三个字母可以组成多少没有重复字母且只有三个字母的英文单词? 写出所有单词.

3. 用 0,1,2 三个数字可以组成多少没有重复数字的三位数? 写出所有这样的三位数.

4. 计算.

(1)P_4^2;　(2)P_{10}^5;　(3)P_7^7;　(4)$2P_7^1 + P_6^3 + 0!$;　(5)$3! + 5!$.

5. 辅导员要在 9 名候选人中选 2 名同学担任正、副班长,共有多少种选法?

6. 8 位礼仪小姐站成一排迎接宾客,共有多少种站法?

7. 3 位旅客要安排 4 个客房休息,每个客房最多安排一位旅客,共有多少种按排法?

8. 从 8 件不同的学生作品中任选 4 件放在一字排列的 4 个展览窗进行展览,共有多少种展览方法?

8.3 组合

想一想

由 1,2,3 三个数字可以组成多少个只有两个元素的集合?

这样的集合有:{1,2},{2,3},{1,3}.共有 3 个.

这 3 个集合的特征是从 1,2,3 三个数字任选 2 个作为集合的元素,不分次序.

抽象

由上面的例子我们抽象出另一类计数问题.

组合:从 n 个不同的元素中,任意选取 $m(m \leqslant n)$ 个不同元素,不分次序地组成一组,称为从 n 个不同的元素中取出 m 个不同元素的一个组合.

研究从 n 个不同的元素中任意选取 $m(m \leqslant n)$ 个不同元素的组合共有多少个,这类计数问题称为组合问题.

例如,从 100 个零件中抽取 5 个零件进行抽样检查,有多少种抽法?

因为抽出 5 个零件是为了检查,没有次序区别.因此这个问题是组合问题.

排列问题与组合问题的区别是:从 n 个不同的元素中任意选取 $m(m \leqslant n)$ 个不同元素的一个组合,不考选取出的 m 个元素的次序,只把这 m 个元素看成一组;而从 n 个不同的元素中任意选取 $m(m \leqslant n)$ 个不同元素的一个排列,要区分选取出的 m 个元素的次序.

例 1 下列问题是排列问题还是组合问题?

(1) 从全班 48 名同学中选 2 名回答问题,共有多少种选法?

(2) 从全班 48 名同学中选 2 名回答问题,一人回答一题,共有多少种选法?

(3) 某晚会有 12 个节目,能排出多少种节目单?

解 (1) 从全班 48 名同学中选 2 名回答问题,选出的 2 名同学不考虑次序,每种选法看成一个组合.因此这个计数问题不是排列问题,是组合问题.

(2) 从全班 48 名同学中选 2 名回答问题,一人回答一题,由于选出的 2 名同学还要考虑回答哪一个问题,选取的结果是一个排列,因此这个计数问题是排列问题.

(3)为12个节目排序,是有顺序的,因此这个计数问题是排列问题.

例1中(1)是组合问题.计算有多少种选法?

一般地,从 n 个不同的元素中,任意选取 $m(m\leqslant n)$ 个不同元素的所有组合的个数,称为从 n 个不同的元素中选取 m 个不同元素的组合数.用符号 C_n^m 表示.

如何计算 C_n^m 呢?

我们来分析从 n 个不同的元素中选取 $m(m\leqslant n)$ 个不同元素的排列数 P_n^m 的计算方法:

方法一 在上一节排列里已经得出

$$P_n^m = n(n-1)(n-2)\cdots(n-m+1). \tag{1}$$

方法二 从 n 个不同的元素中选取 $m(m\leqslant n)$ 个不同元素的一个排列,可以分两步完成.第一步,从 n 个不同的元素中选取 $m(m\leqslant n)$ 个不同元素组成一组,有 C_n^m 种方法.第二步,把这一组 m 个元素按一定次序排成一列,有 $P_m^m = m!$ 种方法.根据分步计数原理,从 n 个不同的元素中选取 $m(m\leqslant n)$ 个不同元素的排列数为

$$P_n^m = m! \, C_n^m. \tag{2}$$

由(1)(2)两式得

$$m! \, C_n^m = n(n-1)(n-2)\cdots(n-m+1)$$

$$C_n^m = \frac{n(n-1)\cdots(n-m+1)}{m!}, \quad (m\leqslant n). \tag{3}$$

公式(3)称为组合数公式.

由于 $P_n^m = \dfrac{n!}{(n-m)!}$,结合(2)式得

$$C_n^m = \frac{n!}{(n-m)! \, m!}, \quad (m\leqslant n). \tag{4}$$

公式(4)也是组合数公式.

例2 计算(1)C_4^2;(2)C_5^3;(3)C_7^5;(4)$C_7^1 + C_7^7$.

解 (1)$C_4^2 = \dfrac{4\times 3}{2\times 1} = 6$.

(2)$C_5^3 = \dfrac{5\times 4\times 3}{3\times 2\times 1} = 10$.

(3)$C_7^5 = \dfrac{7\times 6\times 5\times 4\times 3}{5\times 4\times 3\times 2\times 1} = 21$.

(4)$C_7^1 + C_7^7 = \dfrac{7}{1} + \dfrac{7\times 6\times 5\times 4\times 3\times 2\times 1}{7\times 6\times 5\times 4\times 3\times 2\times 1} = 7 + 1 = 8$.

例1中第(1)小题从全班48名同学中选2名回答问题,共有多少种选法?

选法数等于组合数:

$$C_{48}^2 = \frac{48 \times 47}{2 \times 1} = 1128.$$

例3 某班级有12人参加象棋比赛,每两人间都要赛一场,共要比赛多少场?

解 12人每两人间都要赛一场,相对于从12人中任选2人组成一组,比赛场数等于组合数:

$$C_{12}^2 = \frac{12 \times 11}{2 \times 1} = 66.$$

共要比赛66场.

例4 从100个零件中抽取5个零件进行抽样检查,有多少种抽法?

解 从100个零件中抽取5个零件进行抽样检查,相当于从100个零件中抽取5个零件组成一组. 抽法数等于组合数:

$$C_{100}^5 = \frac{100 \times 99 \times 98 \times 97 \times 96}{5 \times 4 \times 3 \times 2 \times 1} = 75287520.$$

共有75287520种抽法

例5 100件产品中有5件次品,95件合格品,从这100件产品任抽3件进行质量检查.

问 (1)抽出的3件产品中全是合格品的抽取方法有多少种?

(2)抽出的3件产品中全是次品的抽取方法有多少种?

解 (1)从100件产品中抽出的3件产品全是合格品,也就是从95件合格品中抽取3件合格品,这3件组成一组. 因此抽取方法的总数等于组合数:

$$C_{98}^3 = \frac{98 \times 97 \times 96}{3 \times 2 \times 1} = 152096.$$

(2)从100件产品中抽出的3件产品全是次品,也就是从5件次品中抽取3件次品,这3件组成一组. 因此抽取方法的总数等于组合数

$$C_5^3 = \frac{5 \times 4 \times 3}{3 \times 2 \times 1} = 10.$$

因此从100件产品中抽出的3件产品全是合格品的抽法共有152096种;从100件产品中抽出的3件产品全是次品的抽法共有10种.

练习

1. 下列问题哪些是排列问题?哪些是组合问题?

(1)某学校有28名教师,从中选派3名到边远山区支教,共有多少选派法?

(2)从0,1,2,3,4中任选两个数字构成点的坐标,可以构成多少个点的坐标?

(3)某铁路线上有9个车站,共需要准备多少种普通硬座客票?

(4)小红家有18本不同的图书,欲从中任选2本借给小兰看,共有多少种选法?

2. 计算.

(1) C_7^3; (2) C_8^3; (3) C_{10}^8; (4) $C_5^1 + C_5^4$; (5) $C_7^6 + C_7^7$; (6) C_{100}^{99}.

3. 从一副扑克牌(54 张)中任抽取 4 张,抽到的全是红桃,共有多少种抽法?

4. 如果 100 件产品中有 3 件次品,那么从 100 件产品中任意抽取 2 件,这 2 件都是次品的抽法共有多少种? 这 2 件都不是次品的抽法共有多少种?

5. 不共线的 6 点可以确定多少条直线?

6. 某班级有 7 个班委,每天有两人值日,共有多少种分配方式?

8.4 组合数的两个性质

观察

计算下列组合数.

(1) C_7^3 与 C_7^4; (2) C_7^2 与 C_7^5; (3) C_7^1 与 C_7^6.

(1) $C_7^3 = \dfrac{7 \times 6 \times 5}{3 \times 2 \times 1} = 35$, $C_7^4 = \dfrac{7 \times 6 \times 5 \times 4}{4 \times 3 \times 2 \times 1} = 35$;

(2) $C_7^2 = \dfrac{7 \times 6}{2 \times 1} = 21$, $C_7^5 = \dfrac{7 \times 6 \times 5 \times 4 \times 3}{5 \times 4 \times 3 \times 2 \times 1} = 21$;

(3) $C_7^1 = 7$, $C_7^6 = \dfrac{7 \times 6 \times 5 \times 4 \times 3 \times 2}{6 \times 5 \times 4 \times 3 \times 2 \times 1} = 7$.

从上面组合数的计算看出下列结果:
$C_7^3 = C_7^4 = C_7^{7-3}$, $C_7^2 = C_7^5 = C_7^{7-2}$, $C_7^1 = C_7^6 = C_7^{7-1}$.

抽象

一般地,组合数有以下性质

性质 1 $C_n^m = C_n^{n-m}$. $(m \leqslant n)$

证明 因为

$$C_n^m = \dfrac{n!}{(n-m)!\, m!},$$

$$C_n^{n-m} = \dfrac{n!}{(n-m)!\, [n-(n-m)]!} = \dfrac{n!}{(n-m)!\, m!},$$

所以 $C_n^m = C_n^{n-m}$. $(m \leqslant n)$

性质 1 的用途:当 $m > \dfrac{n}{2}$ 时,通过计算 C_n^{n-m} 的值可以得出 C_n^m 的值.

例 1 计算:(1) C_{10}^8,(2) C_{20}^{17}.

(1) $C_{10}^8 = C_{10}^{10-8} = C_{10}^2 = \dfrac{10 \times 9}{2 \times 1} = 45$.

(2) $C_{20}^{17} = C_{20}^{20-17} = C_{20}^3 = \dfrac{20 \times 19 \times 18}{3 \times 2 \times 1} = 1140$.

由于 $0!=1$,因此 $C_n^0=\dfrac{n!}{0!(n-0)!}=1$. 即有 $C_n^0=1$. 同理 $C_n^n=1$.

算一算

计算:C_8^6, C_9^7, C_{95}^{93}.

观察

根据下列各式的计算:

$C_5^2+C_5^1=\dfrac{5\times 4}{2\times 1}+5=15$, $\qquad C_6^2=\dfrac{6\times 5}{2\times 1}=15$;

$C_4^3+C_4^2=C_4^1+C_4^2=4+\dfrac{4\times 3}{2\times 1}=4+6=10$, $\quad C_5^3=\dfrac{5\times 4\times 3}{3\times 2\times 1}=10$.

可以看到:
$$C_5^2+C_5^1=C_6^2, \quad C_4^3+C_4^2=C_5^3.$$

抽象

一般地,组合数有以下性质.

性质 2 $C_n^m+C_n^{m-1}=C_{n+1}^m$.

证明 略.

例 2 计算:(1)$C_9^7+C_9^6$; (2)$C_{99}^{97}+C_{99}^{96}$.

解 (1)$C_9^7+C_9^6=C_{10}^7=C_{10}^3=\dfrac{10\times 9\times 8}{3\times 2\times 1}=120$;

(2)$C_{99}^{97}+C_{99}^{96}=C_{100}^{97}=C_{100}^3=\dfrac{100\times 99\times 98}{3\times 2\times 1}=1617$.

练习

1. 计算.
(1)C_{19}^{18};(2)C_{30}^{28};(3)C_{50}^{47};(4)$C_9^8+C_9^7$;(5)$C_{99}^{98}+C_{99}^{97}$;(6) $C_6^4+C_6^3$.

2. 计算.
(1)$C_5^0+C_5^1+C_5^2+C_5^3+C_5^4+C_5^5$.
(2)$C_7^3+C_7^4+C_8^3-C_9^4$.

3. 计算.
(1)C_n^{n-1}; (2)$C_{n-1}^{n-1}+C_{n-1}^{n-2}$.

二 随机事件及其概率

8.5 随机事件及其概率

8.5.1 随机现象

观察

在自然界和人类社会活动中存在各种各样的现象. 例如:
(1) 在标准大气压下,水加热到 100 ℃,结果一定沸腾.
(2) 在标准大气压下,水冷却到 0 ℃,结果一定结冰.
(3) 掷一枚硬币,着地时硬币向上的一面可能是正面(带币值一面),也可能是反面.
(4) 篮球运动员投篮,可能投中,也可能不中.
(5) 100 个零件中有 4 个次品,96 个正品,从中任抽取 1 个检查,结果可能是正品,也可能是次品.
(6) 边长为 4 cm 的正方形的面积一定是 16 cm².

分析以上 6 例的结果:(1)、(2)、(6)的结果是一定的;(3)、(4)、(5)的结果可能出现几种不同情况.

抽象

像上述(1)、(2)、(6)那样,在相同的条件下,出现的结果是确定的,这类现象称为必然现象.

像上述(3)、(4)、(5)那样,在相同的条件下,出现的结果是不确定的,即可能出现不同的结果,这类现象称为随机现象.

随机现象的特点是在相同的条件下,虽然出现的结果是不确定的,但所有结果预先是可知,只是出现哪一种结果不确定,带有随机性和偶然性.

本章主要研究能大量重复进行的随机现象.

做一做

试举出随机现象的两个例子.

8.5.2 随机试验与随机事件

对随机现象进行观察或试验统称为随机试验. 完成一次随机现象观察或试验称为一次随机试验,简称一次试验.

例如,掷一枚硬币是随机现象,掷一次就是一次试验.

掷一次硬币是一个随机现象.所有可能出现的结果有两种:正面向上,反面向上.

掷两次硬币是一个随机现象.所有可能出现的最简单结果有四种(正,正),(正,反),(反,正),(反,反).其中"正"代表正面向上,"反"代表反面向上.

在随机试验中,可能出现的最简单的、不可分割的一个结果叫做一个样本点,用 ω 表示.所有的样本点组成的集合叫做样本空间.通常用 Ω 表示.

例如,投一枚硬币的随机试验中,样本点有 2 个,样本空间 $\Omega=\{正,反\}$.

投两枚硬币的随机试验中,样本点有 4 个,样本空间是
$$\Omega=\{(正,正),(正,反),(反,正),(反,反)\}.$$

只包含一个样本点的集合称为基本事件.由两个或两个以上的基本点构成的集合称为复合事件.例如,在掷两次硬币的随机试验中,出现"一次正面"也是投两枚硬币的随机试验的结果,它是由两个基本点构成的集合,即{(正,反),(反,正)}.出现"一次正面"是复合事件.我们把基本事件和复合事件统称为随机事件.通常简称为事件.随机事件一般用英文大写字母 $A,B,C,\cdots$ 表示.

在随机试验中,必然发生的事件称为必然事件.必然事件相当于样本空间,用 Ω 表示.不一定发生的事件称为不可能事件.由于不含任何基本事件,相当于空集.用 $\varnothing$ 表示.它们是随机事件的特殊情况.

例 1 写出"掷一枚骰子"试验的样本空间.

解 样本空间 $\Omega=\{1\,点,2\,点,3\,点,4\,点,5\,点,6\,点\}$.

例 2 写出"从写有 1,2,3 三个数的标签中连续抽两次"试验的样本空间.

解 样本空间 $\Omega=\{(1,2),(2,1),(1,3),(3,1),(2,3),(3,2)\}$.

例 3 20 件零件中有 5 件次品,15 正品,从中任选 3 件.求样本空间有多少个样本点?

解 样本空间样本点的个数等于从 20 件中任选 3 件的组合数:
$$C_{20}^3=\frac{20\times 19\times 18}{3\times 2\times 1}=1140.$$

一般地,如果随机事件的样本点只有有限个,那么它的每一个事件都可以看成是样本空间的一个子集;而 Ω 的每一个子集都可以看做一个随机事件.

8.5.3 随机事件的关系及运算

1. 随机事件间的关系

每一个随机事件都可以看成是样本空间的一个子集;而 Ω 的每一个子集都可以看做一个随机事件.

1)事件的包含与相等

若事件 A 的发生必然导致事件 B 的发生,则称事件 A 包含于事件 B,或事件 B 包含事件 A.记为 $A\subset B$.也就是说事件 A 所含的样本点全部在事件 B 所含的样

本点内部,如图8-1(1)所示.

若 $A \subset B$ 且 $B \subset A$,则称事件 A 与事件 B 相等,记为 $A = B$.

2)事件的互不相容(互斥)

若 $A \cap B = \varnothing$,则称事件 A 与事件 B 互不相容(互斥). 也就是说事件 A 与事件 B 没有相同的样本点,如图8-1(3)所示.

3)事件的互容

若 $A \cap B \neq \varnothing$,则称事件 A 与事件 B 互容. 也就是说事件 A 与事件 B 有相同的样本点,如图8-1(2)所示.

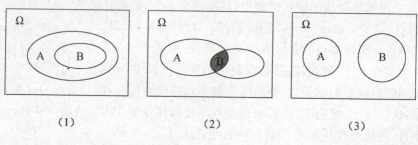

图 8-1

4)事件对立

若 $A \cup B = \Omega, A \cap B = \varnothing$,则称事件 A 与事件 B 对立. 用 $\overline{A}$ 表示 A 的对立事件,即 $B = \overline{A}$. 也就是说事件 A 与事件 B 所含的样本点的并集为样本空间,但事件 A 与事件 B 没有相同的样本点,如图8-2所示.

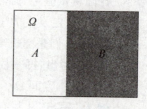

图 8-2

例4 在掷两枚硬币的随机试验中,事件 A "没有出现正面",事件 B "没有出现反面",事件 C "出现两面正面",事件 D "至少出现一面反面",事件 E "出现一正,一反". 指出这些事件间的关系.

解 先分析出样本空间及这些事件所含的样本点.

$\Omega = \{(正,反),(反,正),(反,反),(正,正)\}$

$A = \{(反,反)\}, B = \{(正,正)\}, C = \{(正,正)\}$

$D = \{(正,反),(反,正),(反,反)\}, E = \{(正,反),(反,正)\}$

这些事件间的关系:事件 A, B, E 两两互不相容;D 与 B 互不相容且对立;B 与 C 相等.

2. 随机事件间的运算

(1)在随机试验中,事件 A 与事件 B 同时发生的事件,称为事件 A 与事件 B 的积事件(或交),用 AB (或 $A \cap B$) 表示.

(2)在随机试验中,事件 A 与事件 B 至少有一个发生的事件,称为事件 A 与事件 B 的和事件(或并),用 $A + B$ (或 $A \cup B$) 表示.

求事件 A 与事件 B 的积事件、和事件都称为事件的运算.

例5 在例4中,求:

(1) 事件 A 与事件 B 的积事件 AB.

(2) 事件 A 与事件 B 的和事件 $A+B$.

(3) 事件 D 与事件 E 的积事件 DE.

(4) 事件 D 与事件 E 的和事件 $D+E$.

(5) 事件 C 与事件 D 的和事件 $C+D$.

解 先分析出样本空间及这些事件所含的样本点.

$\Omega=\{(正,反),(反,正),(反,反),(正,正)\}$;

$A=\{(反,反)\},B=\{(正,正)\},C=\{(正,正)\}$;

$D=\{(正,反),(反,正),(反,反)\},E=\{(正,反),(反,正)\}$.

(1) $AB=\varnothing$,即事件 A 与事件 B 的积事件为不可能事件.

(2) $A+B=\{(反,反),(正,正)\}$.

(3) $DE=\{(正,反),(反,正)\}=E$.

(4) $D+E=\{(正,反),(反,正),(反,反)\}=D$.

(5) $C+D=\{(正,反),(反,正),(反,反),(正,正)\}=\Omega$. 即事件 C 与事件 D 的和事件 $C+D$ 为必然事件.

练习

1. 指出下列事件中,哪些是必然事件、不可能事件、事件事件?

(1) {没有水分,种子能发芽};

(2) {北京明天会下雨};

(3) {公交车下一站有5人下车};

(4) {从既含有正品又含有次品的一堆零件中,任抽两件是次品};

(5) {鸡蛋砸到地上,破了};

(6) {在自然条件下,水向高处流}.

2. 写出下列随机试验的样本空间.

(1) 从标有1~4号的球中任抽两个.

(2) 从肉、鱼、白菜、红萝卜四样菜中任选3样菜.

(3) 从甲、乙、丙、丁四位同学中任选2位担任班委.

(4) 从甲、乙、丙、丁四位同学中任选2位担任正、副班长.

3. 掷一枚质地均匀的骰子,观察出现的点数,设事件 $A=\{出现点数2,3,4\}$,$B=\{不小于4点\}$,$C=\{小于3点\}$,$D=\{出现奇数点\}$,$E=\{出现偶数点\}$.

(1) 哪些事件是互斥事件?哪些是相容事件?哪些是对立事件?

(2) 指出 $A+B,AB,C+D,CD$ 分别表示什么事件?

4. 10件产品中含有3件次品,7件合格品,从这10件产品中任选2件.指出下列事件的对立事件.

(1)2件全是合格品.(2)2件全是次品.(3)1件次品1件合格品.

5. 100件产品中含有3件次品,97件合格品,从这100件产品中任选2件.求:

(1)样本空间含有样本点的个数.

(2)事件 $A=$ "2件全是合格品"含有样本点的个数.

(3)事件 $B=$ "1件次品1件合格品"含有样本点的个数.

8.6 随机事件的概率、古典概率的定义及古典概型

1. 随机事件的概率

我们观察一项随机试验所发生的各个事件,就其一次具体的试验而言,各个事件是否发生都带有很大的随机性和偶然性,似乎没有规律.但是在大量的重复试验后,就会发现:某些事件发生的可能性大些,某些事件发生的可能性小些,有一些事件发生的可能性大致相同.

例如,在掷一枚硬币中,出现正面向上的事件发生的可能性与出现反面向上的事件发生的可能性大致相同.又如,在100个零件中含有5个次品,95个正品,从其中任抽1个的随机试验中,抽到正品的事件发生的可能性大些,抽到次品的可能性小些.因此,一个事件发生的可能性大小是其本身所固有的一种客观的度量.很自然,我们希望用一个数来刻画随机事件发生的可能性的大小,事件发生的可能性越大,这个数就越大,事件发生的可能性越小,这个数就越小.

在随机试验中,如果一个事件发生的可能性的大小能够用一个确定的不超过1的非负实数来刻画,那么这个数称为这个随机事件的概率.随机事件 A 的概率用 $P(A)$ 表示.

例如,在掷一枚硬币中,若 $A=$ "出现正面向上",则 $P(A)$ 表示出现正面向上的事件发生概率.

概率有以下三条性质:

(1)非负性: $P(A) \geqslant 0$.

(2)完备性: $P(\Omega)=1$.

(3)有限可加性:设 $A_1, A_2, \cdots, A_n$ 是两两互不相容的事件,则有
$$P(A_1 \cup A_2 \cup \cdots \cup A_n)=P(A_1)+P(A_2)+\cdots+P(A_n).$$

2. 古典概率的定义及古典概型

确定概率的古典概型是概率论历史上最先研究的情形.它简单、直观,不需要做大量重复试验,而是在经验事实的基础上,对被考察事件发生的可能性进行逻辑分析后得出该事件的概率.

所谓古典概率模型是具有下列特征的随机试验:

(1)有限性:每次试验只有有限个可能的试验结果,即随机试验的样本点个数只有有限个;

第八章 排列、组合与概率

(2)等可能性:在每次试验中,每个样本点发生的可能性是相同的.

也就是说具有有限性、等可能性的随机试验称为古典概率模型.简称古典概型.

概率的古典定义:在古典概型中,如果随机事件的样本空间中的样本点的个数为 n,随机事件 A 含有 m 个样本点,则事件 A 发生的概率为

$$P(A)=\frac{m}{n}.$$

其中,m 是事件 A 含有的样本点的个数,n 是随机事件的样本空间中的样本点的个数.

注:(1)在求随机事件的概率的问题中,先要考虑这个试验的样本空间的样本点是不是有限个,如果是,再考虑每个样本点的发生是不是等可能的,即考察这个试验是不是古典概型.

(2)如果是古典概型,从概率的古典定义可知,要计算事件的概率可以利用排列组合的知识,先计算样本空间中样本点的个数 n 与事件 A 所包含的样本点的个数 m,再根据定义中的公式进行计算.

例1 掷一枚质地均匀的骰子,用 A 表示出现不大于 4 点的事件,求事件 A 发生的概率.

分析 掷一枚质地均匀的骰子,所有可能出现的结果是 1 点,2 点,3 点,4 点,5 点,6 点.样本点的个数是有限个,每个点数发生也是等可能的.因此这个试验是古典概型.计算出现"不大于 4 点"的事件 A 的概率,只需要计算样本空间中样本点的个数 n 与事件 A 所包含的样本点的个数 m,再根据定义中的公式进行计算.

解 因为样本空间 $\Omega=\{1,2,3,4,5,6\}$,所以 $n=6$.由于出现不大于 4 点的事件 A 有样本点 4 个,$m=4$.根据古典概率计算公式,有

$$P(A)=\frac{m}{n}=\frac{4}{6}=\frac{2}{3},$$

即出现不大于 4 点的事件 A 的概率为 $\frac{2}{3}$.

例2 一个袋中有 7 个白球 3 个红球,从袋子里任取 1 个球,求取到白球的概率.

解 袋子中共有 $7+3=10$ 个球,从袋子里任取 1 个球,可能取得这 10 球中任何一个,并且各个球被取到的可能性是一样的.因此这个随机试验属于古典概型.

因为袋中有 10 个球,从袋子里任取 1 个球,因此样本空间中样本点的个数 $n=10$.并且设 A 为取到白球的事件,事件 A 含有样本点的个数等于从 7 个白球里选 1 个球,即 $m=7$.根据古典概率公式,取到白球的概率为

$$P(A)=\frac{m}{n}=\frac{7}{10}.$$

做一做

(1) 例 2 中,从袋子里任取 1 个球,取到红球的概率是多少?.
(2) 掷一枚硬币,出现正面向上的概率是多少?

3. 概率的加法公式

某一随机试验产生一个样本空间 Ω,在古典概型下,样本空间的元素(样本点)为有限个,设为 n 个. 设事件 A 的样本点个数为 m_1,事件 B 的样本点个数为 m_2,积事件 AB 的样本点个数为 m_3,则和事件 $A \cup B$ 的样本点个数为 $m_1+m_2-m_3$,因此有

$$P(A \cup B) = \frac{m_1+m_2-m_3}{n} = \frac{m_1}{n} + \frac{m_2}{n} - \frac{m_3}{n} = P(A)+P(B)-P(AB),$$

即 $P(A \cup B) = P(A)+P(B)-P(AB)$.

特别地,

(1) 当事件 A 与事件 B 互斥时,$AB = \varnothing$,$P(A \cup B) = P(A)+P(B)$.
(2) $P(\overline{A}) = 1 - P(A)$.

例 3 100 个零件中含有 5 个次品,95 个正品. 从这 100 个零件中任抽 3 个进行检查. 求下列事件的概率:

(1) "恰好抽到 1 个次品"的概率;
(2) "至少抽到 1 个次品"的概率.

解 从这 100 个零件中任抽 3 个进行检查,可能出现的每一个结果对应于每一种取法,每一种取法不考虑次序,取法总数等于从这 100 个零件中任抽 3 个的组合数 C_{100}^3,因此这个随机试验的样本总个数为 C_{100}^3. 由于是随机抽,故各个样本点的出现是等可能的,从而 $n = C_{100}^3$.

(1) 设 $A=$"恰好 1 个次品"的事件,事件 A 所含的样本点的个数等于从这 100 个零件中任抽 1 个次品和 2 个正品的抽法数:$C_5^1 C_{95}^2$,$m = C_5^1 C_{95}^2$. 则"恰好抽到 1 个次品"的概率为

$$P(A) = \frac{m}{n} = \frac{C_5^1 C_{95}^2}{C_{100}^3} = \frac{5 \times \frac{95 \times 94}{2 \times 1}}{\frac{100 \times 99 \times 98}{3 \times 2 \times 1}} \approx 0.138.$$

(2) **方法一** 设 $B=$"至少抽到 1 个次品"事件,事件 B 是"恰好抽到 1 个次品"的事件、"恰好抽到 2 个次品"的事件与"恰好抽到 3 个次品"事件的和事件. 由于这三个事件两两互斥,因而事件 B 所含样本点的个数是这三个事件所含样本点的个数之和,$m = C_5^1 C_{95}^2 + C_5^2 C_{95}^1 + C_5^3$.

所以"至少抽到 1 个次品"事件 B 的概率为

$$P(B) = \frac{C_5^1 C_{95}^2 + C_5^2 C_{95}^1 + C_5^3}{C_{100}^3} \approx 0.144.$$

方法二 设 B="至少抽到 1 个次品"事件,事件 B 的对立事件 $\overline{B}$ 为"没有抽到 1 个次品",即"3 个都是正品",于是事件 $\overline{B}$ 所含样本点的个数为 C_{95}^3.则"至少抽到 1 个次品"的概率为

$$P(B)=1-P(\overline{B})=1-\frac{C_{95}^3}{C_{100}^3}\approx 0.144.$$

想一想

100 个零件中有 5 个次品,次品率是 $\frac{5}{100}=0.05$.如果不进行上述理论上的推导和计算,你能直观地估计出从这 100 个零件中任抽 3 个进行检查,恰好有 1 个次品的可能性有多大? 至少有 1 个次品可能性又是多大? 如果感到难以估计的话,你能体会到学习理论的重要性吗?

例 4 某地发行福利彩票,每张彩票的号码是 7 位的有序数组(如 0122003).开奖时,用一个摇奖机,里面装有分别写上 0,1,2,3,…,9 的 10 个小球.充分搅匀 10 个小球后,从出口处掉出一个小球,记下小球上的数字.然后把这个小球重新放回摇奖机内,重复刚才的做法,一直到产生一个 7 位的有序数组,记作 a.设有一、二、三等奖.规定:彩票号码与 a 完全一样时,得一等奖;彩票号码与 a 的后 6 位一样时,得二等奖;后 5 位一样时,得三等奖.问:买一张彩票,中一、二、三等奖的概率各是多少? 中奖的概率是多少?

解 由从摇奖机摇出 7 位有序数组 a 的过程看出,a 可能取任何一个 7 位的有序数组(其中数字可以重复),并且各个有序数组被取到的可能性是一样的,因此这个随机试验属于古典概型.样本点的总数等于由 0~9 组成的 7 位有序数组的数目,根据分步计数原理,这个数目为

$$n=10\times 10\times 10\times 10\times 10\times 10\times 10=10^7.$$

(1) 由于中一等奖的彩票号码与 a 完全一样,设 A="中一等奖"的事件,则事件 A 所含的样本点只有一个,$m=1$.中一等奖的概率为 $P(A)=\frac{1}{10^7}.$

(2) 由于中二等奖的彩票号码的后 6 位与 a 的后 6 位完全一样,只有左边第一位的数字不同,因此中二等奖的彩票号码有 9 个,设 B="中二等奖"的事件,则事件 B 所含的样本点有 9 个,即 $m=9$.中二等奖的概率为 $P(B)=\frac{9}{10^7}.$

(3) 由于中三等奖的彩票号码的后 5 位与 a 的后 5 位完全一样,只有左边第一位、第二位的数字不同,第一位、第二位的数字分别有 10 种取法,这两位共有 100 种取法.这 100 张彩票中 1 张一等奖,9 张二等奖,因此三等奖彩票有 $100-1-9=90$.设 C="中三等奖"的事件,则事件 C 所含的样本点有 90 个,$m=90$.中二等奖的概率为 $P(C)=\frac{90}{10^7}=\frac{9}{10^6}.$

(4) 买一张彩票,中奖的事件 $D=A+B+C$,事件 A,B,C 两两互不相容,因此中奖的概率为

$$P(D)=P(A\cup B\cup C)=P(A)+P(B)+P(C)=\frac{1}{10^7}+\frac{9}{10^7}+\frac{90}{10^7}=\frac{1}{10^5}.$$

1. 一个袋中有 8 个白球 2 个红球,从袋子里任取 1 个球,问:(1)取到白球的概率是多少?(2)取到红球的概率是多少?

2. 一个盒子里装有分别写有 1~10 这 10 个数的纸签,从这 10 个数的纸签中任取一签,求取到能被 5 整除的纸签的概率.

3. 有 100 元、50 元、10 元、5 元面值的人民币各一张,从中任取 2 张,问:取到的币值不足 100 元的概率是多少?

4. 在 50 件产品中有 5 件次品,45 件合格品.从中任取 2 件进行质量检查,求下列事件的概率:
(1)"恰好有 1 件次品"的事件.
(2)"至少有 1 件次品"的事件.
(3)"没有 1 件次品"的事件.

5. 某地发行福利彩票,每张彩票的号码是 6 位的有序数组(如 012203).开奖时,用一个摇奖机,里面装有分别写上 0,1,2,3,…,9 的 10 个小球.充分搅匀 10 个小球后,从出口处掉出一个小球,记下小球的数字.然后把这个小球重新放回摇奖机内,重复刚才的做法,一直到产生一个 6 位的有序数组,记作 a.设有一、二、三等奖.规定:彩票号码与 a 完全一样时,得一等奖;彩票号码与 a 的后 5 位一样时,得二等奖;后 4 位一样时,得三等奖.问:买一张彩票,中一、二、三等奖的概率各是多少?中奖的概率是多少?

6. 掷两枚质地均匀的骰子,求下列事件的概率:
(1)出现 7 点的事件;
(2)出现 6 点的事件;
(3)出现大于 9 点的概率.

8.7 事件的独立性与伯努利概型

在将一枚硬币掷两次的随机试验中,事件 $A=$"第一次出现正面",事件 $B=$"第二次出现正面".试问:事件 A 发生是否影响事件 B 的发生?

分析 在将一枚硬币掷两次的随机试验中,它的样本空间为 $\Omega=\{$(正,正),

(正,反),(反,正),(反,反)}. $A=\{(正,正),(正,反)\}$,$B=\{(正,正),(反,正)\}$. 显然,第一次掷硬币出现正面不会影响第二次掷硬币出现正面的可能性的大小,即事件 A 发生不会影响事件 B 发生的可能性大小.

 抽象

在随机试验中,如果事件 A 的发生不会影响事件 B 的发生,即在事件 A 发生的情况下,事件 B 发生的概率等于事件 B 原来的概率,那么称事件 A 与事件 B 独立.

注:(1)事件 A 与事件 B 相互独立是指事件 A 与事件 B 相互之间没有影响.

(2)若事件 A 与事件 B 相互独立,则下列各对事件也相互独立的:
$$A 与 \overline{B}, \overline{A} 与 B, \overline{A} 与 \overline{B}.$$

例如,在上面掷硬币的随机试验中,事件 A 与事件 B 是相互独立的. 我们来看事件 A 与事件 B 同时发生的事件即积事件 AB 的概率 $P(AB)$ 与 $P(A)$,$P(B)$ 有什么关系?

由于 $AB=A\cap B=\{(正,正)\}$,$P(AB)=\dfrac{1}{4}$,$P(A)=\dfrac{1}{2}$,$P(B)=\dfrac{1}{2}$.

于是有 $P(AB)=P(A)P(B)$.

这不是偶然的巧合,而是事件 A 与事件 B 独立时具有的性质.

定理(概率的乘法定理) 如果随机试验的样本点只有有限个,则事件 A 与事件 B 是独立时,有
$$P(AB)=P(A)P(B).$$

 说一说

下列事件 A 与事件 B 是否独立?

(1)掷两次质地均匀的骰子,$A=$"第一次出现5点",$B=$"第二次出现6点".

(2)一个袋子里装有6个白棋子,4个黑棋子,有放回地取两次,每次取一个棋子. $A=$"第一次取到白子",$B=$"第二次取到黑子".

(3)一个袋子里装有6个白棋子,4个黑棋子,无放回地取两次,每次取一个棋子. $A=$"第一次取到白子",$B=$"第二次取到黑子".

例1 甲、乙两人同时破译密码,甲破译密码的概率为0.8,乙破译密码的概率为0.7,求密码被破译的概率.

解 设 $A=$"甲破译密码",$B=$"乙破译密码",则密码被破译是指甲、乙两人至少有一人破译密码,即密码被破译是事件 A 与事件 B 的和事件 $A\cup B$. 从实际意义上分析,甲破译与乙破译是各自独立进行的,因此可以说事件 A 与事件 B 是相互独立的. 于是有

$$P(A \cup B) = P(A) + P(B) - P(AB)$$
$$= P(A) + P(B) - P(A)P(B)$$
$$= 0.8 + 0.7 - 0.8 \times 0.7 = 0.94.$$

例 2 在掷两次质地均匀骰子的随机试验中,求下列事件的概率:

(1) "两次都出现 5 点"的事件 B;

(2) "恰好出现一次 5 点"的事件 C.

解 (1) 设 $A_1 =$ "第一次掷骰子,出现 5 点",$A_2 =$ "第二次掷骰子,出现 5 点". 则"两次都出现 5 点"的事件 B 是"第一次掷骰子,出现 5 点"的事件与"第二次掷骰子,出现 5 点"的事件的积事件,即 $B = A_1 \cap A_2 = A_1 A_2$. 显然,$A_1$ 与 A_2 是相互独立的. 于是有 $P(A_1 A_2) = P(A_1) P(A_2) = \frac{1}{6} \times \frac{1}{6} = \frac{1}{36}$. 即"两次都出现 5 点"的事件 B 的概率等于 $\frac{1}{36}$.

(2) "恰好出现一次 5 点"的事件 C 可能是"第一次掷骰子出现 5 点,第二次出现其他点"或"第一次掷骰子出现其他点,第二次出现 5 点". 因此,"恰好出现一次 5 点"的事件 C 为

$$C = A_1 \overline{A_2} \cup \overline{A_1} A_2.$$

由于 A_1 与 A_2 是相互独立的,因此 A_1 与 $\overline{A_2}$,$\overline{A_1}$ 与 A_2 也是独立的且 $A_1 \overline{A_2}$ 与 $\overline{A_1} A_2$ 互斥. 所以有

$$P(C) = P(A_1 \overline{A_2} \cup \overline{A_1} A_2) = P(A_1 \overline{A_2}) + P(\overline{A_1} A_2)$$
$$= P(A_1) P(\overline{A_2}) + P(\overline{A_1}) P(\overline{A_2})$$
$$= \frac{1}{6}\left(1 - \frac{1}{6}\right) + \left(1 - \frac{1}{6}\right)\frac{1}{6} = \frac{5}{18}.$$

即"恰好出现一次 5 点"的事件 C 为 $\frac{5}{18}$.

思考

在例 2 中,我们计算了在掷两次质地均匀骰子的随机试验中,"恰好两次都出现 5 点"的事件的概率和"恰好出现一次 5 点"的事件的概率. 那么,在掷三次质地均匀骰子的随机试验中,"恰好三次都出现 5 点"的事件的概率、"恰好两次都出现 5 点"的事件的概率和"恰好出现一次 5 点"的事件的概率是多少呢? 如果是掷四次、掷五次……掷 n 次呢?

抽象

在随机问题中,常常会进行满足下列条件的多次重复试验:

(1) 在相同的条件下,试验可以重复进行;

(2) 每次试验只有两个可能结果 A 与 $\overline{A}$;

(3) 在每次试验中,事件 A 发生的可能性相同,即 $P(A)=p, 0<p<1$.

(4) 每次试验是相互独立的,即每次试验结果的概率都不依赖其他各次试验的结果. 具有以上特征的 n 次随机试验,称为 n 次独立重复试验概率模型,简称伯努利概率模型.

注: 在每次试验中,事件 A 发生的概率为 $P(A)=p$,则事件 A 不发生的概率为 $P(\overline{A})=1-p$.

在 n 次伯努利概率模型中,设事件 A 发生的概率 $P(A)=p$,则事件 A 恰好发生 k 次的概率,记为 $b(k,n,p)$ 或 $P_n(k)$,

$$P_n(k)=C_n^k p^k (1-p)^{n-k}, k=0,1,2,\cdots,n.$$

伯努利概率模型是历史上最早研究的概率模型之一,它在理论上具有重要意义,同时有着广泛的应用.

例 3 对于某型号电子元件,使用寿命超过 1500 小时的为一级品. 已知一大批产品的一级品率为 0.2,现在从中随机地取 20 只,问这 20 只元件中恰有 k 只($k=0,1,2,\cdots,20$)为一级品的概率是多少?

分析 题中称"一大批产品",即这批元件的总数很大,抽取 20 只,其权重相对较小,因此我们可以当作有放回抽样来处理. 于是,抽取一个元件相当于做 1 次伯努利试验,抽取 20 只元件相当于做 20 次伯努利试验.

解 由题意可知,该试验为 n 次伯努利试验,且 $n=20, p=0.2$,于是利用伯努利概率模型的概率公式可知,这 20 只元件中恰有 k 只($k=0,1,2,\cdots,20$)为一级品的概率是

$$P_{20}(k)=C_{20}^k 0.2^p (1-0.2)^{n-k}, k=0,1,2,\cdots,n;$$
$$=C_{20}^k 0.2^p 0.8^{n-k}.$$

例 4 保险公司为了估计公司的利润,需要计算各种各样的概率. 有一种人寿保险,现有 1000 人参加,如果一年中参加这种保险的人的死亡概率为 0.002,试求未来一年中,恰有 2 人死亡的概率.

解 观察未来一年中,这 1000 名保险者是否健在,可以近似地看做 1000 次伯努利试验. 每次试验观察 1 名保险者是否健在,死亡的概率为 0.002,健在的概率为 0.998. 通过伯努利概率模型的概率公式可知,未来一年中,恰有 2 人死亡的概率为

$$P_{1000}(2)=C_{1000}^2 0.002^2 (0.998)^{1000-2}$$
$$=\frac{1000\times 999}{2\times 1}\times 0.002^2 \times 0.998^{998}\approx 0.27.$$

练习

1. 甲、乙两人参加高考,甲考上大学的概率是 0.9,乙考上大学的概率是 0.8. 问:

(1) 甲、乙两人都考上大学的概率是多少?

(2)甲、乙两人至少有一人考上大学的概率是多少？

2. 盒子中装有 7 个球，其中有 4 个白球，3 个黑球，从盒子中任取两次，取后放回，每次取一球. 求：

(1)取到两个球都是白球的概率；

(2)取到两个球颜色相同的概率；

(3)取到两个球至少有一个是白球的概率.

3. 掷 3 次硬币，求下列事件的概率.

(1)3 次都正面向上的概率；

(2)恰好两次正面向上的概率；

(3)恰好 1 次正面向上的概率；

(4)没有 1 次正面向上的概率.

4. 假设有甲、乙两批种子，发芽率分别是 0.8，0.7，在两批种子中各随机取一粒，求下列事件的概率：

(1)两粒都发芽；

(2)至少有一粒发芽；

(3)恰好有一粒发芽.

5. 某人射击的命中率是 0.85，求射击 5 次命中 3 次的概率是多少？

6. 保险公司为了估计公司的利润，需要计算各种各样的概率. 有一种人寿保险，现有 2000 人参加，如果一年中参加这种保险的每个人的死亡概率为 0.001，试求未来一年中，恰有 2 人死亡的概率.

本章小结

本章主要学习计数问题中排列、组合两大计数模型，随机事件及其概率.

一　排列、组合

1. 计数原理

(1)分类计数原理：如果计数的对象可以分成若干类，使得每两类没有公共元素. 那么分别对每一类的元素计数，然后将各类元素数目相加，便得出所要计数的对象的总数.

(2)分步计数原理：如果计数的对象可以分成若干步骤来完成，并且对于前面几步的完成方式，下一步有相同数目的做法，那么依次计算每步的做法数目，它们的积就是要计数的对象的数目.

2. 排列问题

排列：从 n 个不同的元素中任意选取 $m(m \leqslant n)$ 个不同元素，按照一定的次序排成一列,称为从 n 个不同的元素中取出 m 个不同元素的一个排列.

从 n 个不同的元素中任意选取 $m(m\leqslant n)$ 个不同元素的所有排列个数,称为从 n 个不同的元素中选取 m 个不同元素的排列数.

排列数计算公式:

$$P_n^m = n(n-1)(n-2)\cdots(n-m+1), (m\leqslant n)$$

$$P_n^m = \frac{n!}{(n-m)!},$$

$$P_n^m = n! = n(n-1)(n-2)\cdots 1,$$

$$0! = 1.$$

2. 组合问题

组合:从 n 个不同的元素中,任意选取 $m(m\leqslant n)$ 个不同元素,不分次序地组成一组,称为从 n 个不同的元素中取出 m 个不同元素的一个组合.

从 n 个不同的元素中,任意选取 $m(m\leqslant n)$ 个不同元素的所有组合个数,称为从 n 个不同的元素中选取 m 个不同元素的组合数.

组合数计算公式:

$$C_n^m = \frac{n(n-1)\cdots(n-m+1)}{m!}, (m\leqslant n)$$

$$C_n^m = \frac{n!}{(n-m)!\ m!}, (m\leqslant n)$$

$$C_n^0 = 1, C_n^n = 1.$$

组合数性质:

性质1 $C_n^m = C_n^{n-m}$ $(m\leqslant n)$.

性质2 $C_n^m + C_n^{m-1} = C_{n+1}^m$.

二 随机事件及其概率

在相同的条件下,出现的结果是不确定的,这类现象称为随机现象.

对随机现象进行观察或试验统称为随机试验.

在随机试验中,可能出现的最简单、不可分割的每一个结果叫做一个样本点. 用 ω 表示.

所有的样本点组成的集合叫做样本空间.通常用 Ω 表示.

只包含一个样本点的集合称为基本事件.由两个或两个以上的基本点构成的集合称为复合事件.基本事件与复合事件统称为随机事件.

在随机试验中,必然发生的事件称为必然事件.必然事件相当于样本空间,用 Ω 表示.不一定发生的事件称为不可能事件.由于不含任何基本事件,相当于空集. 用 $\varnothing$ 表示.

若事件 A 的发生必然导致事件 B 的发生,则称事件 A 包含于事件 B.或事件 B 包含事件 A.记为 $A \subset B$.若 $A \cap B = \varnothing$,则称事件 A 与事件 B 互不相容(互斥).

若 $A\cap B\neq\varnothing$,则称事件 A 与事件 B 互容.若 $A\cup B=\Omega$,$A\cap B=\varnothing$,则称事件 A 与事件 B 对立.用 $\overline{A}$ 表示 A 的对立事件.

在随机试验中,事件 A 与事件 B 同时发生的事件,称为事件 A 与事件 B 的积(或交),用 AB(或 $A\cap B$)表示.

在随机试验中,事件 A 与事件 B 至少有一个发生的事件,称为事件 A 与事件 B 的和(或并),用 $A+B$(或 $A\cup B$)表示.

求事件 A 与事件 B 的积事件、和事件都称为事件的运算.

在随机试验中,如果一个事件发生的可能性的大小能够用一个确定的不超过1的非负实数来刻画,那么这个数称为这个随机事件的概率.随机事件 A 的概率用 $P(A)$ 表示.

概率有以下三条性质:
(1)非负性:$P(A)\geqslant 0$;
(2)完备性:$P(\Omega)=1$;
(3)有限可加性　设 $A_1,A_2,\cdots,A_n$ 是两两互不相容的事件,则有

$$P(A_1\cup A_2\cup\cdots\cup A_n)=P(A_1)+P(A_2)+\cdots+P(A_n).$$

所谓古典概率模型是具有下列特征的随机试验:
(1)有限性:每次试验只有有限个可能的试验结果,即随机试验的样本点个数只有有限个;
(2)等可能性:在每次试验中,每个样本点发生的可能性是相同的.

概率的古典定义:在古典概型中,如果随机事件的样本空间中的样本点的个数为 n,随机事件 A 含有 m 个样本点,则事件 A 发生的概率为

$$P(A)=\frac{m}{n}.$$

其中,m 是事件 A 含有的样本点的个数,n 是随机事件的样本空间中的样本点的个数.

概率的加法公式:$P(A\cup B)=P(A)+P(B)-P(AB)$.

特别地,
(1)当事件 A 与事件 B 互斥时,$AB=\varnothing$.$P(A\cup B)=P(A)+P(B)$.
(2)$P(\overline{A})=1-P(A)$.

在随机试验中,如果事件 A 的发生不会影响事件 B 的发生,即在事件 A 发生的情况下,事件 B 发生的概率等于事件 B 原来的概率,那么称事件 A 与事件 B 独立.

定理(概率的乘法定理)　如果随机试验的样本点只有有限个,事件 A 与事件 B 是独立时,则有

$$P(AB)=P(A)P(B).$$

在随机问题中,常常会进行满足下列条件的多次重复试验:

(1)在相同的条件下,试验可以重复进行;

(2)每次试验只有两个可能结果 A 与 $\overline{A}$;

(3)在每次试验中,事件 A 发生的可能性相同,即 $P(A)=p, 0<p<1$.

(4)每次试验是相互独立的,即每次试验结果的概率都不依赖其他各次试验的结果.具有以上特征的 n 次随机试验,称为 n 次独立重复试验概率模型,简称伯努利概率模型.

在 n 次伯努利概率模型中,设事件 A 发生的概率 $P(A)=p$,则事件 A 恰好发生 k 次的概率,记为 $b(k,n,p)$ 或 $P_n(k)$,则

$$P_n(k)=C_n^k p^k(1-p)^{n-k}, k=0,1,2,\cdots,n.$$

复习题八

1.某饭店一楼有包厢 4 个,二楼有包厢 7 个,三楼有包厢 9 个,某人从中任选一个包厢就餐,共有多少种选法?

2.某学校有一个五层教学楼,每层之间都有两座楼梯,求从一楼走到五楼共有多少种走法?

3.计算.

(1)P_8^5; (2)P_{10}^5; (3)P_{10}^{10}; (4)C_8^5; (5)C_{20}^{18}; (6)C_{20}^{20}.

4.由数字 1,2,3,4,5,6 可以组合多少个没有重复数字的五位数?可以组成多少个有重复数字的五位数?

5.由数字 0,1,2,3,4,5,6 可以组合多少个没有重复数字的五位数?可以组成多少个有重复数字的五位数?

6.在 7 位候选人中,问:

(1)如果想选出 5 位班委,共有多少种选法?

(2)如果正、副班长各 1 人,共有多少种选法?

7.100 件产品中有 5 件次品,95 件合格品,从这 100 件产品中任抽 4 件,进行质量检查.

问:(1)抽出的 4 件产品中全是合格品的抽取方法有多少种?

(2)抽出的 4 件产品中全是次品的抽取方法有多少种?

(3)抽出的 4 件产品中恰有 2 件次品的抽取方法有多少种?

8.掷五次硬币,样本点共有多少个?

9.从 10 支分别写有 1,2,3,4,5,6,7,8,9,10 的竹签中,任抽 1 支.求下列事件的概率:

(1)抽到写有偶数的竹签.

(2)抽到写有 3 的倍数的竹签.

(3)抽到写有 9 的竹签.

10.某学校某专业的一位学生在数学期末考试中得优秀(85～100)的概率为 30%,得良好(70～84)的概率为 50%;在英语期终考试中得优秀(85～100)的概率为 20%,得良好(70～84)的概率为 45%.假定这一位同学的数学考试情况不影响英语考试情况.

(1)这位学生在数学期末考试中,得分是优秀或良好的概率是多少?
(2)一位学生在期末考试中,数学和英语都得优秀的概率是多少?
(3)一位学生在期末考试中,数学和英语都得优秀或良好的概率是多少?

11.掷 10 次硬币,求下列事件的概率:

(1)出现 8 次正面;
(2)出现不少于 8 次正面.

12.一批产品中,次品率为 0.05.从这批产品中采取有放回地的方式任意抽取 6 件检查,求下列事件的概率:

(1)抽取的 6 件都是正品;
(2)抽取的 6 件恰好有 1 件次品;
(3)抽取的 6 件恰好有 2 件次品;
(4)抽取的 6 件至少有 1 件次品;
(5)抽取的 6 件至少有 3 件次品.

13.一串钥匙共有 10 把,其中有 4 把能打开门,因开门者忘记哪些能打开门,便逐把试开,试求下列事件的概率:

(1)第 3 把能打开门;
(2)第 3 把才打开门;
(3)最多试 3 把能打开门.

现代数学与信息小窗口

计数方法在电报通信中的应用

在我国电报通信中,把每个汉字对应于唯一的一个由数字 0,1,2,3,4,5,6,7,8,9 组成的 4 元有序数组(即 4 个数字组成的有序数组,数字可以重复出现).这种 4 元有序数组一共有

$$10\times10\times10\times10=10^4(个).$$

于是,这一万个 4 元有序数组可以对应于一万个汉字.

在无线电传送这 4 元有序数组时,必须把 0～9 的每一个数字转换成由字符 0 和 1 组成的字符串(0 表示低电位,1 表示高电位).由于 0～9 共有 10 个数字,因此需要 10 个字符串.由于在无线电传送过程中可能发生差错(例如,把 0 错成 1,或者

把 1 错成 0),因此需要检错编码. 我们可以采用下述编码方法:

每个码字有 5 位,其中 3 位为字符 1,2 位为字符 0. 如果接收到的码字中字符 1 的数目不是 3,就可知道传送中发生了错误. 此时就要求发送方重发这个码字. 由所有这种码字(3 位为字符 1,2 位为字符 0)组成的集合称为 3∶2 码. 它的码字数目等于从 5 个位置中取出 3 个位置放上 1 的组合数:

$$C_5^3 = C_5^2 = \frac{5 \times 4}{2 \times 1} = 10.$$

即 3∶2 码恰好有 10 个字码. 这使得 0~9 的每一个数字对应于 3∶2 码的唯一的一个字码. 像 3∶2 码这种码,它的码字中字符 1 的数目与字符 0 的数目的比值恒定,我们称这种码为恒比码.

目前国际上通用的 ARQ 电报通信系统中,采用 3∶4 码,即每个码字有 7 位,其中 3 位为字符 1,4 位为字符 0. 这种 3∶4 码等于从 7 个位置中取出 3 个位置放上 1 的组合数:

$$C_7^3 = C_7^3 = \frac{7 \times 6 \times 5}{3 \times 2 \times 1} = 35.$$

即 3∶4 码恰好有 35 个字码. 由于英文字母只有 26 个,加上标点符号,不超过 35 个,这 35 个字码够用了.

参 考 书 目

[1] 周悦.五彩数学天地[M].南昌:21世纪出版社,1997.

[2] 张远南.数学故事丛书[M].上海:上海科学普及出版社,1998.

[3] 人民教育出版社职业教育中心.数学第二册[M].基础版.北京:人民教育出版社.

[4] 丘维声.数学第二册[M].基础版.北京:高等教育出版社.

[5] 江西省教育厅职业教育与成人教育处.数学第二册[M].北京:语文出版社,2004.

[6] 房艮孙,数学(基础模块)上册[M].北京:人民教育出版社,2010.

[7] 高存明.数学第二册[M].基础版.北京:人民教育出版社,2004.

[8] 钟建华.数学[M].北京:人民邮电出版社,2007.